111 GRÜNDE, DIE UKRAINE ZU LIEBEN

Christoph Brumme

111 Gründe, die *Ukraine* zu lieben

Eine Liebeserklärung an
das schönste Land der Welt

SCHWARZKOPF & SCHWARZKOPF

INHALT

Friedliches, schönes Land

Vorwort

Zu diesem Buch haben viele Menschen beigetragen, Freunde und Feinde. Mit einigen habe ich schon viele Abende verbracht, etwa mit dem Bandura-Spieler Dima; andere habe ich noch nie gesehen, beispielsweise Facebook-Freunde. Einige der Menschen aus diesem Buch habe ich Gott sei Dank nur ein Mal getroffen, etwa den Typen, der seinem Saufkumpan eine Flasche Wodka auf den Kopf drosch und ihn vielleicht tötete. Mindestens einer wollte mich töten, weil ich ihm mit wenigen Fragen zeigte, wie dumm und verblendet er war.

Es ist Krieg in der Ukraine, da muss man entscheiden, ob man fliehen oder kämpfen will, ob man vor Wahrheiten weglaufen oder nach ihnen suchen will. Täglich schießen Russen auf Ukrainer – und behaupten, sie seien es nicht gewesen. Und die Ukrainer verteidigen sich natürlich nicht, indem sie mit Kuchenkrümeln werfen.

Nach etlichen Fahrradreisen durch die Ukraine (und durch Russland) lebe ich seit meiner Hochzeit mit einer Ukrainerin im Mai 2016 nun in diesem Land. Meine Wahlheimat Poltawa liegt nur wenige Autostunden von der Front entfernt. Als Tourist wird man hier aber nichts vom Krieg bemerken. Abgesehen von den umkämpften Gebieten im Donbass ist die Ukraine ein durch und durch friedliches Land. Die angeblich so starken Rechtsradikalen oder gar »Fa schisten« begehen pro Jahr etwa 200 Straf- und Gewalttaten, und die meisten davon sind harmlos. In Deutschland verzeichnet die Statistik mehr als 20.000 solcher Taten.

Jenseits der Klischees hat die Ukraine unglaublich viel zu bieten – gastfreundliche Menschen, pünktliche Schnellzüge, ungefähr 40.000

Seen, schmackhafte Naturprodukte, eine reiche Kunst- und eine wilde Partyszene, fantastische Landschaften wie die Karpaten, nicht zu vergessen den majestätischen Dnipro oder den Dnister, einen der schönsten Flüsse Europas mit 250 Kilometer langen Canyons. Und vieles andere mehr.

111 Gründe reichen bei Weitem nicht aus, dieses großartige Land zu schildern und alle seine kulturellen Reichtümer auch nur zu erwähnen. Ich habe versucht, eine Mischung aus erzählenden und informativen Kapiteln zu erstellen. Ob dieser Versuch gelungen ist, das mögen die Leserinnen und Leser beurteilen.

Christoph Brumme

Kapitel 1

Tief im Osten

Vampire im Donbass

1. Grund

Weil in der Ukraine alles möglich ist

Die Sonne geht auf, ich radle zum russisch-ukrainischen Grenzposten. Gleich wird es Stress geben, ich ahne es. Wo ich gewesen bin, weshalb ich keine Registrierung habe, will der russische Grenzer im Glashaus wissen. Außerdem, wann mein Reisepass ausgestellt worden sei. Ich bin mit meinem Touristenvisum einen Monat durch Russland geradelt, habe in Wäldern und in der Steppe geschlafen, da gab es keine Polizei und kein Registrierungsbüro, erkläre ich ihm, auch wenn es nicht ganz der Wahrheit entspricht, denn die Hälfte der Zeit war ich in Saratow gewesen, einer Stadt an der Wolga. Meine Antwort interessiert ihn sowieso nicht, er telefoniert. Er liest die Nummer meines Passes vor, erwähnt mein Fahrrad, hält den Pass gegen das Sonnenlicht, als überprüfe er, ob ich ihn gefälscht habe.

Viele solcher Prüfungen habe ich in Russland schon überstanden. Auch ein zweistündiges Verhör, in dem der Vernehmungsbeamte es schaffte, mich nicht ein einziges Mal anzusehen. Er redete ausschließlich mit der neben mir sitzenden Vertreterin der »für mich verantwortlichen Organisation« und zupfte währenddessen zärtlich seine Härchen am Oberarm. Du bist ein Nichts und ein Niemand, signalisierte er mir. Weil mein Visum von einer Firma im sibirischen Omsk ausgestellt worden war, sollte ich die 2.000 Kilometer bis dorthin fahren, um mir dort einen Stempel abzuholen. Der Beamte hat jetzt sein Telefonat beendet und studiert etwas am Computerbildschirm. »Mit wem haben Sie sich getroffen?«, will er wissen. »Können Sie beweisen, wo Sie gewesen sind?«

Vielleicht könnte ich das, etwa mit meinen Fotos, aber das will ich nicht. Soll er doch beweisen, dass ich schuldig bin, nicht ich, dass ich unschuldig bin. Formal betrachtet hat er ja recht, man soll sich laut Gesetz innerhalb von drei Tagen polizeilich registrieren lassen, und das habe ich nicht getan. Wieder telefoniert er. Er hat das Fenster nun geschlossen, ich kann nicht verstehen, worüber er redet. Vielleicht will er von einem Vorgesetzten wissen, ob er mir eine Strafe »aufbrummen« soll. Nach etwa einer halben Stunde drückt er endlich den Ausreisestempel in meinen Pass. Ich verlasse das Land der unbegrenzten Unmöglichkeiten und radle in sein fröhliches Gegenteil. In der Ukraine hat noch nie ein Polizist von mir verlangt, für nichts Strafe zu zahlen wie in Russland. Noch nie wollte jemand wissen, mit wem ich mich treffe oder geredet habe. Manchmal war ich bei der Einreise nach meinem Reiseziel gefragt worden. Nach Poltawa ins Hotel Poltawa, antwortete ich dann. Erst nach einigen Jahren fiel mir auf, dass es in Poltawa gar kein Hotel Poltawa gibt. Also sagte ich beim nächsten Mal, nach Lwiw ins Hotel Lwiw. Das gibt es.

Ein einziges Mal hatte ich ein bisschen Ärger mit der Polizei. Ein Polizist hatte mich darauf hingewiesen, dass ich vor dem Geschäft kein Bier trinken dürfe. Sogar meinen Pass wollte er sehen! Am Samstagabend! Wenige Meter weiter lagen zwei schnarchende Männer im

Gras, selig mit Bierflaschen unterm Arm! Und ich sollte zum Abendessen nach 150 geradelten Kilometern kein Bier trinken dürfen? Wir stritten ein wenig, ob mein Sitzplatz zur Straße gehöre, wo man laut Gesetz natürlich keinen Alkohol trinken darf, bis eine Verkäuferin den Mann aufforderte, mich in Ruhe zu lassen, und das tat er dann auch. So rolle ich jetzt voller froher Erwartungen in die Ukraine, mit einem Fuß auf der Pedale stehend. Dort erwartet mich ein Beamter, den der liebe Gott aber nicht mit zu vielen Geisteskräften gesegnet hat. Er will wissen, wie ich in die Ukraine einreise, ob zu Fuß oder mit dem Auto. Fahrradfahrer sind im Gesetz offenbar nicht vorgesehen.

»Halb zu Fuß, halb auf dem Fahrrad«, antworte ich. Der Mann verzieht keine Miene und fragt, ob ich ein Transitreisender sei. Transit, das bedeutet, man hat drei Tage Zeit dafür, das Land zu durchqueren. Da die Entfernung bis zur Westgrenze von hier aus knapp 1.000 Kilometer beträgt, war diese Frage genauso klug wie die erste.

Einige Meter neben dem Mann stehen zwei Zöllner und feixen. Sie seien ebenfalls Fahrradenthusiasten.

»Dann erklären Sie bitte Ihrem Kollegen, wie schnell man mit dem Fahrrad fahren kann!«

Sie tun es und fragen, ob sie mich fotografieren dürfen.

»Wenn es kein Fahndungsfoto wird!«

Von der Freundlichkeit der Kollegen lässt sich auch der humorlose Grenzer beeinflussen, er drückt endlich den richtigen Stempel in meinen Pass. Die Zöllner fragen, ob sie mich zum Tee, vielleicht sogar zum Frühstück einladen dürfen. Ja, gern, warum nicht. Ob ich auch ein Gläschen Wodka mit ihnen trinken würde?

»Oh, selbstverständlich!«

Ich kann mir das Lachen kaum verkneifen. Ich habe soeben erst ukrainischen Boden betreten, und schon geht die Sauferei los. Ja, übt denn hier niemand Autorität aus? Normalerweise halte ich mich an die bewährte Alkoholiker-Regel »Kein Bier vor vier«. Aber wann bekommt man schon mal die Gelegenheit, mit Zöllnern während ihres Dienstes zu saufen? Zumal kurz nach Sonnenaufgang? Auf den

Flughäfen in Berlin oder in München wurde in dieser Weise bestimmt noch kein Ausländer empfangen. Und bei der Einreise nach Russland ganz sicher auch nicht. Also drücke ich meinen Gastgebern meine Hochachtung vor den ukrainischen Traditionen aus. Unmöglich kann ich solch eine Einladung ablehnen. Zu groß ist die Ehre. Schneller, als ich denken kann, sitzen wir in einer Küche hinter der Zollstation. Eine »Mama« deckt den Tisch mit Brot, Speck, Salami, Gurken, Tomaten, *Salat Olivje* und bringt dampfenden *Borschtsch*. Zufrieden blickt sie auf ihr Werk und den staunenden Gast.

»Wir trinken auf Ihren Mut und auf Ihren Enthusiasmus!«, schlägt der ranghöchste meiner Gastgeber vor. »Auf die Radfahrer!«

Da sie im Dienst sind, gießen sie ihre Gläser nicht voll. Aber weil man auf einem halben Bein nicht stehen und auch nicht Rad fahren kann, muss weiter eingegossen werden. Давай наливай! *Dawai na liwai!* Kann man auch als Klingelton kaufen, *Dawai na liwai!* Lass uns weiter einschenken!

Wir trinken auf die fleißige Köchin, auf die Freundschaft und auf die Liebe aller Menschen und sind bald alle ziemlich besoffen. Ich verspreche bei meinem Toast dem diensthabenden Offizier und allen seinen Kollegen, dass ich überall erzählen werde, dass sie sich stets korrekt im Dienst verhalten haben. Ich werde nirgendwo und niemals Reklame für diesen Grenzübergang machen. Hier wird doch nicht jeder Radfahrer mit einem Wodka-Frühstück bewirtet!

Sie lachen, Humor hat dieser Kerl also auch. Aber genug ist genug. Wir werden die zweite Flasche Wodka nicht austrinken. Irgendwann muss der Schlagbaum ja wieder geöffnet werden. Also schenken sie mir die angefangene Flasche Wodka. Vielleicht fürchten sie eine Kontrolle, da soll die Flasche nicht entdeckt werden.

Nach unserer sentimentalen Verabschiedung radele ich um die nächste Kurve, lege mich in den Straßengraben und lache. Alles ist möglich in der Ukraine! Es ist ein Land der Freiheit, in dem die staatliche Macht »nur« ökonomische Repressionen ausübt, aber kaum politische, polizeiliche oder geheimdienstliche, unabhängig davon, wer Präsident ist. Und eines der höchsten Güter ist die Gastfreundschaft! Ich bin glücklich, in der Ukraine zu sein! So herzlich werde ich sicherlich nie wieder an einer Grenze begrüßt werden.

2. Grund

Weil alle sich lieben können

Am Abend des gleichen Tages komme ich in ein Dorf, in dem eine feiernde Gesellschaft neben dem zentralen Geschäft sitzt. Igor hat Geburtstag. Es fehlt noch ein Party-Clown, diese Rolle soll ich übernehmen. Nur wenige Minuten dauert es, bis ich ein verlockendes Angebot erhalte. Der Wortführer in dieser Runde, ein Mann mit einem breitkrempigen schwarzen Hut auf dem Kopf, erklärt, ich könne mich diese Nacht »mit einer Frau erholen«, falls ich denn wolle. Die Frau, die er wohl meint, sitzt neben mir und streichelt mir schon den Rücken. Ihr Mann arbeite in Moskau, ihre Kinder seien bei der Großmutter, erzählte sie. Wir könnten uns also ungestört erholen, entnehme ich ihren Worten. Ihre Füße sind etwa so schmutzig wie meine, ihre von der Feldarbeit, meine vom Straßenstaub. Bevor wir uns erholen, sollten wir vielleicht duschen.

Aber vielleicht ist die Einladung eine Falle? Warum lässt die Frau sich öffentlich verkuppeln? Ich sage nicht Nein und nicht Ja und hole noch eine Runde Bier für alle. Als ich mit dem Tablett zurückkomme, sitzt meine Favoritin auf dem Schoß des Mannes, der mir angeboten hatte, mich mit ihr zu erholen. Er massiert ihre Brüste, sicherlich nicht zum ersten Mal. Ich versuche, mir mein Erstaunen nicht anmerken zu lassen. Mein Nachbar erzählt beiläufig, dieser Mann sei der Schuldirektor.

Der Schuldirektor verlustiert sich an den Brüsten einer verheirateten Frau? Mitten im Dorf? Warum hat er mir die Frau zuvor angeboten? Diplomatisch und kultiviert natürlich. Nicht gegen Geld, sondern nur zum beiderseitigen Vergnügen. Weil doch ihr Mann in Moskau ist, und wer weiß schon, wie der sich da vergnügt?

Mein Nachbar versteht nicht, wieso ich erstaunt bin. »Wieso? Der Direktor ist doch auch ein Mensch! Es sind doch Ferien! Soll er sich amüsieren!«

Ich trinke mein Bier aus und beschließe, mich in dieser Nacht allein zu erholen, und verlasse die Gesellschaft. Der Direktor ruft mir hinterher: »Bleiben Sie doch! Die Feier ist noch nicht zu Ende!« Für mich aber schon. Wenn ich etwas nicht verstehe, dann tröste ich mich gern mit dem Gedanken, dass alles nur Kino ist, mein Leben ein Film, in dem ich selbst nur Statist bin oder allenfalls eine Nebenrolle spiele.

3. Grund

Weil man die Hilfsbereitschaft der Ukrainer nicht genug loben kann

Ich radle in die Siedlung Blysnjuky, zu Deutsch Zwillinge, und freue mich auf ein »Schälchen Warmes«. An der Tankstelle am Ortseingang bemerke ich, dass mein Fahrrad einen Platten hat. Sogar der Fahrradmantel ist an der Seite aufgerissen, er muss schon einige Tage porös gewesen sein. Schwach von mir, darauf nicht zu achten und meinen geliebten »Elefanten« nicht besser zu pflegen. Zumal ich zwar Ersatzschläuche, aber keinen Ersatzmantel bei mir habe. Es ist schon die vierte Reifenpanne auf dieser Tour, hinzu kamen ein gebrochener Gepäckträger, ein zermahlenes Kugellager, ein gebrochener Kettenschutz, defektes Licht. Außerdem habe ich schon zwei Luftpumpen verbraucht – eine verloren, die zweite taugte nichts.

Das Mittagessen muss vorerst ausfallen. Ich lade das Gepäck ab und besehe mir den Schaden genauer. Aber vom Angucken wird nichts besser. Während ich am Boden hocke und einen Flicken an die gerissene Stelle des Mantels halte, bemerke ich neben mir einen Schatten.

»So wird das nichts«, sagt der Schatten. »Das Kleben wird nicht helfen, Sie brauchen einen neuen Mantel und einen neuen Schlauch.«

»Ich weiß«, antworte ich und erhebe ich. »Befindet sich hier denn ein Fahrradgeschäft?«

»Wenn nicht hier, dann in der nächsten Stadt, ich fahre Sie hin!«

Der Schatten erweist sich als Mann, der mir helfen möchte. Er schlägt vor, mit seinem Auto ins Zentrum zu fahren und dort einen Fahrradmantel zu kaufen. Mein Gepäck und mein Fahrrad, so meint er, soll ich einfach liegen und stehen lassen, hier lebten nur ehrliche Leute. Er werde den Tankstellenwächter bitten, darauf aufzupassen.

Ich habe mein Fahrrad mit Gepäck zwar schon häufiger unbeaufsichtigt und ungesichert vor Restaurants oder Geschäften stehen lassen, um einzukaufen oder etwas zu essen, aber nur in kleinen Siedlungen, wo alle Leute einander kennen und wo ein Dieb, der einen Fremden beklaut, sozial geächtet werden würde. Oft lagen dann kleine Geschenke auf dem Gepäck, eine Tüte Äpfel, eine Flasche Wasser oder gar eine Flasche (selbst gebrannter) *Samogon.*

Auch diesmal lasse ich mich auf das Risiko ein. Nur meine Lenkertasche mit den wichtigsten Dingen wie Reisepass, Geldkarte, Ukraine-Karte, Tagebüchern und Fotoapparat nehme ich natürlich mit.

Der Mann stellt sich als Jura vor, und im Auto erzählt er, dass er Polizist sei, Dienstgrad Leutnant. Also hatte ich »den richtigen Riecher« gehabt, er wird mein Freund und Helfer sein. Einige Tage zuvor hat er einen kurzen Bericht über mich im Fernsehen gesehen, auch deshalb hat er mich angesprochen. Während er die Schlaglöcher umkurvt, telefoniert er schon mit der örtlichen Presse und informiert die Redakteurin des Radioprogramms von Blysnjuky über die Anwesenheit eines »berühmten Radfahrers«. Nach unserer Rückkehr zur Tankstelle erwartet uns die Frau schon zum Interview. Während Jura Schlauch und Mantel wechselt, preise ich die Gastfreundschaft und Hilfsbereitschaft der Ukrainer.

Tatsächlich hat mir in der Ukraine bei JEDER PANNE ein Mann die Arbeit abgenommen und mich nur zugucken lassen, ob an einer Straße im Wald oder auf einer Brücke über den Dnipro in der Stadt Dnipro. Auf der Brücke war der Mann selbst ein Radfahrer. Ich lud ihn und seine ihn begleitende Freundin zum Dank für seine Hilfe zum Mittagessen ein, aber beide lehnten die Einladung ab.

Immerhin lässt sich Jura von mir zum Bier einladen. Er hat heute und morgen dienstfrei und überredet mich, hier in der Siedlung noch zu bleiben. In zwei Tagen sei Stadtfest, da müsse ich unbedingt dabei sein. Auch will mir Jura zwei uralte tatarische Hügel in der Steppe zeigen. Er lädt seine Frau und noch zwei Freunde ein, und wir fahren zusammen in die Steppe, durch diese herrliche Graslandschaft, baden in einem See mit sauberem, klarem Wasser. Der Abend wird »feucht«, wir braten Schaschlik und trinken *Chortyzja*, klassischen ukrainischen Wodka. Zwei Tage später bin ich Ehrengast beim Stadtfest, man feiert 80 Jahre Stadtrecht, der *Mer*, der Bürgermeister Gennadi Stepanowitsch, hat mich offiziell eingeladen.

»Das wird eine Bombe!«, meint er. Er hat in Heidelberg zwei Semester Deutsch studiert und spricht noch etwas Deutsch.

Ich fahre vor Hunderten Gästen eine Ehrenrunde auf dem Festplatz, werde von einer ukrainischen Schönheit mit Brot und Salz begrüßt, halte eine Ansprache auf Russisch. Ukrainisch verstehe ich immer noch nicht, die Kosaken, die mich ankündigen, entschuldigen dies vor dem Publikum.

Ich erzählte natürlich, mit welcher Furcht manche Deutsche gen Osten blicken und dass ich auf all meinen Reisen nur gute, ehrliche und hilfsbereite Leute getroffen habe.

Die Ukraine ist für Fremde wie ein schönes Märchen! – Für diesen Satz wurde mir später noch mehrmals gedankt.

Danach ernennen mich Polizisten zu ihrem Ehrenmitglied, ich kann zwischen Offiziersmütze und Käppi wählen; Letzteres würde mich als Angehörigen einer Spezialtruppe ausweisen, deshalb wählte ich das Käppi.

4. Grund

Weil man Ukrainer manchmal vor sich selbst in Schutz nehmen muss

Am Morgen nach diesem Fest sitze ich zusammen mit Jura und zwei Sergejs am Ufer des kleinen Sees, der an das Festgelände grenzt. Jura schimpft über den Müll am Strand und zwischen den Bäumen.

»Wir haben keine Kultur«, meint er. Ein Satz, den ich nicht zum ersten Mal höre. Und der eigentlich ziemlich seltsam ist. Essen Ukrainer nicht mit Messern und Gabeln? War das gestrige Fest keine Kultur? Mir Brot und Salz zu reichen, was war das sonst? Es hat offenbar keine Schlägereien auf dem Fest gegeben, man hat getanzt und über Politik diskutiert. Der Bürgermeister ist ein studierter Philosoph, im Radioprogramm der Siedlung singen Schulchöre aus Blysnjuky, abends schallen Opernkonzerte mit Fjodor Iwanowitsch Schaljapin über den Bahnhofsvorplatz, dem russischen Bassisten, der an der Mailänder Scala und in Paris, in London und New York große Erfolge feierte, sich aber ab 1921 weigerte, in der Sowjetunion aufzutreten, weil er mit deren Politik nicht einverstanden war.

Jura ist ebenso wie die beiden Sergejs der Meinung, dass in Deutschland alle Seeufer müllfreie Zonen seien. Sie waren noch nie in Deutschland, stellen sich aber alle Deutschen als stets pünktliche, pedantische und ordentliche Menschen vor. Alles soll irgendwie besser sein »in Europa«, als ob die Ukraine nicht zu Europa gehören würde. Tatsächlich sah ich in Kiew schon eine Europa-Landkarte, die kurz hinter der ukrainischen Hauptstadt endete.

Einer der beiden Sergejs liebt es, mit seinem Auto rasend schnell zu fahren, man nennt ihn deshalb Schumacher. Er hört beim Autofahren gerne laute Musik, vor allem Heavy Metal. Der zweite Sergej hat in Kiew als Handwerker gearbeitet und dort neue westliche Technologien kennengelernt. Danach hat er sich in Blysnjuky selbstständig gemacht und gewährt nun seinen Kunden als erster Handwerker in der Siedlung Garantie auf seine Leistungen, beinahe eine Kulturrevolution. Und eine der größten kulturellen Leistungen in Blysnjuky und im gesamten an Russland grenzenden Oblast (Verwaltungsbezirk) Charkiw ist die Zweisprachigkeit fast aller Bewohner. Denn anders als von westlichen Beobachtern oft behauptet, die nur die Gebietshauptstadt Charkiw besuchen, nicht aber aufs Land fahren, wird auch hier im Osten des Landes mehr Ukrainisch als Russisch gesprochen. Wer in Charkiw russisch spricht, spricht im Dorf eher ukrainisch. Jura muss als Polizist ohnehin Ukrainisch benutzen, wenn er eine Verkehrskontrolle durchführt oder Protokolle schreibt. Seine Kinder sprechen mindestens in der Schule und mit ihren Großeltern ukrainisch. Denn ihre Vorfahren leben schon seit mindestens 200 Jahren in diesem Gebiet, in dem auch während der russischen Kolonisierung mehr Ukrainisch als Russisch gesprochen wurde. Sogar weiter östlich, in Russland selbst, war Ukrainisch eine weit verbreitete Sprache. Die Kuban-Kosaken im russischen Kaukasusvorland waren mehrheitlich ukrainischsprachig. Noch heute singen sie bei ihren Konzerten ukrainischsprachige Lieder nach Gedichten der ukrainischen Nationaldichter Lesja Ukrajinka und Taras Schewtschenko.

Es gibt zwar in der Ukraine Erwachsene, die Ukrainisch nur verstehen, aber ungern sprechen und schlecht schreiben, weil sie die Sprache in den sowjetischen Schulen nicht gelernt haben und das Ukrainische damals unterdrückt und als »Bauerndialekt« verunglimpft wurde. Aber einen nennenswerten »Sprachenstreit« zwischen den Menschen gab es in der Ukraine nicht, obwohl das von ausländischen Journalisten oft behauptet wird. Für die meisten Ukrainer steht das »Sprachenproblem« an vorletzter Stelle ihrer wichtigsten Lebensprobleme.

5. Grund

Weil ukrainische Frauen nicht geschlagen werden wollen

Es gibt nichts Schöneres als weibliche Schönheit, zumindest für mich als Mann, der Frauen liebt. Desto entsetzter bin ich, als ich vielleicht zum ersten Mal in meinem Leben sehe, wie ein Mann seiner Frau ins Gesicht schlägt. Und ich bin ein bisschen schuld daran.

Wir waren in Blysnjuky in der Disco. Jura, einige seiner Kollegen, einige Frauen. Eine, nennen wir sie Natalja, ist besonders schön, sie gleicht der Schauspielerin Salma Hayek. Sie ist mit einem Alexander verheiratet, wie Jura ein Leutnant der Polizei. Statt zu tanzen und vergnügt zu sein, schaut sie bedrückt drein, redet wenig. Ich habe den Eindruck, dass sie weinen möchte. Warum nur? Sie könnte in eine fremde Stadt fahren und mit dem Finger schnipsen, die Männer würden ihr zu Füßen liegen. Wenn sie wollte, würde ich mit ihr zusammen von hier fliehen, nicht eine Sekunde würde ich zögern. Ihr Mann Alexander zieht den Rotz laut hoch und spuckt alle paar Minuten auf den Boden. Er ist etliche Jahre älter als sie und säubert sich am Tisch die Fingernägel.

Tief in der Nacht laufen wir durch die Siedlung zu Juras Haus. Alexander und Jura haben kräftig gebechert und torkeln hinter uns her. Ich frage Natalja, warum sie so traurig sei. Da erzählt sie, dass sie am Vormittag zusammen mit ihren Kolleginnen den Park gereinigt habe und sie von ihrem Chef in aller Öffentlichkeit beschimpft worden seien. Sie hätten nicht schnell genug gearbeitet, überall liege noch Dreck herum. Eigentlich arbeitet Natalja im Büro, aber es war *Subbotnik* befohlen worden, unentgeltlicher Arbeitseinsatz für die Gemeinschaft.

Ich bin erst einmal überrascht, dass diese sowjetische Tradition hier überlebt hat. Und wieso unternimmt ihr Mann nichts dagegen, wenn seine Frau öffentlich erniedrigt wird? Mindestens müsste er doch den Chef zur Rede stellen und die Ehre seiner Frau und seine eigene verteidigen? Wenn schon die Frau eines Leutnants der Polizei so behandelt werden kann, wie mag es dann anderen Frauen ergehen?

Natalja zuckt nur mit den Schultern und weint. Inzwischen sind wir an Juras Haus angekommen. Wir gehen zur Gartenküche, wo uns Juras Frau Lena schon mit einem Imbiss erwartet. Lena sieht Nataljas Tränen und fragt, warum sie weint. Sie erwähnt nur das Wort *Subbotnik*, und Lena weiß Bescheid. Wir setzen uns, da kommen auch Jura und Alexander in die Küche. Auch Alexander sieht ihre Tränen und fragt barsch, was los sei. Auch ihm sagt Natalja wahrheitsgemäß, sie habe mir vom *Subbotnik* erzählt.

Nun mache ich mich schuldig, indem ich Alexander frage, was er zu unternehmen gedenke, ob er mit Nataljas Chef ein »Gespräch unter Männern« führen werde. Er holt aus und schlägt seiner Frau ins Gesicht. »Warum hast du ihm das erzählt?«, fragt er und zeigt auf mich. Ich springe auf und schreie ihn an, er solle sich sofort bei ihr entschuldigen. Jura pflichtet mir bei und sagt, das müsse er tun. Alexander geht raus in den Garten, wir sitzen stumm da, Natalja weint. Später erzählt sie mir, es sei nicht das erste Mal gewesen, dass ihr Mann sie geschlagen habe. Besonders, wenn er betrunken sei, tue er das. Alexander kommt aus dem Garten zurück, er hat eine Rose gepflückt, die er Natalja reicht, wobei er eine Entschuldigung murmelt.

Bald jedoch lässt sich Natalja von ihm scheiden. Ihre Schwester Nadja hatte ihr das schon lange geraten. Nadja ist ebenfalls mit einem Polizisten verheiratet, doch er behandelt sie so, wie es sich für einen Gentleman gehört. Allerdings macht Nadja ihm auch »klare Ansagen«. Wenn er sie schlagen sollte, werde sie ihn sofort verlassen. Sie wäre sicherlich auch nicht am Tisch sitzen geblieben, wie Natalja, nachdem ihr Alexander ins Gesicht geschlagen hatte. Häusliche Gewalt gegen Frauen ist nicht nur ein wichtiger Indikator für die Art der Beziehungen zwischen Männern und Frauen, sondern auch für den Grad der Kultiviertheit eines Landes.

Zum Vergleich: In Russland werden jedes Jahr etwa zwölf- bis vierzehntausend Frauen von ihren Ehemännern, Partnern oder Angehörigen getötet. In der Ukraine etwa 600. In Deutschland etwa 300. In Russland leben zwar dreieinhalb mal so viele Einwohner wie in der Ukraine und fast doppelt so viel wie Deutschland, dennoch sind die Unterschiede enorm. Man kann gut verstehen, weshalb die meisten ukrainischen Frauen keine Sehnsucht nach einer »russischen Welt« haben. Dabei sind dies nur die offiziellen Angaben des russischen Innenministeriums. Die tatsächlichen Zahlen dürften noch höher sein. In der Ukraine wurde 2018 endlich auch Vergewaltigung in der Ehe als Straftat eingestuft. In Russland wurde zur gleichen Zeit Gewalt gegen Ehefrauen per Gesetz quasi legalisiert.

6. Grund

Weil ukrainische Frauen schön wie Rosen sind

Wer die Ukraine besucht, sollte die Rituale des Grüßens kennen. Wird man als Mann einer Frau vorgestellt, so deutet man eine Verbeugung an, legt vielleicht eine Hand aufs Herz oder faltet gar die Hände. Nur Männer reichen einander zur Begrüßung und zum Abschied die Hände (ursprünglich um zu zeigen, dass sie keine Schwerter benutzen). In Deutschland würde man diesen Unterschied zwischen Frauen und Männern wohl als skandalös empfinden, die Regeln der Gleichberechtigung wären verletzt. Allerdings ist es auch in der Ukraine nicht üblich, eine angebotene Hand zu verweigern. Streckt ein Westeuropäer einer ukrainischen Frau beim ersten Treffen die Hand hin, so wird diese aber wahrscheinlich irritiert reagieren und einen Moment brauchen, um die Situation zu begreifen.

In traditionellen Familien werden die Beziehungen zwischen Frauen und Männern oft entsprechend dem Sprichwort geregelt, der Mann sei der Kopf der Familie und müsse die wichtigsten Entscheidungen treffen – die Frau aber sei der Hals, die den Kopf in die gewünschte Richtung dreht. Der Horizont der Frauen sei eben breiter als jener der Männer, heißt es. Aber Männer sollten das Gefühl haben, wichtig zu sein und die Richtung vorzugeben.

Selbst viele junge Menschen lehnen die Gleichberechtigung zwischen den Geschlechtern ab. Jemand müsse bestimmen und entscheiden, und zwar der Stärkere, also der Mann. Einmal war ich ziemlich entsetzt, als einer meiner Bekannten aus Poltawa in einem Kommentar auf Facebook schrieb, vergewaltigte junge Frauen aus westlichen Ländern sollten sich nicht beschweren, sie hätten ja die sexuelle Freizügigkeit gewollt. Ein 35-jähriger Filmproduzent, der gerade im Westen studierte! Ich antwortete auf seinen Kommentar, dass Frauen im Westen unter Emanzipation zunächst einmal ökonomische Gleichberechtigung verstehen. Noch vor wenigen Jahrzehnten durften Frauen ohne Einverständnis ihrer Ehemänner weder ein Konto bei einer Bank eröffnen noch einen Arbeitsvertrag unterschreiben. Ob er sich diese Zeiten zurückwünsche? Meine Frau fragte ihn, ob seine Mutter wisse, was er da über Frauen schreibe. Schließlich lebte er noch bei seiner Mutter, die für ihn kochte. Leider antwortete er nicht, was natürlich auch eine Antwort war.

In der Praxis herrscht jedoch Gleichberechtigung zwischen Frauen und Männern auch da, wo sie als »Ideologie« abgelehnt wird. Jedoch gibt es bei den Moralvorstellungen auch regionale Unterschiede, wie in Deutschland auch. In den Karpaten in der Westukraine ist es beinahe unmöglich, dass eine Frau Zigaretten raucht, egal ob in der Öffentlichkeit oder zu Hause. Man erzählte mir dort, dass nur zwei Frauen im Landkreis das wagen.

In der Politik sind Frauen selten, die ehemalige Ministerpräsidentin Julia Timoschenko ist eine Ausnahme. Das Wort »Frauenquote« kennt man hier kaum, es gibt auch keine starken Frauenorganisationen oder Gewerkschaften, die sich für die Rechte von Frauen einsetzen. In den Regionen dürfen Frauen meistens die Ressorts für Gesundheit und Erziehung leiten. Im Parlament in Kiew waren in der letzten Legislaturperiode von 450 Abgeordneten nur 52 Frauen. Seit der Wahl im Sommer 2019 sind es immerhin 87 Frauen, womit die Frauenquote bei knapp 20 Prozent liegt.

Die besten Möglichkeiten, eine gut bezahlte Arbeit zu finden, haben Frauen in den kommunikativen und Medienberufen, etwa als Rechtsanwältin in Exportgeschäften oder als Designerin für ausländische Firmen. Die traditionellen Frauenberufe wie Lehrerin, Kellnerin, Verkäuferin und Krankenschwester gehören zu den am schlechtesten bezahlten.

Vor dem Gesetz haben natürlich beide Geschlechter gleiche Rechte. Bei meiner Hochzeit mit einer Ukrainerin in Poltawa wurde dieses Gesetz jedoch durch das Prinzip des Zufalls ersetzt. Vor der offiziellen Befragung, ob wir bereit seien, einander zu ehelichen, wurde ein besticktes Tuch auf dem Boden ausgebreitet. Die Standesbeamtin sagte, wer von uns zuerst auf dieses Tuch trete, der werde die wichtigste Person in unserer Familie sein. Meine Frau hatte mich vorbereitet, und wir hatten natürlich beschlossen, zur gleichen Zeit unsere Füße auf dieses Tuch zu setzen. Doch unser damals fünfjähriger Sohn war schneller als wir, er stand zuerst auf dem Tuch. So war auch diese Frage für alle Zeiten entschieden.

Ukrainische Frauen erwarten von ihren Männern nicht nur am 8. März, wie Rosen behandelt zu werden. Man kann ihre Schönheit und ihre Reize nicht häufig genug loben. Der Mann hat seiner Frau die Hand zu reichen, wenn sie aus dem Bus steigt, er hilft ihr in den Mantel, er trägt nach dem Einkauf natürlich die schweren Taschen und nimmt ihr möglichst alle schweren körperlichen Arbeiten ab.

In der Öffentlichkeit spucken und rotzen nur Männer auf die Straße. Es sind nicht viele Männer, die das tun, aber es gibt sie. So zeigen sie ihre Macht, zugleich ihren fehlenden Respekt gegenüber ihren Mitmenschen. Würde eine Frau das tun, wären wohl alle schockiert, Frauen wie Männer.

Ob es in der Ukraine jemals zu einer Art Gleichberechtigung kommt wie in vielen westlichen Ländern, wage ich zu bezweifeln.

Auf dem Land, unter den Millionen Menschen, die sich mit den Produkten aus dem eigenen Garten ernähren, sind die Rechte und Kompetenzen ohnehin an die Arbeit gebunden.

Die junge Generation ist materiell lange von den Eltern abhängig und muss schon deshalb viele veraltete Vorstellungen kopieren und sich opportunistisch verhalten. Auch Studenten kämpfen nur selten für ihre Rechte oder gar die Rechte anderer. Denn wer den Rektor oder die Dozenten kritisiert, dem kann das ohnehin lächerlich geringe Stipendium gekürzt oder gar verweigert werden, erklärte mir ein befreundeter Philologe. Die gebende Hand ist auch die strafende, es fehlt an Gewaltenteilung.

Die Lehrerinnen in der Schule unseres Sohnes meinen dennoch, es wachse eine neue Generation heran, die so selbstbewusst sei wie keine zuvor. Dies kann man der Ukraine nur wünschen.

7. Grund

Weil Frauen schießen können

Es ist immer wieder interessant, bei welchen Gelegenheiten Frauen sich in der Ukraine organisieren, die Initiative ergreifen, Forderungen stellen etc. In der Öffentlichkeit zumindest warten sie ja oft die Entscheidungen der Männer ab, bevor sie ihre Meinung sagen. Aber es gibt Momente, da können nur sie die Lage verbessern, da wäre ein Eingreifen der Männer kontraproduktiv.

Das wurde mir klar, als ich einen »Weiberaufstand« in einem Dorf am Dnipro erlebte. Seit Wochen schon wurden dort die Wasserleitungen repariert, weshalb das Dorf kein Wasser bekam. Der größte Fluss der Ukraine am Horizont, eine Steilküste dazwischen, aber hier verdurstet man fast, mindestens kann man die Pflanzen nicht wässern, nicht duschen. Und das Wasser zum Kochen wird mit Wasserwagen gebracht, falls man es nicht im Laden kaufen muss.

Ich rollte auf dem Fahrrad in das Dorf runter und sah etwa 70 Menschen vor dem Kulturhaus, fast nur ältere Frauen. Die schimpften und trieben einen Mann vor sich her. Den Bürgermeister. Der war immerhin so mutig, mit den Frauen ins Kulturhaus zu gehen.

Mich wunderte, dass sich keine Männer, schon gar keine jungen, an diesem Protest beteiligten. Bier trinkende Männer gegenüber dem Kulturhaus erklärten es mir. Die Männer hätten jetzt nicht genug Geduld, um mit dem Bürgermeister noch zu reden. Männer würden jetzt zuschlagen, ihn verprügeln. Doch damit würde auch kein Wasser ins Dorf kommen. Den Frauen traute man zu, dem Bürgermeister eine letzte Warnung zukommen zu lassen, ohne ihn zu lynchen.

Auch in der Polizei und in der ukrainischen Armee arbeiten und dienen inzwischen immer mehr Frauen. Dass sie im polizeilichen Streifendienst oft deeskalierend wirken können, kann man leicht begreifen. Auch, dass ihnen Frauen schneller vertrauen. Für die Ukraine ist diese Praxis aber neu und eine kleine Kulturrevolution. In der Armee dienen mittlerweile etwa 50.000 Frauen, auch in Kampfverbänden, etwa als Panzerkommandeurin oder als Scharfschützin. Viele arbeiten auch als freiwillige Helferinnen, die unter Lebensgefahr die Soldaten an der Front versorgen.

8. Grund

Weil im Donbass keine Vampire leben

Immer wieder wurde ich von Ukrainern gewarnt, durch das »Donezkyj basejn« zu radeln, das Donezker Becken, bekannt als Donbass.

»Dort leben nur Verbrecher und Vampire! Man wird dich überfallen und ausrauben! Das ist die gefährlichste Gegend der Ukraine! Dort regiert die Mafia!«

Tatsächlich konnte ich mich dann vor Einladungen nicht retten. In Deutschland hatte man mir erzählt, wie gefährlich es in Polen sei, in Polen warnte man mich vor der Ukraine, in der Ukraine vor Russland, in Russland vor Kasachstan. Je weiter ich nach Osten kam, desto gefährlicher sollte es angeblich werden. Und die schlimmste Gegend von allen sollte der Donbass sein.

Doch die Missverständnisse beginnen schon beim Namen. Welches Geschlecht hat er oder sie eigentlich? Im Deutschen wird er meistens in der männlichen Form genutzt – der Donbass. Denn in den Ursprungssprachen Ukrainisch und Russisch sind die Worte »Donbass« und »Bassin« männlichen Geschlechts. Im Ukrainischen wird es mit einem »s« geschrieben – Донецький басейн, im Russischen mit zwei »s« – Донецкий бассейн. Der Duden lässt fairerweise beide Schreibweisen zu. »Substantiv, maskulin, oder Substantiv, Neutrum – russisches Kurzwort für Donez-Steinkohlenbecken; Industriegebiet westlich des Donez.«

Ein großes Steinkohle- und Industriegebiet soll der Donbass sein. Doch das ist Unsinn, wie ich bald merken sollte. Ich schlug natürlich alle Warnungen in den Wind und radelte dorthin. Schon am ersten Morgen lud mich ein Schachtarbeiter in sein Haus ein; er wollte mir zu Ehren ein Schwein schlachten und mindestens 100 Freunde einladen und mich mit seiner Tochter bekannt machen.

Wirklich eine gefährliche Gegend, dachte ich. Der »Schachtjor« wollte mich unbedingt beschenken, Widerstand war zwecklos. Er kaufte mir Mineralwasser und Tomaten und lud mich zum Kaffee ein. Und Geld wollte er mir schenken, 70 Hrywnja, damals etwa zehn Euro, einfach so, für unterwegs. Doch das lehnte ich ab. Ein junger Mann fotografierte uns, ihm zitterten die Hände so stark, dass er den Fotoapparat kaum halten konnte, obwohl er mit dem Motorroller vorgefahren war.

Ich radelte stundenlang durch Steppe- und Heidelandschaften, sah keine Kohleschächte, keine rauchenden Schornsteine. Mittags badete ich in einem Flüsschen, das Fahrrad in Sichtweite. Zwei durchtrainierte junge Männer standen am Ufer, einer fragte mich, als ich aus dem Wasser stieg, ob ich keine Angst habe. Ich antwortete, dass ich bisher in der Ukraine nur ehrliche Menschen getroffen hatte. Da freuten sie sich und luden mich ebenfalls ein, aber auch diese Einladung lehnte ich ab. Ich radelte weiter, hatte Hunger und suchte ein Restaurant in der Siedlung Welyka Nowosilka. Kohleschächte oder Industriegebiete hatte ich immer noch nicht gesehen.

Im Zentrum von Welyka Nowosilka las ich auf einer Informationstafel, dass in dieser Siedlung jeder dritte Einwohner Grieche sei. Griechen? Hier sollten doch nur Russen leben?

Im einzigen Restaurant, in dem man ein Mittagessen bekommen kann, umringten mich einige offensichtlich taubstumme Männer. Ich zeigte ihnen auf meiner Karte, welche Strecke ich von Berlin bis hierher geradelt war. Schon mehr als 4.000 Kilometer, oh weh. Sie freuten sich für mich, bissen mich nicht, saugten nicht mein Blut aus. Stattdessen forderten sie die Kellnerin auf, einen gewissen Wasja anzurufen. Dieser Wasja kommt gleich auf dem Moped angeknattert und lädt mich in sein Haus ein. Weder er noch ich ahnen, dass wir sieben Jahre lang befreundet sein werden und im Krieg Feinde werden, weil er der russischen Propaganda glaubt. Nämlich, dass im Donbass ein Genozid stattfinde, angeblich begangen von US-amerikanischen Söldnern. Er habe besondere Informationen über diesen Genozid, fantasierte Wasja. Tatsächlich hatte er »Stille Post« gespielt, ohne es zu merken. Jemand hatte ihm von einem Bericht aus dem russischen Fernsehen erzählt, in dem ein Historiker aus Deutschland behauptet hatte, dass im Donbass ein Genozid stattfinde, durchgeführt angeblich von US-amerikanischen Söldnern.

Wasja war vor dem Krieg ein wichtiger Scout für mich im Donbass. Sogar den Frauenchor »Ukrainotschka« bestellte er für mich. Nur für mich zogen die Damen ihre Kostüme an, nur für mich als einzigen Zuhörer sangen sie ukrainische und russische Lieder. »Grüßen Sie die Unsrigen in Deutschland!«, rufen sie mir zum Abschied zu.

Die Vorfahren der vielen Griechen in dieser Gegend wurden schon unter Katharina der Großen hier angesiedelt, nachdem die Moskowiter die einheimische ukrainische Bevölkerung beinahe ausgerottet hatten, erklärt mir Wasjas Frau Luisa, die in der Schule die Geschichte der Ukraine unterrichtet. Genozid durch Russen vor 300 Jahren. Nicht durch US-Amerikaner heute.

In Kiew sei sie noch nie gewesen, »das ist eine ganz andere Welt«, meinte Luisa. Dass eine Geschichtslehrerin noch nie in der Hauptstadt war, irritierte mich. Aber auch viele Westukrainer sind noch nie weiter als bis Kiew Richtung Osten gereist. Und wie viele Bayern waren schon in Mecklenburg gewesen? Die ukrainische Regionalisierung wird in deutschen Medien häufig als »Spaltung« oder »Zerrissenheit zwischen Ost und West« bezeichnet. Dabei fehlen vielen Ukrainern einfach nur die Zeit und das Geld, um zum Spaß und zur Erholung zu verreisen.

Heute liegt Welyka Nowosilka kurz vor der Front, etwa 40 Kilometer. Zu Beginn des Krieges hätten dort wohl tatsächlich viele Menschen russische Besatzungstruppen gern begrüßt, weil sie wie Wasja der russischen Propaganda glaubten. Doch seine Frau Luisa beispielsweise wollte nicht »befreit« werden, ebenso wenig sein bester Freund Sergej. »Ich möchte keine russischen Panzer in meinem Garten haben«, sagte er mir nach dem Ausbruch des Krieges lapidar.

Mit Wasja habe ich mich inzwischen zumindest per Telefon wieder versöhnt, bald möchte ich ihn besuchen.

9. Grund

Weil Wiktor Janukowytsch ein Wettergott war

Zum ersten Mal reiste ich im Dezember 1999 in die Ukraine, nach Donezk. Ausgerechnet im kalten Dezember. Die Gesichter der Menschen auf den Straßen – apathisch, steif, missmutig. Eine Mitarbeiterin einer ukrainischen Airline schaffte es im Flughafen, etwa eine Viertelstunde mit mir zu reden, ohne einen Muskel im Gesicht zu verziehen. Im Zentrum gab es ein Café mit »europäischem

Standard« – wo auch prompt die Daten meiner Kreditkarte kopiert wurden, um Geld von meinem Konto zu entwenden.

Mein Gastgeber erklärte mir, als er auf restaurierte Häuser wies: »Hier wohnen nur Juden! Deshalb sind die Häuser restauriert.« Er würde einen Juden immer am Aussehen erkennen, sagte er, aber er sei kein Antisemit. Ein anderer Kulturschock waren die Männer mit Maschinenpistolen in der Diskothek, die Schlägereien oder Messerstechereien verhindern sollten.

Im Theater dankte ein Kolchos-Vorsitzender dem Gouverneur Janukowytsch für das gute Wetter zur Erntezeit. Das Publikum bestand aus etwa 795 Männern und fünf Frauen. Im Bergbau und in der Landwirtschaft waren wieder Rekorde erzielt worden. Der fleißigste Traktorist des Gebietes und die fleißigste Sekretärin erhielten jeweils einen Blumenstrauß und eine Urkunde. Das Motto des Festes lautete »Unsere Region ist die reichste Region!«.

Kolja war der Meinung, bald werde es in der Ukraine eine Revolution geben, so schrecklich ungerecht seien die Verhältnisse. Ich eingebildeter Landeskenner widersprach: »Es wird keine Revolution geben, weil es nicht genug zu verteilen gibt und weil die Menschen zu passiv und zu autoritätshörig sind.« Kolja sollte recht behalten, natürlich. Obwohl seine Muttersprache Russisch war, fühlte er sich ganz als Ukrainer. Als Russland im Jahre 2014 den Krieg gegen die Ukraine begann, floh er zu Verwandten ins Hinterland der Ukraine.

10. Grund

Weil auch gastfreundliche Menschen sich irren können

Allen Statistiken nach war der Donbass tatsächlich die kriminellste Region in der Ukraine. Morde, Überfälle, Schießereien, Diebstähle – in all diesen Disziplinen hielten die Donbasser die Rekorde. Das deutete natürlich darauf hin, dass es die ärmste Region war.

»Wir werden von Kiew ausgebeutet, wir ernähren das ganze Land!«, war eine weit verbreitete Meinung im Donbass. Tatsächlich war das nur ein alter Mythos. In der Sowjetunion war der Beruf des Bergarbeiters heroisiert worden, »die offizielle Propaganda malte die Bergarbeiter als wahre Atlanten, auf deren Schultern die Wirtschaftsmacht des gesamten Landes ruhte«, erklärte der ukrainische Historiker Denys Kasanskyj in der *Ukrajinskyj Tuschden*. Auf einem bekannten sowjetischen Plakat wurde der Donbass sogar als das »Herz Russlands« dargestellt.

Wenn »alles von der Kohle abhängt«, wie kann es dann sein, dass es den Kohlearbeitern so schlecht geht? Wobei sie in staatlichen und legalen Minen in den Jahren unter Janukowytsch sehr gut verdienten, drei bis vier Mal mehr als Kraftfahrer oder Bankangestellte. Die Minenarbeiter, die ich fotografierte und interviewte, waren mit ihrer Bezahlung und ihren Arbeits- und Urlaubszeiten sehr zufrieden.

Doch die Kohleindustrie im Donbass arbeitete schon lange nicht mehr effizient. »Nachdem man Ende der 1970er-Jahre riesige Ölvorkommen in Sibirien entdeckt hatte, begannen die Rohstoff- und Energiebranchen der UdSSR mit der Umstellung von Steinkohle auf Öl und Gas«, erklärt Denys Kasanskyj. »Die Produktionsanlagen der Bergwerke im Donbass wurden zwei Jahrzehnte lang kaum erneuert, die Gruben funktionierten ohne Modernisierung. In den 80er-Jahren setzte der unabwendbare Verfall der Kohleindustrie der Ukrainischen Sozialistischen Sowjetrepublik ein.«

So stimmten im Donbass viele Menschen für die Unabhängigkeit der Ukraine, weil sie seit Langem das Gefühl hatten, ihre Kohleregion werde »von Moskau« ausgebeutet. Als sich die soziale Lage aber auch innerhalb der souveränen Ukraine nicht verbesserte, wurde die Überzeugung, in besonderer Weise betrogen zu werden, auf Kiew projiziert, auf ukrainische Regierungen. Der Donbass finanziere die Ukraine, so hieß es nun; dabei war es umgekehrt.

Sich zum Opfer zu erklären, das rechtfertigt bekanntlich oft die eigene Untätigkeit, also Faulheit. Doch früher hatten in Nowosilka der Kolchos, eine Milch- und eine Fleischfabrik für Beschäftigung gesorgt. Mittlerweile waren alle Fabriken geschlossen, und der größte Arbeitgeber war das Krankenhaus.

Trotz der weit verbreiteten sowjetischen Mentalität entschied sich die übergroße Mehrheit der Flüchtlinge aus den besetzten Gebieten im Donbass für die Flucht in die Ukraine, als Russland 2014 den offenen und verdeckten Krieg begann. Natürlich entschieden sich viele Menschen so nicht nur aus ideologischen und patriotischen Gründen, sondern auch aus praktischen, etwa weil sie in Russland keine Verwandten hatten. Aber die Zahlen und Fakten sind eindeutig: 1,4 Millionen Flüchtlinge aus dem Donbass-Gebiet und von der Krim entschieden sich für die Ukraine, nur maximal 300.000 für Russland. Bereits im Jahre 1991 hatten im Donbass 84 Prozent der Wähler für die Einheit und Unabhängigkeit der Ukraine gestimmt.

Das russische Propagandamärchen, im Donbass würden russisch sprechende Menschen besonders unterdrückt werden, wird damit klar widerlegt. Unterdrückt fühlte sich die Mehrheit der Donbass-Bewohner zweifellos und berechtigterweise, aber nicht kulturell und sprachlich, sondern ökonomisch und sozial. Und dies betraf die Menschen in allen Landesteilen. Aber das wussten nicht alle.

Von den Klischees über den Donbass stimmt meines Erachtens nur eins – dass unheimlich viel gesoffen wird. Wodka ist verhältnismäßig billig, und für (selbst gebrannten) *Samogon* braucht man nur Früchte und Zucker. Die Apparatur zum Brennen kann man sich vom Nachbarn ausleihen, wenn man keine eigene hat.

Als ich den klischeehaften Donbass sehen wollte und Wasja fragte, ob es möglich sei, einen Kohleschacht zu besuchen und dort Arbeiter zu fotografieren und zu interviewen, organisierte er auch das. Doch der nächste Schacht war 80 Kilometer entfernt. Um dorthin zu kommen, mussten wir durch die typische hügelig Donbass-Landschaft fahren, durch Laubwälder und über Wiesen und Felder.

11. Grund

Weil Selbstjustiz effektiv sein kann

In Welyka Nowosilka würde ich gern einmal Friedrich Dürrenmatts Drama *Der Besuch der alten Dame* inszenieren. Im Kulturhaus gibt es eine unglaublich große Bühne, im Saal eine herrliche Akustik und Platz für etwa 1000 Zuschauer. Talentierte Schauspieler findet man leicht, genug »Typen«, Musikanten, Chöre. Dürrenmatts Drama eignet sich ja für jede menschliche Siedlung, in der arme Menschen leben und noch Hoffnung haben. Da ist jede Retterin willkommen, die früher da gelebt hat und nun eine Milliardärin ist. Sie könnte alle Bedürftigen retten, die Stadt vor dem Bankrott bewahren, schöne Spielplätze und eine neue Fabrik bauen, für das Krankenhaus die beste Technik kaufen. Leider liegt da ein Schatten auf ihrer Vergangenheit und auf jener der Stadt. Deshalb kommt die Dame nicht nur mit viel Geld, sondern auch mit einem Sarg. Den Bewohnern will sie eine Milliarde schenken, aber dafür verlangt sie Gerechtigkeit. Das heißt den Tod des Schuldigen, ihres damaligen Freundes Alfred Ill, der seine Vaterschaft leugnete und einen Prozess gegen sie gewann, indem er Zeugen bestach. Und jetzt will die Milliardärin Rache. Daraufhin ändert sich das Verhalten der Bewohner ziemlich rasch, der beliebte Ill wird nach und nach gehasst und aufgefordert, sich zu erschießen.

Das ist eine Handlung, die man den Menschen von Welyka Nowosilka nicht lange erklären muss. Die meisten von ihnen müssen regelmäßig entscheiden, was sie zu tun bereit sind, um Geld zu verdienen, ob durch Schwarzarbeit oder durch »krumme Geschäfte«. Wasja bekam als Lohn für einen erfüllten Auftrag mal eine kaputte Waschmaschine, die er reparieren konnte. Luisa schimpfte zwar, sie brauche keine Maschine, sie habe immer mit der Hand gewaschen. Aber dann lief sie wie der Fuchs um den Käse einige Male um die Maschine herum, und nach einigen Tagen nutzte sie sie.

Man hilft sich gegenseitig, denn Korruption ist ein Menschenrecht, wenn der Staat 105 Prozent Steuern vom Gewinn haben will. Egal, wie gut und ehrlich man arbeitet, man wird vom Staat beklaut.

Auf die Oligarchen »da oben« zu schimpfen, das mag ja berechtigt sein, es ändert aber nichts an der Tatsache, dass viele Menschen um des Überlebens willen Einkommen erzielen müssen, die sie keiner staatlichen Behörde melden können. Dennoch gibt es Regeln, die für alle gelten und beachtet werden müssen. Man klaut nicht den Motor aus dem Auto des Nachbarn. Wenn das bekannt wird, wird Selbstjustiz geübt, dann lädt man ein paar starke Freunde ein und zwingt den Dieb nicht nur, den Motor zurückzugeben, sondern auch weitere Verpflichtungen zu übernehmen und den Bestohlenen zu entschädigen.

Wasja hatte mich einmal auf solch eine »Bestrafungsreise« mitgenommen. Der Dieb wurde von seinen betagten Eltern mit Sensen und Dreschflegeln verteidigt. Unter den strafenden Männern war auch ein Polizist, er trug aber keine Uniform, sondern sorgte als Zivilist für Gerechtigkeit oder leistete einen Freundschaftsdienst. Den Diebstahl anzuzeigen und einen ordentlichen Gerichtsprozess anzustrengen, das hätte viel zu lange gedauert. Es war Erntezeit, der Bestohlene brauchte sein Auto.

12. Grund

Weil man im Donbass wunderbar feiern kann

Wir feiern im Café Florida den Tag des Buchhalters. Niemand von uns arbeitet als Buchhalter, aber Buchhalter musste es nun mal geben, und somit ist es ein wichtiger Feiertag.

»Zu leben ist gut, aber gut zu leben ist besser!«, schlägt Wasja als Toast vor, und alle lachen laut, außer mir. Den ganz großen Witz habe ich offenbar verpasst.

Während wir mit den Gläsern anstoßen, erklärt Wasja mir, sein Toast sei ein Zitat aus der Komödie *Entführung im Kaukasus*.

»So sprach Schurik, blonder Student mit Brille, ein Forscher wie du, er studiert die Sitten und Traditionen im Kaukasus.«

Student bin ich schon lange nicht mehr, aber ich trage eine Brille und habe nichts dagegen, Forscher genannt zu werden. Das ist besser als Spion oder Sextourist. Nach Wasjas Toast hält der Stadtkommandant eine Rede. Buchhalter und Offizier seien verwandte Berufe, erklärt er. Beide müssten exakt arbeiten und die Vorschriften einhalten. Pünktlichkeit und Gehorsamkeit gegenüber den Vorgesetzten seien wichtig. Und die Werte Ordnung und Disziplin. Während er redet, schiebt er seine Geliebte Natascha von seinem Schoß. Das Glas Wodka hält er in der rechten Hand, seinen Ehering kann jeder sehen.

Seine Natascha will offenbar nicht beiseite geschoben werden, sie zieht seinen Arm herunter und sagt zum Thema Pünktlichkeit, ihre Großmutter verlange von ihr, spätestens um acht Uhr abends zu Hause zu sein. »Aber ich bin doch kein Kind mehr!«

Wasja stimmt ihr zu. Als erwachsene Frau sei sie ein freier Mensch.

Die anderen schweigen. Warum soll man auch das Privatleben des Kommandanten kommentieren? Da sitzen zwei erwachsene Menschen, die sich in freier Entscheidung küssen, mehr ist dazu nicht zu sagen. Ob die Ehefrau des Kommandanten nun verreist ist oder was auch immer, das ist ganz egal. Unser Tisch steht nicht ohne Grund hinter einem Zaun aus Schilf, andere Gäste können uns nicht sehen.

Wasja würde ohne mich nicht am Tisch des Kommandant sitzen, dafür ist er »zu niedrig«, nicht wichtig genug. Aber weil er mich mitgebracht hat, den verrückten Deutschen, der durch den Donbass radelt und den man aus dem Fernsehen kennt, sind wir beide willkommen, mit einer Flasche Wodka als Eintrittskarte.

Zur lokalen Prominenz gehört an diesem Abend noch der Tschetschene Abbas, der als Tierarzt auf dem Markt die Lizenzen für den Verkauf von Fleisch vergibt oder verweigert. Ihm gegenüber sitzt der Grieche Sergej, der als Direktor des Altenheimes ein wichtiger

Kunde für Fleisch ist, weshalb er mit Abbas sicherlich listige Geschäfte vereinbaren kann. Sergej hat seinen dreistöckigen Palast am Flussufer jedenfalls nicht vom offiziellen Gehalt bezahlt. Außerdem sind Mischa und Artjom anwesend, junge, erfolgreiche *Biznesmeni*, die unter anderem die Lizenz für die Schulbusse ergattert haben. Außerdem ziert eine einflussreiche Frau die Gesellschaft, Mascha Maximowna, Leiterin des Kulturhauses und Leiterin der Wahlkommission und etlicher anderer Gremien.

Ich gelte in dieser Runde als der Beweis, dass der Donbass noch nicht verloren war. »Deutschland, nein, Europa hat uns entdeckt! Ein Tourismusmanager ist sogar zu Fuß zu uns gekommen! Wir werden ein Hotel bauen und die Deutschen zur Wolfsjagd einladen! Der Chor Ukrainotshka wird für sie singen!«

Ich schlage Panzerfahrten und Artilleriegefechte für die Touristen vor. Der Stadtkommandant meint, er könne keine Panzer zur Verfügung stellen, denn im Umkreis von 200 Kilometern werde man keine fahrbaren finden, die Technik der Armee sei nur noch Sowjetschrott.

Mischa ruft, man brauche neue Führer im Land. Die neuen Führer sollten stärker und ehrlicher sein als die alten. Die Jugend sollte die Verantwortung übernehmen!

»Traktoristen an die Macht! *Schachtjori!*«

Wasja fordert mich auf, mal wieder zu erzählen, dass man mich überall vor dem Donbass gewarnt habe.

»Bei uns soll es besonders gefährlich sein, wir sind alle Verbrecher und Vampire!«

Aber auch viele Verbrecher haben eine Ehre. Wasja sieht es allerdings nicht gern, wenn ich allein durch die Siedlung spaziere. Er fürchte wohl, ich könnte mit jemandem Geschäfte machen oder bessere Gastgeber als ihn finden. Ich aber spaziere von einer Party zur anderen, während er auf dem Bau schuften muss. Sogar ins Krankenhaus hat mich schon jemand zum Feiern eingeladen, Zek, der Chirurg. Zek ist gesund aus dem syrischen Krieg zurückgekommen, dort hat er sich mit Operationen die nötigen Valuta verdient, um wieder einige Monate gepflegt trinken zu können. Auch Mischa und Artjom wollen sich fast jeden Abend mit mir treffen, am liebsten im Zentrum, in ihrer eigenen Bar, die einfach nur Bar hieß, weil sie noch keine offizielle Zulassung hat.

Artjom ist eigentlich Grieche, wie ein Drittel der Bewohner hier, er fühlt sich aber als Russe und singt am liebsten *blatnyje pesni,* Lieder aus der Welt der Kriminellen und der Straflager. Er spielt auch gern Gitarre, und sein Tenor passt wunderbar zu diesen Liedern. Wenn ein Radio in seiner Nähe ist, stellt er gleich den Sender »Chanson« ein, der solche Lieder unaufhörlich bringt. Erhält er einen Anruf, so klingelt sein Telefon nicht, sondern spielte das Lied vom Hasen, der vom Wolf gehetzt wird und dabei singt »Uns ist alles egal«.

Ich hatte Wasja auch schon im Winter besucht, an seinem Geburtstag und zu den Präsidentenwahlen, denn dieses Spektakel wollte ich aus der Nähe sehen. Es war bitterkalt, Wasja und die Kollegen aus seiner Brigade konnten aber nur mit heißem Tee ihren Arbeitsplatz erwärmen, die Reparaturstation für Kleinbusse. Ihr Chef Mischa ermahnte die Schlosser und Busfahrer immer wieder, »die richtige Partei« zu wählen. Nur bei einem Sieg der Blauen könnten die Arbeitsplätze erhalten werden.

Die Arbeiter sahen natürlich, in welchem Auto ihr Chef Mischa durch die Gegend fuhr, welchen Kognak er trank, wo er »seine Eier zeigte« und in wessen Interesse er für »die richtige Partei« um Stimmen warb. In schwachen Momenten ließ sich Mischa sogar in meinem Beisein zu dem bekannten Argument hinreißen, »unser Kandidat ist ein Verbrecher, aber er ist unser Verbrecher«. Doch solche Offenheit war nicht nötig. Es zählten allein die praktischen Fragen, die mussten gelöst werden, das Funktionieren des Marktes, der Schulbetrieb, die Versorgung mit Elektrizität, das Budget für das Kulturhaus.

»Unsere Region ist die reichste Region« war der meistplakatierte Spruch im Wahlkampf. Man konnte ihn mit gutem Willen als Kompliment auffassen und auf den seelischen Reichtum der Bewohner des Donbass beziehen. Am Wahlabend feierten die Wahlleiter dann den Sieg »der richtigen Partei«, und der Alkohol lockerte die Zungen. Wir standen auf der Terrasse des Kulturhauses, unter uns das Lenin-Denkmal, und Mascha Maximowna beantwortete meine Frage, wie viele Prozent die Kommunisten bekommen hatten, mit einer Gegenfrage: »Real oder offiziell?« Ich wollte natürlich beides wissen. Real haben die Rentner mehrheitlich die Kommunisten gewählt, sagte sie, doch offiziell hätte »die richtige Partei« auch in dieser Altersgruppe gewonnen, um die Arbeitsplätze zu erhalten. Dabei kicherte sie.

Wasja war zur Wahl gegangen, aber er hatte nicht wie von Mischa gewünscht entschieden, betonte er. Seine Frau Luisa hatte sich geweigert, an den Wahlen teilzunehmen, obwohl in der Schule den Lehrern versprochen worden war, im Falle des Sieges der richtigen Partei würden die Klassenräume in Zukunft besser geheizt werden. Weder wollte Luisa den »eigenen Verbrecher« wählen, noch »Fräulein Julia« Timoschenko, die behauptet hatte, lediglich eine kleine Wohnung und ein bisschen Bargeld zu besitzen. Außerdem sei die Frau hysterisch und viel zu emotional, sie könne nicht führen, nur Chaos anrichten, meinte Luisa.

Am Ende unserer Feier kommt es beinahe zum Eklat. Sergej liegt mit dem Kopf auf dem Tisch und schläft, Artjom schnarcht mit dem Kopf auf der Brust, Mischa versucht seinen Kopf auf Nataschas Schulter zu legen, weshalb der Kommandant ihn fast vom Stuhl schubst, als er seine Geliebte zu schützen versucht.

»Früher hieß, was dem Russen guttut, bringt den Deutschen um«, sagte ich zu Wasja.

Da wird Mischa wach und blickt mich an, als hätte ich etwas ganz Schlimmes gesagt. Aber wenn ein Mann vor einem Glas Wodka schläft, dann ist er besoffen, da gibt es kein Herumreden. Mascha Maximowna sagt, das sei sowieso ein dummes Sprichwort, außerdem seien sie nicht alle Russen, sie zum Beispiel habe italienische Vorfahren, die schon vor der Revolution in den Donbass eingewandert waren. Der Wirt aber schließt das Café pünktlich um Mitternacht. »Sperrstunde, Genosse Kommandant, gilt für alle!«

13. Grund

Weil Donbasser Nächte lang sind

Wir spazierten auf der Straße der Helden nach Hause. Die Schlaglöcher waren gut zu erkennen, weil ein satter Vollmond am Himmel schwebte. Wasja schlug vor, noch einen interessanten Menschen zu besuchen, einen 90-jährigen Offizier.

»Zweiundneunzig, genauer gesagt!«

»Wasja, jetzt kommt nur der Teufel zu Besuch. Wenn solch ein alter Mann noch lebt, wird er bestimmt schon schlafen.«

»Bei uns ist alles möglich. Du bist hier nicht in Berlin!«

Gestatten, Wasja mit dem Napoleon-Syndrom, wie seine Frau Luisa seine Träume nannte, eine bedeutende Rolle zu spielen. Glaubte man Wasja, so hatte er den Afghanistankrieg mitgemacht und mehrere seiner Kameraden in den Kämpfen verloren. Er sei auf eine Mine getreten und am Fuß verletzt worden, hatte er mir erzählt. Als Beweis zeigte er mir eine fingerlange Narbe am rechten Knöchel. Doch Luisa erzählte, dass er keinerlei Fotos oder Dokumente aus dieser Zeit vorweisen könne, keinen Eintrag im Militärausweis. Und er wurde nie zu den Treffen der Veteranen eingeladen.

Angeblich war Wasja früher auch mal reich gewesen, drei Busse will er besessen haben. Tatsächlich bestätigte Luisa den Besitz eines Kleinbusses und eines chinesischen Mofas. Der Kleinbus fuhr einen Sommer lang, dann fuhr Wasja gegen einen Baum. Das Mofa war so gemein, unter einen Traktor zu rutschen, wobei Wasja sich das Schlüsselbein brach. Im Garten hinter dem Haus rostete außerdem ein Kastenwagen vor sich hin. Eigentlich wollte Wasja dort Waffen lagern und verkaufen, aber der Bedarf an Pistolen und Jagdgewehren war im Donbass offenbar schon seit einiger Zeit befriedigt. Oder Wasja hatte kein starkes »Dach« gefunden, kein passendes Väterchen, das ihn schützen und für ihn bürgen konnte. Wasja, das Schlitzohr, schaffte es aber auch, die halbe Siedlung zu überreden, ihm Geld zu geben, damit er das Flüsschen von Schilf und Müll reinigte. Das hätte er sowieso getan, um Krebse und auch mal wieder einen Wels fangen zu können. So aber konnte er sich als nützlicher Helfer präsentieren, der etwas für die Gemeinschaft tat, und es sah nicht wie Bettelei aus. Und wenn Wasja mitten in der Nacht Kriegsgeschichten hören wollte, dann besuchte er eben den nächsten Methusalem, der uns mit geputzten Orden auf der Uniformjacke empfing. Statt zu schimpfen über die späte Störung, holte der Alte gleich seine Frau, die im Bademantel in die Küche stolperte und eine Flasche Selbstgebrannten anbrachte.

Er habe sowieso nicht schlafen können, ein Gast aus Deutschland sei jederzeit willkommen, meinte der Alte. (Auf dem Foto auf Seite III sitzt er mit seinen Orden auf einer Wiese.) Ich wollte ihn stützen, als er zum Diwan humpelte, aber nein, das schaffte er mit Hilfe zweier Stöcke alleine. Im Stall grunzten die Schweine, der Hofhund schleifte in der Dunkelheit eine Kette über den Boden und jaulte.

Wasja goss die Gläser voll. Er legte den Arm auf die Schulter des Alten und forderte ihn auf, vom Krieg zu berichten. Der Mann hörte zwar schlecht, aber seine Kraft reichte noch, um die faltige Faust zu ballen und auf den Tisch zu hauen. Im Krieg habe man auf der nackten Erde geschlafen. Seine Frau hielt sich die Hand vor den Mund. Er schickte sie in die Küche, sie solle ein Essen vorbereiten.

»Seid froh, dass ihr den Krieg nicht kennt, Kinder.«

Wir stimmten ihm zu und tranken brav auf den Frieden. Bald dampften Bratkartoffeln auf dem Tisch, dazu gab es Eier mit Speck. Wasja verhandelte mit Luisa am Telefon. Wir seien gar nicht betrunken, nur auf einer Expedition in die Vergangenheit. Als Geschichtslehrerin sollte sie Verständnis haben. Außerdem vertrank Wasja kein Wirtschaftsgeld, wenn er mit mir unterwegs war. Luisa ahnte bestimmt, dass Wasjas Geschäfte nicht alle sauber waren. Wenn er von »Chancen« oder »Exkursionen« sprach, hörte sie lieber weg. Manchmal versuchte sie mich auszufragen, dann antwortete ich, wir seien beschäftigt gewesen und hätten interessante Menschen getroffen.

14. Grund

Weil es sinnlos ist, Menschen aus ihrer selbst gewählten Unmündigkeit zu befreien

In sieben Sommern radle ich kreuz und quer durch das Donbass, mal von Deutschland, mal von Russland kommend. Vor der Stadt Tores verfluche ich mein Schicksal, das mich zum Radfahrer auserkoren hat. Schwarzer Staub liegt auf den Wegen, überdeckt manchmal von klebrigem Schlamm, und die Luft ist so giftig, dass mir rote Tränen aus den Augen fließen. Um nicht schlecht gelaunt weiterzufahren, genehmige ich mir ein Bier, setze mich vors Geschäft, strecke die Beine in die heiße Mittagssonne, weil kein Schatten da ist. Und weil das Bier so gut schmeckt, spüle ich gleich noch mal nach.

Tatsächlich, ich steige als Optimist aufs Fahrrad. Der liebe Gott wird schon wissen, weshalb er mich hierher geschickt hat. Bald komme ich an einer schwarzen Halle vorbei und höre kratzende Geräusche. Männer schippen Kohlen auf einen Lkw (siehe Foto Seite II links oben). Der Brigadier guckt ziemlich streng. Man sieht gleich, dass er der Chef ist, denn er hält als Einziger keine Schaufel in den Händen. Die Schipper sind alle einen Kopf kleiner als er. Sie atmen den Staub ohne Maske ein, er steht fernab und treibt sie mit bissigen Lauten an.

Ich drücke ihm meinen Respekt aus für seine wichtige und anspruchsvolle Tätigkeit. Er knurrt nach meiner Frage, ob ich die werten Kollegen fotografieren darf.

»Nicht lange«, schiebt er hinterher.

Ich halte drauf und rufe den Jungs zu – »Ihr seid doch einverstanden?«

Die, weil endlich einmal etwas passiert, nicken fröhlich.

»Habt ihr Lust auf Bier? Ich lade euch ein.«

Oh weh, da brüllt der Riese in meinem Rücken.

»Hier wird nicht gesoffen!«

»Mensch, Kumpel, die Jungs machen eine harte Arbeit, und die haben noch nie einen Ausländer gesehen und wollen auch mal Spaß haben! – Rauchpause, Jungs!«

Ich bin kaum hier, schon rufe ich zum Widerstand auf.

Der Riese brüllt: »Hier wird Kohle für den Frieden verladen! Pausen werden nicht bezahlt!«

Ich habe Lust, mit ihm politisch zu diskutieren. Wieso Kohle für den Frieden? Für welchen Frieden? Für den von 1984? Hast du noch nicht gemerkt, Kumpel, dass wir nicht mehr im Zeitalter der Planerfüllung leben?

»Wie heißt du?«, frage ich einen der schippenden Zwerge.

»Andrjuscha«, antwortet er.

»Hast du Lust auf Bier, Andrjuscha?«

Andrjuscha grinst. Ich habe sein Herz gewonnen mit meiner Frage. So wünscht er sich wahrscheinlich einen Gewerkschaftsboss, schwitzend, in kurzen Hosen, mit schwarzem Schleim in der Nase, den Freuden des Lebens nicht abgeneigt. Die Schipper rauchen, einer schläft im Sitzen.

»Was ist mit diesem Kumpel los?«, frage ich Andrjuscha.

»Er kann heute nicht schippen, er hat gestern zu viel Wodka getrunken. Er bekommt nur zehn Hrywnja, statt hundert wie wir.«

Der Brigadier schreit: »Jetzt aber Schluss mit dem Gequatsche! Arbeiten! Pausen werden nicht bezahlt!« Und zu mir: »Sie verschwinden jetzt, Sie Radfahrer! Genug fotografiert!«

Na, ich bin nicht auf Streit aus, winke Andrjuscha zum Abschied und bedanke mich bei dem Antreiber für seine freundlichen Erklärungen in Sachen Moral und Frieden, für seine lehrreichen Vorträge – und entfliehe seiner Stiefelspitze. Ein Deutscher hat UNSERE bei UNSEREN geheimen Tätigkeiten fotografiert, wird morgen bestimmt die Flüsterpropaganda verbreiten. Ich habe mein Fahrrad kaum über mehrere Bahnschienen getragen, da pfeift Andrjuscha in meinem Rücken. Ich rase ins Tal zurück.

»Hej Andrjuscha, was ist los, Pausen werden nicht bezahlt.«

»Ins Geschäft kann ich gehen«, stöhnt er.

»Los, ich lade dich ein. Sag mir, was du möchtest.«

»Bier und Zigaretten.«

»Alles klar, bekommst du. Bist du verheiratet?«

»Nicht verheiratet, aber zwei Kinder.«

»Euer Brigadier ist ein Idiot.«

»Ist er der Chef, bist du der Idiot, bist du der Chef, ist er der Idiot.«

Ach, so ist das also. Er träumt nur davon, selbst der Antreiber zu werden. Ich kaufe ihm dennoch genug Bier, auch für die Kollegen, und zwei Schachteln Zigaretten. Die Verkäuferin rechnet mit dem Abakus. Die Welt scheint im Gleichgewicht, doch kaum sind wir auf der Straße, da steht der Brigadier vor uns.

»Andrjuscha, was habe ich dir gesagt? Kein Alkohol! Während der Arbeit wird nicht getrunken, auch nicht mit diesem Deutschen.«

Andrjuscha krümmt seinen Rücken, sinkt in den Staub. Die Flaschen hält er aber fest in den Händen.

Mir gibt der Brigadier einige strenge Worte mit auf den Weg: »Sie können nach Feierabend mit den Kohlearbeitern reden! Dann können Sie auch fotografieren und Bier trinken!«

Andrjuscha winkt noch mal zum Abschied.

15. Grund

Weil ein einziger Satz genügt, das System zu verstehen

Auf dem Tisch lag sein Strohhut, daneben eine Schachtel billiger Zigarillos. Er trank das gleiche Bier wie ich, *Schigulewskoje.* Unter seinen Fingernägeln war der Schmutz schon eingewachsen, mehrere Narben schraffierten seine Handballen. Er stellte keine lästigen Fragen, woher, wohin, warum, nichts dergleichen. Aus irgendeinem Grund sagte er »*kaschmar*«, Albtraum, und spuckte auf den Boden.

Vielleicht meinte er die Großmutter, die vorüberging und auf ihrem Rücken einen Sack Maiskolben und eine Sense trug. In der Jugend hatte er mit ihr vielleicht in der Disco getanzt, und jetzt – *kaschmar*. Oder er meinte das Pferd, das unter einer Kastanie stand und auf dem Boden schnupperte, ohne Gras oder Wasser zu finden. Der Sand auf der Straße, die lange Trockenheit, die wund gescheuerten Fersen des Pferdes, die Preise für Bier und Wodka, alles konnte schrecklich und dumm sein, alles *kaschmar*. Vielleicht meinte er auch mich, meine Füße, mein Stöhnen, nachdem ich vom Fahrrad gestiegen war.

»Warum kaschmar? Welcher Albtraum?«, wollte ich wissen.

»Das halbe Leben ist ein Albtraum«, sagte er.

Wir stießen mit unseren Bierflaschen an. Er kniff ein Auge zu.

»Haben Sie Urlaub?«

»Ich habe immer Urlaub.«

»Und woher bekommen Sie Geld?«

»Ich schreibe meine Gedanken auf und verkaufe sie.«

»Für meine Gedanken würde niemand etwas bezahlen.«

»Woher wissen Sie das? Schon versucht?«

»Viel zu langweilig. Ich weiß nichts Neues.«

»Irgendetwas Interessantes erlebt jeder.«

»Meine erste Frau wollte ich nach unserer ersten Nacht nie wieder sehen.«

»Großartig! Ein Kriminalroman!«

Er lachte.

»Heute kann ich darüber lachen, damals konnte ich es nicht.«

Seine Eltern hatten ihn mit einem 16-jährigen Mädchen verheiratet, in einem Dorf in Georgien. In der Hochzeitsnacht sei die Braut betrunken gewesen. Danach sei sie »fanatisch gläubig und verrückt« geworden.

»Früher dachte ich, ich hätte etwas falsch gemacht, aber dann wurde ich Student und lernte meine zweite Frau kennen. Alles in Ordnung, zwei Kinder, nicht grob, kein Grund zum Lachen.«

Seine Frau Anja habe leider vor einem Jahr einen Infarkt gehabt. Sie habe schmackhafte Piroggen gebacken. Die meisten seiner Schulfreunde ruhten schon auf dem Friedhof. Er trank sein Bier aus, nahm seinen Strohhut und sagte, er müsse die Kuh von der Wiese holen.

»Ein Bekannter erzählte mir, dass die Deutschen in den Dörfern keine Tiere haben, nicht einmal Hunde. Stimmt das? Bei uns hat jeder seine eigenen Tiere.«

»Hunde gibt es dort, Katzen auch. Aber Kühe oder Hühner, das ist selten. Deutsche Rentner arbeiten nicht auf dem Feld, wie Sie.«

»Wir helfen einander gegen das System.«

Er ließ die Bierflasche in den Papierkorb fallen, nickte noch zum Abschied und schlurfte davon. Wir helfen einander gegen das System, das klang schon etwas besser als »Wenn er der Chef ist, bin ich der Idiot, und wenn ich der Chef bin, werde ich ihm in die Eier treten«.

Hier in der Ukraine ist das System sehr anschaulich. Es reicht, den Rentenbescheid zu sehen und dann die dicken Autos der Beamten, das Haus des Bürgermeisters, das Schloss der Leiterin der Sozialbehörde.

16. Grund

Weil man wie im Rausch radeln kann

Der Abschied vom Donbass, von Wasja und seinen Freunden, fällt mir immer schwer. Ich kann mir gut vorstellen, dort zu leben. Die Natur ist herrlich, in den drei Flüsschen in Nowosilka soll es sogar Welse geben. Wasja versuchte immer wieder, einen zu fangen, hatte aber noch kein Glück. Dafür fing er nachts Krebse und kochte eine feine Suppe, und wir tanzten die halbe Nacht im Mondschein. Durch Wasja lernte ich viele interessante Menschen kennen. Fasziniert hat mich immer wieder, wie schnell und extrem sie ihre sozialen Rollen wechseln müssen, welche Fähigkeiten sie ausbilden müssen.

Wir treffen beispielsweise einen Hirten mit seinen Ziegen, einen Mann mit wettergegerbtem Gesicht und Händen, breitkrempigem Hut, in Stiefeln, mit zwei Hunden und geschnitztem Holzstock, ein Bilderbuchhirte. Wir reden übers Wetter und wie die Ziegenmilch so schmeckt, wie sich die Preise für Käse entwickeln werden. Ich könnte schwören, der Mann sei sein Leben lang Ziegenhirt gewesen. Tatsächlich unterrichtet er am Gymnasium griechische Sprache und Literatur, erzählt er. Fast ein Professor. Die Arbeit mit den Ziegen, das ist für ihn ein Ausgleich und Zuverdienst. Außerdem kann er nebenbei Bücher lesen und sich auf das neue Schuljahr vorbereiten, während die Ziegen fressen.

Es ist leider nicht ungewöhnlich, dass Akademiker, Lehrer und qualifizierte kreative Menschen profane Tätigkeiten ausüben. Ich erinnere mich an viele solcher Fälle. Eine Doktorin der Chemie verkauft Tomaten am Straßenrand, weil sie das Geld für die Familie braucht. Eine Mathematiklehrerin verkauft Sonnenbrillen oder Piroggen. Ein Arzt will lieber Kriegsreporter werden, weil die Bezahlung als Mediziner so lächerlich ist.

Nach dem Abschied von Wasja radle ich gut 400 Kilometer in nordwestlicher Richtung nach Poltawa, in die »Kulturhauptstadt der Ukraine«, das Herz und das Zentrum der ukrainischen Kultur, wie Ukrainer gerne sagen. Dabei ist die Grenze zu Russland Luftlinie nur etwas mehr als 100 Kilometer entfernt. Oder zwei, drei Panzerstunden, wie man in Zeiten des Krieges sagt. Doch nirgendwo sonst werde solch ein reines Ukrainisch gesprochen, außer vielleicht in Lwiw und in den Karpaten, behaupten die Einheimischen. Und keine andere Stadt außer Kiew und vielleicht »das Piratennest« Odessa soll so viele Genies hervorgebracht haben wie Poltawa.

Ihren legendären Ruf verdankt die Stadt auch dem Dichter Iwan Kotljarewskyj, der als Begründer der ukrainischen Literatursprache gilt und von 1769 bis 1838 in Poltawa lebte. Nach der Niederlage der ukrainischen Kosaken und der Schweden gegen die russischen Truppen in der Schlacht von Poltawa verbot Peter I. im Jahre 1709 durch ein Dekret die Veröffentlichung von Büchern in Ukrainisch. Ukrainisch galt den russländischen Kolonisatoren als minderwertige Bauernsprache oder gar als russischer Dialekt, eine Auffassung, die auch heute noch viele ungebildete Russen und Ausländer vertreten. Doch Iwan Kotljarewskyj übertrug Vergils Epos *Aeneis* ins Ukrainische und zeigte den Reichtum dieser Sprache. 1798 erschien das Werk ohne sein Wissen zuerst als Raubdruck in St. Petersburg und verkaufte sich dort sehr gut, auch wegen der vielen erotischen Szenen. Vergils *Aeneis* war eine Adaption der *Ilias* und der *Odyssee* gewesen, Iwan Kotljarewskyj adaptierte sie für das Ukrainische in einer sehr freien Weise; bei ihm sind griechische Götter ukrainische Kosaken.

Wer heute als Ausländer durch die Ukraine radelt und Poltawa als Reiseziel angibt, dem wird auf die Schulter geklopft und gratuliert. Poltawa sei so, wie die Ukraine sein möchte, bekommt man von vielen Menschen zu hören. Die Geschichte der Stadt ist tatsächlich einzigartig, denn es gibt ja keine Kopie von Poltawa. Manche *Poltawzi* oder *Poltawtschanje* (Bürger von Poltawa) sind überzeugt davon, dass auf einem Plateau vor ihrer Stadt schon die Argonauten gelandet sind und den heimischen Wein gekostet und gelobt haben. Erwiesen ist, dass die Gegend schon in der Mittel- und Jungsteinzeit vor Tausenden von Jahren besiedelt war. Die erste schriftliche Erwähnung der Stadt erfolgte im Jahre 1174, damals noch unter den Namen Ltava oder Oltava. Archäologische Ausgrabungen haben jedoch gezeigt, dass schon seit dem 9. Jahrhundert Menschen an diesem Ort lebten. Deshalb wird offiziell angenommen, dass die Stadt im Jahr 899 entstand. 1999 feierte Poltawa ihr 1100-jähriges Bestehen.

Dass ich in dieser Stadt einmal heiraten und dauerhaft leben werde, weiß ich zu diesem Zeitpunkt noch nicht. Neun Uhr morgens starte ich in Welyka Nowosilka, um über Dnipropetrowsk (heute einfach Dnipro) Richtung Nordosten zu radeln. Bald merke ich, dass ich mich verschätzt und die Karte nur oberflächlich studiert habe. Ich wollte in zwei Tagen bis Poltawa fahren, dachte, das seien etwa 350

Kilometer, also zwei Etappen mittlerer Kategorie. Nach einigen Feier- und Ruhetagen bei Wasja und seinen Freunden, nach einer Tanz- und Saufnacht in der Heide und im Mondschein, fühle ich mich eigentlich stark genug für solch einen »Ritt«. In Poltawa will ich zwei Bekannte aus Deutschland treffen, die weder Russisch noch Ukrainisch können und für die ich übersetzen soll. Doch in einer kurzen Pause sehe ich, dass ich mich wohl um etwa 100 Kilometer verschätzt habe. 450 Kilometer in zwei Tagen, das könnte hart werden. Kurzes Hineinhören in meinen Körper, und gleich der rotzig-trotzige Entschluss: Diese Etappe wird aufgewertet, ich wage eine Rekordfahrt in der Kategorie 24-Stunden-Etappe. Schon mehrmals bin ich über 300 Kilometer auf einer Tag-und-Nacht-Fahrt geradelt. Den schlappen Rest von 150 km sollte ich dann am nächsten Tag schaffen.

Das Wetter ist günstig für solch einen Versuch, es ist nicht zu heiß, manchmal ist der Himmel bewölkt, zwei kurze Regengüsse kühlen mich zwischendurch ab, der Wind weht mäßig stark. Auch das Streckenprofil passt, die Landschaft ist nicht besonders hüglig, meistens flach, es gibt nur wenige Steigungen. Der Asphalt ist sehr gut, es ist ja die Trasse zwischen Donezk und Dnipropetrowsk, also zwei der wichtigsten Großstädte der Ukraine mit jeweils mehr als einer Million Einwohner.

Nach fünf Stunden und 46 Minuten habe ich erst 100 km geschafft. Ich habe ausreichend Wasser bei mir, habe in einer Raststätte gegessen – eine Suppe mit Frikadellen, etwas gebratenen Fisch, *Gretschko* (Buchweizen), einen *Salat Kapusta* (Weißkohl), ein paar Kekse. Der Lkw-Verkehr ist recht stark, doch auf dem Seitenstreifen ist Platz für mich.

Warum dieser Rekordversuch? Seltsame Frage an eine Spielernatur wie mich, der Herausforderungen liebt. Natürlich weil das Radfahren etwas Zweckfreies ist, keinem Nutzen unterworfen, und weil ich es um seiner selbst willen liebe. Sorgen macht mir eigentlich nur das sich offenbar wieder entzündende Nagelbett an meinem rechten Ringfinger, welches in Deutschland schon zwei Mal aufgeschnitten wurde und nicht verheilen will. Nun gut, es wird sich hier wohl ein Chirurg finden, der mir notfalls die Fingerkuppe abschneidet.

Nach elf Stunden 42 Minuten reiner Fahrzeit, 23.27 Uhr, die nächste Zeitkontrolle, bei Kilometer 213. Es ist kühl geworden, ich habe mir lange Unterwäsche angezogen, 14 Grad zeigt ein Straßenthermometer. Ich habe Hunger, aber nur ein Stück Weißbrot bei mir. Manchmal bin ich etwas leichtsinnig, weil ich glaube, dass sich immer eine Gelegenheit finden wird, etwas zum Essen zu kaufen. Halb zwei Uhr nachts mache ich endlich Rast in einer Bar, esse heiße Suppe, Kartoffelbrei, 200 Gramm Schaschlik, wieder Weißkohlsalat, ein Standardessen. Meine Trinkflasche lasse ich mit heißem Tee füllen, der natürlich nicht lange heiß bleiben wird. Außerdem nehme ich einen Liter Tomatensaft mit, der meiner Erfahrung nach beim Radfahren der beste ist, der vitaminreichste und magenfreundlichste aller Säfte.

Draußen kontrolliert die Polizei einige Lkw, die Fahrer müssen ihre Papiere vorweisen. Zwei offenbar betrunkene Jugendliche beschimpfen die Kellnerinnen. Sie begutachten mein Fahrrad, die brennenden Zigaretten recht nah an meinen Taschen. Das mag ich gar nicht, aber bevor es zum Streit kommt, weist die resolute Bardame die Jungs an, sich einige Meter zu entfernen, und sie tun es, wenn auch widerwillig. Es ist mir etwas peinlich, mir von einer Frau helfen zu lassen, aber ich habe sie ja nicht darum gebeten.

Ich wechsle die Strümpfe, das tut gut. Durch die Nacht zu fahren ist immer wieder aufregend. Es knackt im Gebüsch, Schatten sehen aus wie Löcher im Asphalt. Manchmal singe ich oder erzähle mir Geschichten. Nach drei, vier Stunden komme ich an den Stadtrand von Dnipropetrowsk. Jetzt wird es schwierig, die Stadt zu durchqueren und die richtige Ausfahrt zu finden. Grell beleuchtet sind vor allem die Spielcasinos, ein besonders auffälliges heißt Las Vegas. Auch McDonald's hat noch geöffnet. Dann endet die Stadtautobahn vor einem Hotel, ich fahre zurück, wissend, wie komisch ich aussehe, mit der Stirnlampe unter der Kapuze, mit blauen Plastiktüten über den Schuhen, um die Füße vor der Kälte zu schützen. Drei Jungs prügeln sich am Straßenrand, der kleinste hat offenbar den größten gegen eine Eisenstange geschubst. Ich will einen Taxifahrer nach dem Weg fragen, aber der liegt in seinem Auto und schläft.

Ich fahre zurück auf die Stadtautobahn, ein Auto kommt mir entgegen, aber die Straße ist ja breit genug, es ist Platz für uns beide. Die gleichen Jungs, die sich eben noch auf der Brücke prügelten, prügeln sich jetzt hier an der Straßenecke. Vor einem Straßenbahndepot stehen zwei Taxis, in einem sitzen die beiden Fahrer, beide rauchen.

»Nach Kirowskje wollen Sie? Nicht nach dem Stadtbezirk Kirow?«

Der Fahrer am Lenkrad blickt auf meine Schuhe, die, wie gesagt, mit Plastiktüten überzogenen. Beide Männer studieren meine Karte. Ihre Erklärungen klingen logisch, ganz einfach zu befolgen. Ich muss nicht zurück über den Dnipro, kann geradeaus weiterfahren, soll mich an Straßenbahnschienen orientieren, dann werde ich, so meinen sie, schon die Ausfallstraße finden.

Doch ich bin offenbar an der falschen Stelle abgebogen, denn die Straße wird schmaler, erinnert mitten in der Großstadt an einen Feldweg, hier kann es unmöglich nach Poltawa gehen. Ich halte ein Auto an, indem ich mich einfach auf die Straße stelle und winke. Der Beifahrer blickt aus dem Fenster und fragt: »Sie sind wohl ein Spion?«

Ich kann über den Witz nur müde lächeln. Der Mann blickt auf meine Füße in den blauen Plastiktüten. Offenbar entscheidet er sich, mich für verrückt zu halten. Er kurbelt die Scheibe hoch, das Auto fährt weiter. Ich radle an geschlossenen Marktbuden vorbei, finde endlich die richtige Straße. Wieder geht es über den Dnipro, in der Mitte des Flusses blinkt eine Boje, ein Fischer angelt. 286 Kilometer bin ich gefahren, fünf Uhr ist es inzwischen, noch vier Stunden bis zur Zeitkontrolle.

Morgennebel steigen auf, Nebel schwebt wie Watte über die Wiesen. 300 Kilometer!!! Noch nicht 6 Uhr. Doch Sekundenschlaf überfällt mich. Wieder und wieder. Ich gerate auf die Mitte der Fahrbahn, glücklicherweise sind keine Autos da. Ich sollte absteigen und pausieren. Eine Sandkuhle findet sich, die Morgensonne leckt mich in den Schlaf. Eine Stunde nur will ich schlafen, dann weiterradeln.

Im Traum fallen mir alle Zähne aus, im Hintergrund steht ein geheimes Folter-Kinderheim, die Abwasserrohre dort sind verstopft.

Erst 8.59 Uhr wache ich wieder auf, eine Minute also vor der offiziellen Zeitkontrolle. 304 Kilometer habe ich geschafft in 17 Stunden und vier Minuten reiner Fahrzeit. Ameisen laufen über den Sand, rotköpfige. Von der Straße kommen zwei Männer. Ich trinke Wasser. Die Männer gucken herüber. Ich verpacke die Schlafmatratze, ziehe die lange Hose und die Unterwäsche aus. Inzwischen ist es schon recht warm. Zurück auf die Straße. Weiter, im gemächlichen Tempo.

Ich staune über mich selbst, ein herrliches Gefühl. Was man doch schaffen kann durch Willenskraft und Lust am Leben! Es ist mir egal, dass manche Menschen nicht glauben, dass ich solche weite Strecken radle, aber ich habe es nicht nötig, mich zu belügen.

Am frühen Abend komme ich in Poltawa an, nach 470 Kilometern. Da habe ich plötzlich Schmerzen in der Brust. Vielleicht habe ich mich doch überfordert? Sollte ich jetzt einen Herzinfarkt bekommen? Aber nein, es sind wohl nur die Nerven, nur ein hypochondrisches Gefühl.

Die beiden Deutschen warten schon im Garten, sie gestikulieren mit unserem Gastgeber. Wodka haben sie aber schon gekauft, dafür brauchten sie keine Sprachkenntnisse. Sie laden mich zum Trinken ein, aber das ist nun wirklich das Allerletzte, wovon ich träume. Die nächsten fünf Tage werden sie fast ununterbrochen saufen. Was soll ich da übersetzen? Mich ärgert meine Hilfsbereitschaft. Lieber streune ich allein durch die Stadt.

Kapitel 2

Unendliche Weite

Natur und Tiere

17. Grund

Weil die Unterschiede zwischen Stadt und Land faszinierend und erschreckend sind

Ausländische »Experten« behaupten immer wieder gern, die Ukraine sei »zerrissen oder gespalten«, würde faktisch aus zwei Teilen bestehen, aus der Ost- und der Westukraine, die sich angeblich latent feindlich gegenüberstehen oder einander fremd sein sollen.

Doch wie sehen eigentlich Ukrainer ihr Land? Welche »Binnenansichten« sind üblich? Die gröbste räumliche Einteilung, die Ukrainer selbst vornehmen und in den Schulen lernen, ist eine Dreiteilung in eine westliche, östliche und zentrale Ukraine. »Insgesamt bildet die Ukraine ein Spektrum von sprachkulturellen Identitäten, in dem die fast ein Drittel der Gesamtbevölkerung beherbergende Zentralukraine nach Osten und Süden integrierend wirkt«, schreibt etwa der ukrainische Schriftsteller Jurij Andruchowytsch in seinem Buch *Euromaidan – Was in der Ukraine auf dem Spiel steht.*

Durchaus üblich ist es auch, von vier Großregionen zu sprechen, wobei die Ostukraine gedanklich in Norden und Süden geteilt wird, aufgrund der angeblich so großen kulturellen Unterschiede. Doch als Radfahrer merkt man, dass auch diese Einteilungen ziemlich kindisch sind und wichtige Phänomene eher verstecken als zeigen. Beispielsweise erklären sie nicht die Popularität des Russischen in Städten wie Tscherniwzi oder Chust an der westlichen Grenze. Oder die größere Popularität des Ukrainischen gegenüber dem Russischen in nahezu allen Kreisen des an Russland grenzenden Oblast Charkiw.

Die Ukraine ist eben kein Gebilde auf einer Landkarte, sondern ein Land mit fließend ineinander übergehenden kulturellen und politischen Gegensätzen, wie Deutschland auch. Die Unterschiede zwischen dem Freistaat Bayern und dem Bundesland Mecklenburg-Vorpommern sind wahrscheinlich größer als die zwischen den westlichen und östlichen Regionen der Ukraine, weil ältere Ukrainer alle die gleichen Kinderbücher gelesen und »Kultfilme« gesehen haben, die älteren Deutschen aber nicht, als es noch zwei deutsche Staaten gab. Und der bairische Dialekt und das Mecklenburger Platt sind mindestens so weit voneinander entfernt wie Russisch und Ukrainisch. Aber Klischees halten sich bekanntlich hartnäckig, weil es so bequem ist, mit ihnen zu leben. Das Denken hingegen kann zu peinlichen Ergebnissen führen, weil man möglicherweise zugeben muss, dass man sich früher geirrt hat. Das betrifft natürlich auch mich. Bevor ich im Jahre 1999 zum ersten Mal in die Ukraine reiste, ins bitterkalte Donezk, glaubte ich ebenfalls, dass Ukrainer und Russen doch eigentlich ein Volk seien. Als der im 9. Kapitel erwähnte Kolja mir erklärte, dass er trotz seiner russischen Muttersprache selbstverständlich Ukrainer sei und lieber im ukrainischsprachigen Lwiw leben und arbeiten wolle als in Russland, hatte ich Mühe, das zu begreifen.

Heute kann ich über meine damalige Unwissenheit schmunzeln. Nur Narren bleiben, was sie sind. Man muss eben ein Land sehr lange kennen, um die wichtigsten Widersprüche zu begreifen. In der Ukraine unbedingt den Widerspruch zwischen Stadt und Land, denn dieser ist viel wichtiger als regionale Unterschiede und auch viel größer als in Deutschland. In Deutschland unterscheiden sich die Tätigkeiten der Stadt- und Landbewohner kaum noch. Sowohl im Dorf als auch in der Stadt arbeiten die meisten Menschen mit Computern oder in therapeutisch-pädagogischen Berufen, sitzend, stehend, rechnend, beratend. Nur wenige Menschen stellen ihre Lebensmittel selber her oder beschlagen Pferdehufe oder kastrieren Eber. Vom Dorf fährt man in die nächste Stadt auf asphaltierten Straßen, durch beleuchtete Ortschaften, mit dem eigenen Auto oder mit einem Bus. Die schwerste körperliche Arbeit ist für die meisten Männer außer dem Geschlechtsverkehr das Stemmen der Bierkrüge. Die größten Tiere im Dorf sind Katzen und Uhus. Die Bäcker bekommen kein Mehl vom Getreide des Feldes nebenan, sondern fertige »Backwaren« aus Polen oder China. In einem ukrainischen Dorf müssen fast alle Menschen körperlich hart arbeiten, auch Invaliden oder »Intellektuelle« wie Lehrer. Denn auch deren Einnahmen sind zu gering, um auf körperliche Arbeit verzichten zu können. Wer sich für ein Leben im Dorf entscheidet, der muss dort mit den Händen in der Erde wühlen, mindestens Kartoffeln ausgraben, Hühner, Hunde und Schweine füttern, Gras mähen, Schnee schaufeln. Ein Arzt würde im Notfall in einigen Stunden kommen, spätestens im nächsten Frühling, wenn der Schnee getaut ist.

Auf meinen Radreisen habe ich meinen Gastgebern manchmal geholfen. Das Heu eingefahren, Eber kastriert. Oft habe ich dabei geflucht. Mein Gott, ist das schwer, eine Fuhre mit Heu zu beladen! Nach einiger Zeit bekommt man Blasen an den Händen, die Arme zittern vor Anstrengung, das Heu führt zu Hautreizungen, die Sonne brennt, aber man muss schnell arbeiten, weil sich am Horizont schon Gewitterwolken entladen. Einen Traktor zu fahren, das sieht ziemlich leicht aus, wenn man es noch nicht selbst gemacht hat. Aber wie heiß es in der Fahrerkabine ist, wie schwer das Bremspedal zu treten ist, das lehrt einen nur die Erfahrung. Und dann muss man die

Eintönigkeit aushalten, die Langeweile, die ewigen Wiederholungen der Arbeitshandlungen, die Trauer über den Wegzug vieler junger Menschen. Wer im Dorf lebt, macht oft jahrelang keinen Urlaub, denn die Tiere müssen ja versorgt werden. Andererseits wird wohl auch nirgendwo so extrem gefeiert wie im Winter in eingeschneiten ukrainischen Dörfern.

In ukrainischen Städten dagegen gleichen die Tätigkeiten denen in höher entwickelten Gesellschaften. Auch hier arbeitet die Mehrheit mit Computern oder in therapeutisch-pädagogischen Berufen, sitzend, stehend, rechnend, beratend, oft für ausländische Firmen »im Internet«, etwa als Übersetzer oder Programmierer. Eine große Gruppe von Menschen übt allerdings eine Tätigkeit aus, die man in Ländern der Ersten und der Zweiten Welt schon lange den Maschinen überlassen hat – das Verkaufen von Fahrkarten in den Bussen. Auch wenn im Bus schon doppelt so viele Fahrgäste sind wie offiziell erlaubt, diese Wesen aus der Steinzeit zwängen sich an verschwitzten Körpern vorbei und verkaufen Billetts, die schon vor etlichen Jahrzehnten gedruckt wurden und jetzt verbraucht werden müssen. Tradition eben, Gewohnheit.

18. Grund

Weil die Ukraine so herrlich groß ist – Straßen, Schienen, Flüsse, Seen

Die Ukraine ist das größte rein europäische Land mit einer Fläche von 604.000 Quadratkilometern und somit fast doppelt so groß wie Deutschland (357.386 km^2). Die Entfernung von der Stadt Uschgorod an der Westgrenze bis Luhansk an der Ostgrenze beträgt Luftlinie 1250 Kilometer. Die Nord-Süd-Ausdehnung von der nördlichsten Stadt Semeniwka bis zur südlichsten Stadt Jalta auf der Krim misst 850 Kilometer. Das gesamte Straßennetz umfasst 169.694

Kilometer, laut dem *World Factbook* der CIA. Das Schienennetz ist naturgemäß kleiner, die Gleislänge beträgt 22.300 km, darunter 9.978 km elektrifizierte Gleise. Der höchste Berg der Ukraine ist die Howerla (ukr. Говерла) in den Karpaten mit einer Höhe von 2061 Metern. Der Name stammt aus dem Ungarischen und bedeutet auf Deutsch Schneeberg. Am 24. August 2017, dem Unabhängigkeitstag der Ukraine, wurde auf dem Gipfel des Berges die längste ukrainische Flagge gehisst, sie hatte eine Länge von 110 Metern. Nur etwa 35 Kilometer von der Howerla entfernt befindet sich der 1887 errechnete geografische Mittelpunkt Europas. Da es jedoch unterschiedliche Berechnungsmethoden gibt und die Grenzen Europas nach Asien hin nicht eindeutig festgelegt sind, ist es nur einer von mehreren Mittelpunkten Europas.

Sieben Länder grenzen unmittelbar an die Ukraine – das kriegerische Russland im Osten und Nordosten (1.944 km), Belarus im Norden (1.111 km), Polen (535 km) und die Slowakei (97 km) im Westen, Ungarn (128 km), Rumänien (601 km) und die Republik Moldau (1.202 km) im Südwesten. Die Meeresküsten sind je nach Zählung 2.780 bis 2.880 Kilometer lang. Der längste und größte Fluss ist der Dnipro. Bei Nowaja Huta erreicht er die ukrainische Grenze, und nach etwa 1000 Kilometern in der Ukraine fließt er westlich von Cherson ins Schwarze Meer. Nach Wolga und Donau ist es der drittlängste Fluss Europas mit dem größten künstlichen Wasserbecken Europas, dem Krementschuker Stausee. Bei der Flutung des Dnipro-Tals in den Jahren 1959 bis 1961 sind mehr als 200 Ortschaften unter Wasser verschwunden, darunter die alte Stadt Nowogeorgijwsk, in der knapp 10.000 Menschen gelebt hatten. Wenn im Herbst der Wasserpegel des Flusses sinkt, sind die Überreste der Gebäude von Nowogeorgijwsk zu sehen. Weil die Steilküste nicht fest und stabil ist, wurde eine Begräbnisstätte freigelegt. Der Friedhof rutscht und fällt ins Meer. Man kann von unten, während man im Fluss badet, mehrere Gräber erkennen. Ein Skelett scheint in der Luft zu schweben, ein makabrer Anblick.

Ukrainische Wissenschaftler beklagen, dass mit den Gräbern auch Krankheitserreger in das Wasser des Dnipro rutschen können. Die Behörden weigern sich bisher, Programme zur Umsetzung der Gräber zu entwickeln, weshalb Aktivisten von der NGO »Save Poltawa« die Öffentlichkeit zu mobilisieren versuchen, bisher leider ohne Erfolg. Auch die Donau, der nach der Wolga zweitlängste Fluss Europas, fließt durch beziehungsweise an der Grenze der Ukraine entlang. Auf einer Länge von 170 Kilometern ist die Donau die ukrainische Grenze zu Rumänien. Der zweitgrößte und vielleicht schönste, auf jeden Fall ökologisch sauberste Fluss der Ukraine ist der Dnister, der in den ukrainischen Waldkarpaten entspringt und auf einer Länge von 250 Kilometern durch Canyons fließt, also tiefe Schluchten. Bevor der Dnister die Republik Moldau erreicht, wird er in Nowodnistrowsk auf einer Länge von 140 Kilometern zurückgestaut.

Mein persönlicher Lieblingsfluss ist allerdings die Worskla, die in Russland entspringt, an Poltawa vorbeifließt und im Kamjansker Stausee endet, dem dort gestauten Dnipro. Die Worskla fließt durch zwei Naturschutzgebiete, sie ist stellenweise recht flach, sodass man im Fluss auf sandigem Untergrund auch wandern kann, beschattet von Laubbäumen. Eine Sandwassermassage, sehr angenehm.

Im Geografieunterricht hatte ich über die Ukraine wahrscheinlich die üblichen Klischees gelernt, wichtigste Bodenschätze, Rekorde im Getreideanbau. Was aber nicht erwähnt worden war und mich auf meinen Radreisen immer wieder verblüffte, war die Vielzahl der Seen. Die Ukrainer sind ein Volk von Fischern! In der Ukraine soll es 40.000 Seen geben. Aber nur 460 Städte. 87 Seen pro Stadt. Allein in der Hauptstadt Kiew gibt es elf größere Seen, darunter den Diamant-, den Blauen und den Palmensee. Der größte natürliche See in der Ukraine ist der Jalpuch-See mit einer Fläche von 149 km^2 und einer Länge von 39 Kilometern im Oblast Odessa, nahe der Grenze zur Republik Moldau und zu Rumänien. Im Süden des Jalpuch-Sees beginnt der Kugurlui-See, der zum Donaudelta gehört und in dem die größten in Europa vorkommenden Pelikane, die Krauskopfpelikane, leben. Der tiefste See der Ukraine ist der Switjas-See, der an seiner tiefsten Stelle 59 Meter misst und der Hauptsee der 24 Schazker Seen ist.

Leider sind viele der kleineren Seen oft verschmutzt und leergefischt. Man treibt die Kühe ins Wasser, die dort ihre Fäkalien entleeren, und den Bewohnern der Dörfer fehlt oft die Geduld, die Fische wachsen zu lassen und erst ab einer gewissen Größe zu fischen. Aber das Bewusstsein für den notwendigen Schutz der Natur nimmt auch in der Ukraine zu, und so bessern sich die Verhältnisse stetig. Insbesondere seit der sogenannten Dezentralisierungsreform haben die Kommunen mehr eigene Haushaltsmittel zur Verfügung, mit denen sie die Seen und Seeufer pflegen können.

19. Grund

Weil die Ukraine so dünn besiedelt ist

Die ukrainische Gastfreundschaft ist legendär, sie wird von den meisten Reisenden und Einheimischen als Erstes genannt, wenn man sie fragt, was ihnen in der Ukraine gefällt. Doch auch wer allein sein möchte, findet unendlich viele Möglichkeiten. Für mich war das immer einer der wichtigsten Gründe, durch die Ukraine zu radeln, in neun Sommern immerhin fast 30.000 Kilometer.

In Deutschland ist es meines Wissens viel schwieriger, allein zu sein. Die Landschaften sind genormt, alle paar Kilometer durchquert eine Straße oder eine Autobahn die Landschaft, selbst Waldwege sind ausgeschildert, überall gibt es Spuren menschlicher Existenz. Abgesehen von ein paar Mooren sind wahrscheinlich auf jedem Quadratzentimeter schon Menschen herumspaziert.

Statistisch gesehen hat jeder Mensch in der Ukraine mindestens viermal so viel Platz wie in Deutschland – die Fläche ist fast doppelt so groß für halb so viele Menschen. Wie viele Menschen in der Ukraine leben, das kann derzeit nur geschätzt werden, denn die letzte Volkszählung fand im Jahre 2001 statt. Derzeit geht man von einer Bevölkerungszahl von etwa 44 Millionen aus, wobei etwa zwei Millionen Menschen auf der Krim leben und etwa zwei Millionen in den von Russland besetzten Gebieten im Donbass. Zwischen den Jahren 1990 und 2019 nahm dem ukrainischen Statistikamt zufolge die Zahl der Einwohner der Ukraine um etwa 5,6 Millionen ab. Der Anteil der Männer liegt in allen Altersgruppen bei etwa 46 Prozent. Nur etwa 30 Prozent der Bevölkerung leben auf dem Land, 70 Prozent in Städten.

Weil Ukrainer inzwischen visafrei in die Europäische Union reisen und dort auch legal arbeiten können, ist die Zahl der sich in der Ukraine aufhaltenden Menschen noch schwerer zu schätzen. Allein in Polen sollen inzwischen zwei Millionen Ukrainer arbeiten, dort sind die durchschnittlichen Löhne etwa vier Mal so hoch. Die Auswanderung aus der Ukraine wird sicherlich auch weiterhin hoch bleiben, solange die ukrainischen Einkommen so niedrig sind. Die Internationale Organisation für Migration prognostiziert, dass die Bevölkerung bis zum Jahre 2050 auf rund 33 Millionen sinken wird.

Große Fläche, wenige Menschen, diese dünne Besiedelung hat Vor- und Nachteile. Einerseits sind die Straßen oft erbärmlich schlecht, denn insbesondere in ländlichen Regionen sind die finanziellen Mittel der Kommunen knapp. Andererseits gibt es viel Platz für intensive und großflächige Landwirtschaft. Bekanntlich soll die berühmte ukrainische Schwarzerde sogar die fruchtbarste der Welt sein. Als Exporteur von Getreide liegt die Ukraine weltweit an dritter Stelle hinter den USA und der Europäischen Union. Und mehr als die Hälfte der Landesfläche ist von dieser besonderen Erde bedeckt, die bei Weitem nicht überall genutzt wird.

So freuen sich die Tiere und Hyperboreer wie ich über stille Wälder und wuchernde Freiflächen.

20. Grund

Weil Pferde Brandschutzhelfer sind

Ich hatte mein Zelt in einem Waldstreifen zwischen zwei Feldern aufgestellt, mich gewaschen und gegessen, nun lag ich nur da und ließ die vielen Bilder des Tages an meinem inneren Auge vorüberziehen. Da hörte ich Schritte, ein Tier näherte sich meinem Zelt, zweifellos ein Vertreter der Hundeartigen. Doch für einen Fuchs waren die Schritte zu laut. Ich hatte schon oft Füchse in wenigen Metern Entfernung vorbeilaufen gesehen, sie erzeugen zwar raschelnde Geräusche, aber ihre Tritte sind kaum zu hören. Für einen Hund wirkten die Trittgeräusche zu sicher und gleichmäßig, zu majestätisch, möchte ich sagen. Auch sind verwilderte Hunde keine Waldtiere, sie sind zu verspielt und tollpatschig, werden zu sehr von ihren Gefühlen bestimmt und wähnen sich nicht ständig in Gefahr. Blieb nur der Wolf. Tatsächlich, ein Isegrim stand wenige Meter vor meinem Zelt. Mein Zelt hat an allen Seiten ein Gazegewebe, so kann ich bequem hinaussehen. Natürlich schlug mein Herz jetzt schneller und lauter. Der Wolf stand da und sah auf mein Zelt, und ich hatte Zeit, ihn zu studieren. Es war fast windstill. Und ich sah, dass auch in diesem faszinierenden Tier sich Widersprüche austoben. Die Schnauze zeigt die Gier und die Fresslust, die Nase prüft, die Augen warnen, das Tier scheint zu denken. Wie Hunde sind auch Wölfe Individuen. Leider gönnte mir der Wolf keine weiteren Erkenntnisse. Plötzlich sprang er zur Seite und lief auf dem Feld an mir vorbei. Etwa zwölf bis 15 Sekunden hatte unsere Bekanntschaft gedauert.

Wölfe sind in der Ukraine gar nicht so selten. Besonders in den Wäldern der Karpaten leben wohl viele, aber auch in den Steppengebieten der zentralen und östlichen Ukraine. Einmal übernachtete ich etwa 140 Kilometer südöstlich von Poltawa bei einem Veterinär-Inspektor. Morgens brachten ihm Bauern drei Ziegenkadaver. Wölfe hatten in der Nacht die Tiere getötet, Fleisch aus ihren Bäuchen gerissen, ihr Blut getrunken (siehe Foto Seite X links unten). Viktor, der Inspektor, protokollierte die Verluste, damit die Bauern Entschädigungen bekamen. Die Bauern klagten und jammerten nicht, es war nichts Besonderes für sie. Auch im Donbass erzählten mir Einheimische, dass man besonders im Winter die Wölfe oft heulen höre, sie manchmal im Winter über die verschneiten Felder laufen sehe. Gefährdet hingegen sind Braunbären, weshalb sie auch im Roten Buch gefährdeter Tierarten aufgeführt werden. In den Karpaten soll es noch etwa 200 Braunbären geben, in den Wäldern um Lwiw herum noch etwa 50 und bei Tscherniwzi noch etwa 20 Individuen. Außerdem leben vermutlich 200 Braunbären in Gefangenschaft, trotz strengster Verbote.

Insgesamt stehen mehrere Dutzend Arten seltener und gefährdeter Säugetiere im Roten Buch der Ukraine, darunter allein 20 Nagetierarten, besonders viele Mäuse, Hamster und Fledermäuse, aber auch Steppenfüchse, Wildkatzen und der Gemeine Luchs, von dem in den Karpaten wahrscheinlich noch 350 bis 400 Tiere leben.

Auch Bisons sind selten geworden, nur noch weniger als 200 von ihnen soll es geben. Auch Rotbuch-Elche werden laut dem aktuellen Beschluss des Ukrainischen Umweltministeriums vom 8. April 2019 vorerst weiterhin im Roten Buch aufgeführt, obwohl ihre Überlebenschancen sich in letzter Zeit verbessert haben.

Aber selbst Säugetiere, die offiziell noch nicht als gefährdet gelten, werden seltener, beispielsweise Eichhörnchen. Desto wichtiger sind die Nationalparks und Naturschutzgebiete. So können im Naturschutzgebiet Askanija-Nowa im Süden der Ukraine die berühmten Przewalski-Pferde überleben. Bis zum Jahre 2018 hatte man angenommen, dass es sich um die letzten Wildpferde dieser Erde handle. Tatsächlich sind es verwilderte ehemalige Hauspferde, die »vor etwa 2000 Jahren wieder verwilderten, während sie davor ungefähr 500 Generationen in menschlicher Obhut und da züchterisch bearbeitet wurden«, erklärt der Genetiker Arne Ludwig die neuen Forschungsergebnisse vom Leibniz-Institut für Zoo- und Wildtierforschung.[1]

In freier Wildbahn waren die Przewalski-Pferde schon ausgestorben. Nur zwölf von insgesamt 56 Przewalski-Pferden aus westlichen Zoos trugen mit ihren Genen zur gegenwärtigen weltweiten Population bei. Dennoch sind sie immerhin noch so wild und aggressiv, dass selbst Wölfe vor ihnen Angst haben, berichtet die Zoologin Tatjana Zharkikh für *Pferde der Erde* aus dem Naturschutzgebiet Askanija-Nowa[2]. Außerdem »können Stuten artfremde Jungtiere angreifen und zu Tode beißen und trampeln«.

Doch für den Menschen können sie nützlich sein. Ende der 90er-Jahre entwickelten ukrainische Zoologen den Plan, in der Tschernobyl-Zone eine Population von Przewalski-Pferden aufzubauen. Denn dort hatten sich zwar nach dem Reaktorunfall und dem Wegzug der Menschen viel Rot- und Rehwild, Elche, Wildschweine, Fuchs, Wölfe und seltene Vögel angesiedelt. Aber es mangelte an Huftieren, besonders an Grasfressern. Dadurch wuchs das Gras sehr hoch, wodurch die Brandgefahr ebenfalls hoch war und die Gefahr bestand, dass durch Feuer radioaktive Strahlung freigesetzt wurde. Die Radioaktivität können die Pferde offenbar gut vertragen. »Es gibt drei Merkmale gesunder Pferde: äußere Erscheinung, Vermehrung und die Lebensdauer. Wir bemerkten keinen Schaden bei den Pferden, der auf radioaktive Strahlung hat hinweisen können«, berichtet Tatjana Zharkikh. Nur Wilderer und Wölfe müssen sie fürchten.

21. Grund

Weil die Ukraine Heimat für viele seltene Vögel ist

Eine Zeit lang befragte ich Ukrainer nach ihren Wünschen und Träumen. Ziemlich verblüfft war ich über die Antwort meiner Frau. »Ich wünsche mir, dass die Schwäne auf dem See vor unserer Datscha leben können! Sie sind so selten bei uns. Dumme Menschen aus dem Dorf fangen sie und essen sie. Die Menschen wissen nicht, was

Schwäne für zärtliche Tiere sind. Wenn ein Partner getötet wird, so langweilt sich der andere so stark, dass er sich selbst vielleicht tötet. Mein Vater hat einmal gesehen, wie ein Krawallmacher aus dem Dorf einen Schwan erwürgte und danach der zweite Schwan so lange mit dem Kopf gegen einen Stein trommelte, bis er tot umfiel. Mein Vater hat so stark geweint, so habe ich ihn niemals weinen gesehen.«

Schwäne sind in der Ukraine seltene Tiere? Das wusste ich gar nicht. Es gibt doch unglaublich viele Seen? Sieht man in Deutschland nicht auf jedem See Schwäne? Meine Frau meinte, Schwäne stünden in der Ukraine sogar im Roten Buch der gefährdeten Arten. Gemeinsam überprüften wir das. Und tatsächlich. Unter den 87 Vogelarten, die in der letzten Ausgabe des Roten Buches der Ukraine aus dem Jahre 2009 enthalten sind, ist auch eine der sechs oder sieben Schwanenarten verzeichnet, der Zwergschwan. Er brütet in den Tundren des nördlichen Russland und fliegt im Herbst in mildere Regionen, so auch über das Weiße Meer und die Ostsee an die deutsche Nordseeküste, aber auch an den Aralsee und in die Ukraine in die Gegend von Poltawa. Noch gefährdeter als der Zwergschwan soll laut Rotem Buch der Ukraine die Zwerggans sein, *Anser erythropus.* Auch sie kommt aus den Tundren in Russland und aus Skandinavien. In Skandinavien sollen aber nur noch einige Dutzend Brutpaare leben. In der Ukraine siedeln Zwerggänse im Winter am Asowschen Meer. Ihr Bestand ist in den letzten Jahrzehnten auch deshalb stark zurückgegangen, weil diese Gänse auf dem Balkan illegal gejagt wurden.

Insgesamt sind es elf Entenarten, die laut Rotem Buch der Ukraine vom Aussterben bedroht sind. Außerdem 22 Arten von Falken, darunter der Fischadler, der Rot- und der Schwarzmilan, die Steppenweihe und der Kurzfangsperber. Der Bestand mehrerer Arten von Adlern hat sich glücklicherweise stabilisiert, so die des Steppen- und des Zwergadlers. Vom majestätischen Steinadler soll es in den Karpaten nur noch zehn bis 15 Paare geben.

Ebenfalls immer schwieriger werden die Lebensbedingungen selbst für Spechte, so für den Weißrückenspecht, den Grünspecht und den Dreizehenspecht. Viele Eulen sind gefährdet, so die Sumpfeule (wahrscheinlich noch 850 bis 1.700 Paare), der Bartkauz (nur noch 20 bis 35 Paare) und die Zwergeule (150 bis 350 Paare). Viele Vögel haben aber auch hervorragende Lebensbedingungen. Im Nationalen Naturschutzpark »Tuslyer Limane«, im Gebiet zwischen den Flüssen Donau und Dnister, leben beispielsweise fast 300 Vogelarten, darunter Pelikane, Kraniche und viele Reiherarten, Großer, Kleiner, Gelber, Grauer, Nacht- und Purpurreiher. Und in den Karpaten leben noch etwa 3000 Auerhähne, außerdem viele Wanderfalken, Uhus, Bussarde und Birkhühner.

22. Grund

Weil es furchtbare Kreaturen gibt, denen man niemals begegnen möchte

Das furchterregendste Tier der Ukraine ist eine unbekannte Kreatur, für deren Existenz es keine wissenschaftlichen Beweise gibt. Aber man weiß, dass es 40 Kaninchen oder 100 Hühner in einer Nacht töten kann, ohne einen Tropfen Blut zu hinterlassen. Dieses Tier kann eigentlich nur der *Chupacabra* sein, der Ziegenvampir. Zum ersten Mal tauchte dieses Tier wohl in den 1950er-Jahren in Puerto Rico auf, dann trieb es in mehreren lateinamerikanischen Ländern sein Unwesen, so in Argentinien, Bolivien, Chile, Kolumbien, Brasilien, Honduras und Mexiko. Es soll einem Hund oder Kojoten ähneln und Hufe wie eine Ziege haben. Wie es in die Ukraine kam, ist noch ungeklärt. Sicher ist, dass erst kürzlich, im November 2017, ein oder mehrere *Chupacabras* in einem Dorf bei Lwiw zwischen drei bis sechs Uhr morgens alle Haustiere von zwölf Familien getötet haben sollen.

Die Beschreibungen der Zeugen aus dem Dorf Poharys'ko unterscheiden sich von früheren. Diesmal wurde das blutrünstige Wesen als eine Art Känguru beschrieben, das auf den Hinterbeinen stehen kann und eine sehr lange Schnauze hat. Allerdings sahen die Zeugen es nur im Mondlicht. Jedenfalls duldeten die Bewohner des Dorfes Poharys'ko die Willkür dieses ungebetenen Besuchers nicht, berichtete das Journal *KP in der Ukraine*. Sie beschwerten sich schriftlich bei den örtlichen Behörden und forderten die Ergreifung von Maßnahmen. Der Dorfvorsteher hatte keine andere Wahl, er musste eine Jagd in dem Waldgebiet organisieren, aus dem das Tier gekommen sein soll. Leider wurde das Monster nie gefunden, nur ein gesunder Fuchs.

Ein anderes schreckliches Tier ist die Karadag-Schlange, ein Monster vor der Halbinsel Krim. Auf ihrem Speisezettel stehen angeblich vor allem Delfine. Ende der 1990er Jahre entdeckte ein Team von ukrainischen Fischern einen getöteten Delfin, dessen Bauch zusammen mit den Rippen mit einem einzigen Biss durchgebissen worden war, sodass die Wirbelsäule deutlich zu sehen war. Im Bereich des Kopfes baumelten Reste der Lunge, aus denen Blut floss. Die Bissbreite betrug etwa einen Meter, und an den Rändern der Haut des Delfins waren Spuren von mindestens 16 Zähnen mit jeweils etwa vier Zentimetern deutlich zu erkennen. Der Kopf des Großen Tümmlers war stark deformiert und hatte eine merkwürdige weißliche Farbe, als wäre er im Magen eines anderen Fisches gewesen. Der erschrockene Blick des gebissenen Delfins verursachte bei den Fischern eine solche Panik, dass sie schnell den Motor starteten und mit voller Kraft zurück an die Küste fuhren.

Der Direktor des Karadag-Reservats, Peter Semenkov, wurde ausführlich über dieses Ereignis informiert. Auf seine Bitte hin zeichnete ein Künstler eine Skizze des gebissenen Delfins. Leider bestritten die Zoologen der Akademie der Wissenschaften der Ukraine einstimmig die Hypothese, dass ein der Wissenschaft unbekanntes Lebewesen im Schwarzen Meer Delfine töte. Sie vermuteten dagegen, dass die Delfine unter die Schiffsschraube geraten waren oder durch einen Torpedo tödlich verletzt worden waren.

Dabei gibt es seit 2.500 Jahren Beschreibungen »echter« Treffen mit dem Monster vor der Krim, als es weder Schiffsschrauben noch

Torpedos gab. In der Antike sollen diese Schlangen bis zu 30 Meter lang gewesen sein. Ihr Kopf soll mal einem Hasen, mal einem Hund, einem Pferd und sogar einer Giraffe mit Hörnern ähneln. Und wenn sie nicht ausgestorben sind, werden sie auch weiterhin Delfine fressen.

Kapitel 3

Gogolewschschina

Poltawa als kulturelle Hauptstadt

23. Grund

Weil Ukrainer ihre Heimat lieben

Für Ukrainer gilt, was für die meisten Menschen gilt – als Heimat wird zumeist die eigene Umgebung empfunden, das sinnlich Erlebbare. Die Region, die Familie, das Haus, das Dorf, die Landschaft, der Dialekt. Dann erst der Staat, der Kontinent oder die Menschheit oder gar der Kosmos, wie mir eine esoterisch angehauchte Frau einmal erkläre. Wer Menschheit sagt, betrügt, das erkannte schon Friedrich Nietzsche. So, wie sich in Bayern viele Menschen als Bayern fühlen, fühlen sich viele Menschen in Poltawa als *Poltawzi*. Sie lieben die Parks und Museen, die kulinarischen Spezialitäten wie *Poltawski Galuschki* (Teigtaschen) oder Bier aus Dikanka, die regionalen Feste wie den berühmten Sorotschinsker Jahrmarkt, die Flusstäler der Worskla.

Heimat, das ist auch die Geschichte, das sind die Leiden und Schmerzen der Vorfahren. An die verlorene Schlacht bei Poltawa im

Jahre 1709 erinnert unter anderem die haushohe Figur des ukrainischen Kosaken-Hauptmanns Iwan Masepa. Erst vor zwei Jahren ist das Denkmal vom damaligen ukrainischen Präsidenten Poroschenko eingeweiht worden. Zuvor hatte die sitzende Gestalt zehn Jahre lang im Depot gestanden. Schon zum 300-jährigen Jubiläum der Schlacht von Poltawa sollte sie eigentlich der Öffentlichkeit präsentiert werden. Doch damals nahm man noch Rücksicht auf Empfindlichkeiten in Russland. Denn Iwan Stepanowitsch Masepa (1639–1709) gilt in Russland als Verräter, in der Ukraine als Kämpfer für Freiheit und Selbstständigkeit. Er war der frei gewählte Anführer der ukrainischen Kosaken und kämpfte zusammen mit Peter I. gegen türkische und schwedische Truppen, doch als der russische Zar ein Vasallenverhältnis erzwingen wollte und meinte, den Kosaken Befehle erteilen zu können, verbündete sich Masepa mit den Schweden. Es war der gleiche Konflikt, der heute zum Krieg im Donbass führte. Russland will Imperium sein, die Ukrainer wollen ihre Freiheit und Selbstbestimmung nicht aufgeben und suchen sich deshalb Verbündete im Westen.

Fast 300 Jahre lang befand sich Poltawa unter russischer beziehungsweise »Moskauer« Herrschaft. Sowjetische Offiziere siedelten sich hier nach dem Ende ihres Dienstes gern an, weil Poltawa einen guten Ruf als Kulturstadt hat. Der gesamte Regierungsbezirk *Poltawschschyna* hat eine Fläche von knapp 29.000 km^2 und ist damit fast so groß wie das Bundesland Brandenburg. In Brandenburg leben allerdings 2,5 Millionen Menschen, im Gebiet Poltawa nur 1,4 Millionen. Zehn Prozent der arbeitenden Menschen sind in der Produktion beschäftigt, 23 Prozent im Handel, sieben Prozent im Baugewerbe, je fünf Prozent im Transport und in der Internet- und Computer-Industrie. Mit 30 Prozent geben die offiziellen Stellen den Rest an, das sind vor allem Beschäftigte in staatlichen Einrichtungen wie Schulen, Krankenhäusern, bei der Polizei und der Armee sowie in den Finanz- und Steuerbehörden.

24. *Grund*

Weil Nikolai Gogol unsterblich ist

Alles Verrückte, alle komischen und bösen Zufälle können in Poltawa mit dem Begriff *Gogolewschschina* erklärt werden, abgeleitet vom Namen des Schriftstellers Nikolai Gogol. Ähnlich wie mit »kafkaesk« im Deutschen hat sich auch nach Gogols Namen ein eigenes Wort gebildet, mit dem man etwas Unheimliches bezeichnen kann. In Nikolai Gogols Geschichten geht es ja oft etwas seltsam zu, eine Nase spaziert durch St. Petersburg, ein Buchhalter hält sich für den König von Spanien, oder es wird mit verstorbenen Leibeigenen gehandelt.

Schon in seinem ersten Buch, den Erzählungen *Abende auf dem Vorwerk von Dikanka*, schildert Gogol in fantastisch überhöhter Weise das dörfliche Leben der Menschen in der Gegend von Poltawa. Nikolai Gogol wurde ausgerechnet am 1. April geboren, im Jahr 1809 in der nordwestlich von Poltawa gelegenen Siedlung Welyki Sorotschynzi. Dort verbrachte er seine Kindheit, bis er in Poltawa im Alter von 13 bis 15 Jahren die Schule besuchte.

Obwohl vor fast 200 Jahren geschrieben, prägen seine satirischen Darstellungen das Bewusstsein der Bürger von Poltawa bis heute. Das alles beherrschende Element in den Geschichten aus Dikanka ist eigentlich der Wahnsinn. Ehrbare Bürger verwandeln sich in Monster, der Teufel stiehlt den Mond, echte Liebe wird ausgelacht. Ein Mann kommt bekleidet mit einem roten Rock ins Zimmer, doch plötzlich hat er weite türkische Pluderhosen an, seine Nase verlängert sich von selbst, Heiligenbilder verwandeln sich in seltsame Fratzen. Man prahlt gern mit Heldentaten, die man nie vollbracht hat. Auch Priester sind romantische Alkoholiker und zechen zwei Tage ohne Pause. Nichts ist offenbar wichtiger als das Vergnügen, die Wollust entschuldigt alles, Gier besiegt den Verstand. Der stärkste Mensch ist eine Frau, Wasilisa Kaschparowna, die besser rudern kann als jeder Fischer. Sie schießt das Wild und züchtigt faule Burschen. Sie kann zur gleichen Zeit schimpfen, Garn färben, in die Küche laufen, *Kwas* zubereiten und Beeren und Honig einwecken. Nichts ist wirklich wahr, alles kann sich jederzeit ins Monströse, Unheimliche, Komische und Böse verwandeln, so lehren es die *Gogolewschschina* und die Erfahrung. Heutige Einheimische wie Sofia, eine junge Designerin, betonen die Aktualität der Geschichten. »Mir ist dieses Gefühl bekannt, aber es ist mit Worten schwer zu erklären«, erklärt sie mir im Gespräch. »Gogol war ein sehr spezieller Schriftsteller, er schrieb viele mystische Geschichten, die auf unserem Territorium spielen. Und manchmal scheint mir, er schrieb die Wahrheit. Gogolewschschina ist, wenn du eine Situation wirklich erkennst oder einen Menschen. Und du verstehst, wenn Gogol ein moderner Schriftsteller wäre, würde er genau das beschreiben.«

Man redet in Poltawa von Nikolai Gogol auch heute noch wie von einer lebenden Autorität, einem Freund oder einem Mitglied der Familie. Keine Abendgesellschaft vergeht ohne Gogol-Zitat. Das Theater trägt seinen Namen, sein Denkmal im Park gegenüber ist eines der höchsten der Stadt. Auf jedem Jahrmarkt werden die Figuren aus seinen Erzählungen angeboten, ob aus Porzellan, Holz, Metall, Keramik oder Wolle. Mit seinem Bildnis wird auf Zuckertüten, Bier- und Mineralwasserflaschen Reklame gemacht. In den Galerien werden die neuesten Gogol-Porträts der Maler ausgestellt und ausführlich in den Medien besprochen. Der Meister selbst hat in seiner Erzählung *Das Porträt* beschrieben, welch schreckliche Kraft ein Porträt entfalten kann; alle Gogolianer wissen, wie gefährlich dieses Genre ist. Gogol selbst war ein sich quälender Hypochonder, der wohl nie in eine Frau verliebt war, wahrscheinlich niemals Sex hatte und der sich zu Tode fastete, weil ein Priester ihm einredete, er habe teuflische Bücher geschrieben. Als Vorbild für die Jugend taugt er also eigentlich nicht.

Meine Frau Katerina begegnet der *Gogolewschschina* fast jeden Tag. Ein Großvater spricht sie beispielsweise auf der Straße an, er kennt ihren Namen und kann angeblich ihre Gedanken lesen.

»Wie geht es Ljoscha, wie geht es der Krim?«, fragt der Großvater sie. Meine Frau hat wenige Minuten zuvor ihren früheren Mann Ljoscha getroffen, der von der Krim zurückgekommen war. Und dieser Großvater erzählt ihr nun, dass sie vor acht Jahren zusammen mit Ljoscha in einem Zugabteil von der Krim nach Poltawa gefahren seien. Nun erinnert sie sich. Sie war damals schwanger, der Großvater hat noch Videos von der Zugfahrt.

Während sie mir von diesen seltsamen Zufällen berichtet, ruft mich ein Wladimir an, sein Name wird angezeigt. Doch ich kann mich an keinen Wladimir erinnern. Aber in wenigen Minuten bin ich mit einem Wolodymyr verabredet und höre deshalb meiner Frau etwas ungeduldig zu. Vielleicht habe ich Wolodymyrs Namen in der russischen Variante Wladimir gespeichert? Wladimir oder Wolodymyr entschuldigt sich am Telefon. Sein Großvater brauche Hilfe, der wolle auf die Krim fahren, obwohl er kein Geld und keinen Ausweis habe, er müsse ihm jetzt helfen. Und Wladimir ist offenbar in Eile, er beendet das Gespräch rasch, bevor ich ihn in meiner Verwirrung fragen kann, wer er sei und warum er sich bei mir entschuldigt. Ich sehe meine Frau an, da schickt Wolodymyr mir eine Nachricht. Auch er entschuldigt sich, er wird etwas später zu unserem Treffen kommen.

Alles hängt mit allem zusammen, auf nichts kann man sich verlassen. Kein Abgrund ist zu tief, kein Aphorismus scharfsinnig genug, um die unendlich reiche Wirklichkeit gedanklich zu erfassen. Jeder kann in Poltawa ein Genie sein, auch so ein verschrobener Mensch wie Nikolai Wassiljewitsch Gogol.

25. Grund

Weil Dima Nationalist ist

Dima hat zweifellos goldene Hände, mit ihnen spielt er die Bandura, formt er Keramiken, Geschirr und Skulpturen, baut er lustige Möbel oder Musikinstrumente. Aber das sind nur Hobbys, mit ihnen verdient er nur wenig Geld. Im Hauptberuf baut er Kamine. Der Kamin sei die älteste Erfindung der Menschheit, erzählte er gern, da das Feuer ja vom Himmel gefallen war.

Das Spielen der Bandura hat er an der Musikschule gelernt. Viele ukrainische Lieder kennt er von seinem Vater, der aus den Karpaten stammt. Seine Mutter hingegen stamme von Saporoger Kosaken ab, meint Dima. Seiner Meinung nach haben seine Vorfahren gleich zwei Mal gegen die Mongolen gesiegt, in den Bergen der Karpaten und in den Steppen am Dnipro. »Auch damals haben wir Ukrainer die Europäer im Westen verteidigt!« Für Dima endet das heutige Europa und somit die Zivilisation hinter seiner Banja, denn von dort bis zur Grenze mit Russland sind nur noch etwa 100 Kilometer Wald.

Ziemlich verblüfft war ich, als er mir lange vor der letzten Maidan-Revolution erklärte, er sei Nationalist, nicht bloß Patriot. Ich hatte in der Ukraine noch nie gehört, dass jemand sich so bezeichnete. Was sollte das heißen? Ukraine, Ukraine, über alles? Ausgerechnet ein so umfassend gebildeter Mensch wie Dima sollte so engstirnig denken?

Oskar, ein anderer Freund, erklärte, Dima sei schon immer Dissident gewesen, immer im Widerstand gegen die Sowjetisierung und Russifizierung der Ukraine. Ich konnte mit dem Begriff »Nationalist« dennoch nicht viel anfangen. Würde ein Deutscher sich so nennen, würde ich ihm einen Vogel zeigen und ihn verspotten. Doch Nationalismus ist in jedem Land etwas anderes. Der ukrainische ist ein Nationalismus aus Verzweiflung, quasi Notwehr angesichts der kulturellen, politischen und militärischen Hegemonie Russlands. Das begriff ich unter anderem, als mir in Russland eine ehemalige KGB-Mitarbeiterin und Leiterin eines deutschen Kulturzentrums über die Ukrainer sagte: »Ohne uns können die nicht leben. Sie brauchen unser Gas, unser Geld und unsere Führung.« Dass die meisten Ukrainer das anders sehen, dass sie sich nicht entmündigen und nicht von Moskau aus regieren lassen wollen, ließ die Frau nicht gelten. Ukrainer, die nicht anerkennen wollten, dass sie Russen zweiter Klasse seien, kleinere, unfähige »Brüder«, seien vom Westen gekauft und manipuliert.

Dima war auch der einzige Ukrainer, der mir und unseren Freunden lange vor dem Maidan prophezeite, Russland werde die Krim okkupieren und Krieg gegen die Ukraine führen. Mir erschien das völlig absurd, unvorstellbar. Nie würden sich russische Soldaten dafür hergeben, auf Ukrainer zu schießen, davon war ich überzeugt. Solch ein Krieg würde Russland ja selbst enorm schaden, ökonomisch und moralisch. Doch ich sollte mich irren und musste lernen, dass die russische Gesellschaft liebend gern zum eigenen Nachteil handelt. Der Präsident persönlich hat dort erklärt, dass die Russen eine höher entwickelte Zivilisation haben als die Europäer, weil sie leidensfähiger seien. Dima behauptete damals auch, dass der russische Geheimdienst FSB schon Diversanten, Agenten und Saboteure, in die Ukraine geschickt habe. Ehemalige sowjetische Offiziere bereiteten angeblich eine Art hybriden Krieg vor. Wir, Dimas Freunde, taten seine Horrorvisionen damals als Verschwörungstheorien ab. Heute neige ich der Meinung zu, er habe ein drittes Auge und sehe Dinge, die uns Normalsterblichen verborgen bleiben.

Geschichte, Anthropologie, Musik, Literatur, Philosophie, Politik, Geografie, Architektur, man braucht nur ein Thema anzutippen, schon beginnt er etwas darüber zu erzählen. Von der Fließgeschwindigkeit der Wolga wechselt er zu den »Spannungen zwischen Indien und Pakistan«, dann zu japanischen Kultfilmen, zum Konstruktivismus oder Kubismus, zu Stalin und Trotzki. Sehr gern zitiert er den georgischen Philosophen Mamardaschwili und dessen Analyse der Sucht der russländischen Bürger zur Selbstversklavung.

Oft sitzen wir im Café Minute, das ich mittlerweile seit zwölf Jahren regelmäßig besuche, Dima schon seit 30 Jahren. Gute Freunde aus der Kneipe sind schon von uns gegangen, Friede ihren Seelen.

Das sind natürlich Zuspitzungen und Übertreibungen. Je mehr Wodka wir trinken, desto radikaler werden Dimas Gedanken. Manche Geschichten erzählt er im Telegrammstil. »Eine Gruppe konformistischer Alkoholiker reiste vor einigen Jahren von Poltawa auf die Krim. Sie wollten mit Yoga ihren Alkoholismus heilen. Doch als sie dort ankamen, nahmen sie an einem Wettbewerb ›Wissen des Islam‹ teil, weil das Preisgeld siebzigtausend Rubel betrug. Tatsächlich gewannen sie den Preis und versoffen das Preisgeld.«

Im Trachtenhemd Wyschywanka mit den jahrhundertealten Mustern und Farben (in Poltawa weiße Muster auf weißem Stoff) und mit der Bandura wirkt Dima wie eine zeitlose Erscheinung. Oft singt er zu seinen Vorträgen ukrainische Volkslieder vor.

Auch über mich und meine alte Heimat spottet Dima gern.

»Im siebzehnten Jahrhundert, da hatten wir schon Freiheit, als ihr Deutschen noch Fürsten gedient habt! Wir waren Männer mit Schwertern und mit Verstand und keiner Herrschaft etwas schuldig! Wann endete eure Sklaverei?«

»Die Leibeigenschaft? Nachdem Napoleon uns besucht hatte.«

»Wir brauchten keinen Napoleon, keine ausländischen Lehrer! Auf die Freiheit!«

Ja, in Poltawa herrscht eine besondere Freiheit. Als Beweis erzählt Dima die folgende Episode. Einer seiner Freunde hatte ihn eingeladen zu seiner Hochzeitsfeier. Der Freund hatte ein Restaurant gemietet, etwa 80 Gäste waren gekommen, bloß keine Braut. Man wollte nicht auf die Braut warten, sondern habe schon kräftig gefeiert. Die Gäste wunderten sich natürlich und auch das Personal des Restaurants, wo denn die Braut blieb. Bis jemand petzte. Der Bräutigam war aus der Psychiatrie geflohen, wo er wegen paranoider Wahnvorstellungen behandelt worden war. Er hatte sich eine schöne Braut vorgestellt. Die Rechnung des Restaurants aber war echt. Und weil er sie nicht zahlen konnte, wurde die Polizei gerufen und der Mann »zur Erholung« wieder in die Psychiatrie gebracht. Wahrhaftig ein Beweis für besondere Freiheit in Poltawa!

Aber Dima beurteilt die Dinge eben gern in einer prinzipiellen Weise. »Die ukrainischen Identitäten sind viel zu amöbenhaft, als dass sie vom FSB oder von der CIA gelenkt werden könnten. Das Volk hat hier die Gewohnheit, sein wahres Gesicht nicht zu zeigen. Das ist eine Erfahrung aus dem Kolonialismus, aus der Hungersnot. Die ukrainischen Masken sind paradoxal, sie zeigen dumme Ironie. Aber die Menschen sind nicht dumm! Aber das ist noch keine ukrainische Besonderheit. Alle Masken sind paradoxal, auch afrikanische. Aber zeige mir, welche Krieger in der Geschichte über sich selbst lachen konnten? Nur ukrainische Kosaken. Auf vielen Bildern sieht man fröhliche Kosaken, die ihre Freiheit feiern, die Wahl ihrer Führer.«

Dass Dima ein drittes Auge haben muss, sieht man auch an seinen Möbeln. Alles krumm und schief und wie zufällig ineinander verwachsen, dabei so stabil und bequem, dass man es gar nicht glauben mag. Er hat uns nach der Hochzeit einen Kleiderständer angefertigt, der lediglich aus drei Teilen besteht. Die Hauptlast trägt ein geschälter Holzstamm, dessen Äste vier Füße bilden, die nur zwei Handlängen auseinander stehen. Und doch kann dieser Gepäckständer Dutzende schwerer Mäntel und Jacken tragen. Eine Astgabel klemmt unter einer Holzschale, die als Ablage dient, wobei mir völlig rätselhaft ist, wie sie um den Stamm herum gekommen ist, denn man sieht keinen Schnitt. Die ganze Konstruktion hält ohne einen einzigen Nagel und ohne Schrauben, nur mit Stricken. Man hat beim Betrachten dieses Kleiderständers das Gefühl, Dima habe die Gesetze der Schwerkraft überwunden.

Als ich Dima nach seinen drei wichtigsten Wünschen fragte, diktierte er mir diese Antwort: »Erstens, nicht für Geld arbeiten müssen. Sondern für mich. Zweitens, ich wäre gern ein Bürger. Aristokrat zu sein, das wäre nur Simulation. Drittens, ich möchte mich mit unterschiedlichen Künsten beschäftigen, eine Sammlung von authentischen ukrainischen Musikinstrumenten hätte ich gern. Über den Krieg können wir nicht entscheiden, das entscheiden Bürger Russlands, die so aussehen, als hätten sie dort die Macht.«

26. Grund

Weil Ukrainer sich nicht alles gefallen lassen

So geduldig Ukrainer in der Regel die Zumutungen des Alltags ertragen, so heftig kann sich ihre angestaute Wut auch entladen. Gewisse rote Linien dürfen die Polizei und der Staat nicht überschreiten. Das war im Winter 2013/14 auf dem Maidan in Kiew zu sehen, das gilt aber auch bei kleineren Ereignissen.

In Poltawa entlud sich vor zwei Jahren der Volkszorn beim Streit um einen Torbogen in der zentralen Fußgängerzone. Zuerst wurden von dort die Zeitungsverkäufer vertrieben. Arme Rentner, die auch bei minus 20 Grad Journale und Rätselhefte verkauften und dort ein bisschen vor Wind und Sonne geschützt waren. Danach mussten sie auf der Straße sitzen, in einem halboffenen Plastikzelt. Der Bruder einer Abgeordneten des Blocks Poroschenko wollte in dem Torbogen eine Cafeteria einbauen. Die Hausbewohner protestierten, denn der Torbogen ist auch der einzige Durchgang zu den Hinterhöfen auf einer Länge von etwa 300 Metern. Laut Baurecht durfte der Torbogen nicht geschlossen werden, damit Feuerwehr und Krankenwagen im Notfall auf den Hof gelangen können. Ein Bewohner klagte gegen die Entscheidung der Stadt. Die Klage wurde vom Gericht abgelehnt, die Richterin gehörte zum Klüngel der Macht. Also rückten Bauarbeiter an und stellten einen Zaun aus Wellblech vor den Torbogen. Bewohner und Bürgerrechtler protestierten, Aktivisten rissen den Zaun ab, die Polizei verhaftete einen Mann wegen Rowdytums. Beim nächsten Mal wurden die Arbeiter von Polizisten und von Kampfsportlern beschützt, Letztere werden im Volksmund Tituschki genannt. Sie errichteten einen noch höheren und stärkeren Zaun und verschweißten die etwa sechs Meter hohe Einfahrt. Am Abend kamen wieder die Aktivisten, schweißten die Tore auf und trugen sie einige Hundert Meter weiter zum Eingang des Stadtparlaments und legten sie dort auf der Treppe ab.

Einige Tage später verschweißten Arbeiter den Torbogen mit dicken Stahlplatten. Sarkophag nannte man nun das Bauwerk. Trotz Baurecht und Bürgerbegehren, die geschäftlichen Interessen eines Bruders einer wichtigen Abgeordneten waren der Stadtregierung wichtiger. Die glatzköpfigen Tituschki lungerten in der gegenüberliegenden Cafeteria herum und guckten noch böser als beim letzten Mal, breitbeinig saßen sie an den Fenstern. Bald sprach sich herum, dass es Angehörige der Sicherheitsfirma Skorpion aus der Nachbarstadt Krementschuk waren. Früher waren sie mit Janukowytschs Partei der Regionen verbandelt gewesen, jetzt mit den gleichen Partnern unter anderen Namen. Nun ging es aber auch um die Ehre der Stadt. Auswärtige Kriminelle wollten das Faustrecht in Poltawa durchsetzen?

Am Abend des 5. April protestierten einige Hundert Bürger wieder friedlich gegen die Verhöhnung ihrer Wünsche. Aktivisten versuchten den Sarkophag aufzuschweißen, wurden aber durch eine Schießscharte von innen mit Gas besprüht. Und aus der Cafeteria stürmten besagte Tituschki heran, martialisch schreiend, mit Messern bewaffnet, schwarze Helme auf den Köpfen. Es kam zu einer minutenlangen Schlacht, Steine und Knüppel wurden geworfen, einer der Poltawaer Aktivisten und früherer ATO-Kämpfer, Oleksandre Kobu, wurde durch Messerstiche lebensgefährlich verletzt.

Die seltsamste Rolle bei dieser Schlacht spielten die Polizisten. Sie beschützten mal die Tituschki, mal guckten sie betreten in die Luft, mal liefen sie weg. So waren es dann auch nicht die Polizisten, die das Leben der Bürger schützten, sondern Angehörige der Bataillone Poltawa und Aidar. Nur ihrem disziplinierten und klugen Verhalten war es zu verdanken, dass es an diesem Abend keine Toten gab, darin waren sich alle Beobachter einig.

Danach wurden in der Stadt nahezu ununterbrochen politische Aktionen veranstaltet, das Stadtparlament wurde besetzt, Tausende Menschen nahmen an Demonstrationen teil. Denn nun war Blut geflossen, und das ist zumindest den Ukrainern heilig. »Kein Blut für

Geschäfte«, skandierten Demonstranten vor dem Rathaus. Die Polizeiführer mussten öffentlich Rechenschaft ablegen, selbst vor dem Gebäude des Geheimdienstes SBU wurde rote Farbe vergossen. Der Torbogen wurde zum Wallfahrtsort.

Der Bürgermeister aber verweigerte sich den Fragen der Bürger, er erschien nicht mehr zur Arbeit, man befürchtete schon seine Flucht nach Spanien. Doch nein, er rechtfertigte per Presseerklärung sein Verhalten, alles sei korrekt und getreu den Gesetzen verlaufen, im Falle des Torbogens und aller anderen umstrittenen Bauprojekte in der Stadt. Dennoch habe er großzügigerweise den Bau des Torbogens stoppen lassen. Den Besetzern des Parlaments drohte er mit juristischen Konsequenzen, das seien nur ein paar grüne Jungs gewesen. Die Forderung nach Neuwahlen lehnte er ab. Außerdem wollte er den Sicherheitsdienst SBU zu Hilfe rufen, um Recht und Ordnung in der Stadt wiederherzustellen. Denn durch die Blockade würde die Auszahlung der Renten und Gehälter der Angestellten verzögert werden. Daraufhin fuhr ein Autokorso mit Aktivisten zum Haus des Bürgermeisters. Der Asphalt in seiner Straße reichte genau vor seine Tür.

»Wie kann er in der Stadt Ordnung schaffen und korrekt arbeiten, wenn er das nicht mal in seiner Straße schafft?«, fragte mein Freund Oleg nach der Fotosafari.

Eine Weile konnte sich der Bürgermeister noch im Amt halten, aber dieser kleine Volksaufstand läutete sein vorläufiges politisches Ende ein. Ein gutes Jahr später sprachen ihm 27 von 28 anwesenden und von 42 möglichen Abgeordneten das Misstrauen aus. Eine breite Koalition aus fünf Parteien und Bürgerbewegungen unterstützte seine Abwahl, neben der Sozialdemokratischen Partei nun auch der Block Poroschenko und die Nationalisten von der Freiheitspartei.

Ob die neuen Machthaber besser arbeiten werden, bleibt abzuwarten. »Es ist leichter, einen Wolf mit Gras zu füttern, als einem Politiker das Stehlen abzugewöhnen«, kommentiert der Schriftsteller Witali Sapeka das Geschehen. Und ein Reporter von Poltavskje-TV zeigte auf Facebook ein Video in Endlosschleife, in dem ein Pferd um eine Stange herum im Kreis läuft – als Sinnbild für die Politik in Poltawa.

Immerhin aber konnte verhindert werden, dass kriminelle Schlägertruppen die Gesetze in der Stadt diktieren. Gegen die beiden Messerstecher unter den Kriminellen verhängte ein Gericht Hausarrest. Bis zur ersten Gerichtsverhandlung vergingen aber fast zwei Jahre. Ein gerichtliches Urteil wurde immer noch nicht gefällt, Stand Spätsommer 2019. Man erzählt sich in der Stadt, dass die Politikerin, die die Kriminellen beauftragt und bezahlt haben soll, auch Einfluss auf das Gericht hat.

27. Grund

Weil Ukrainer von einer schönen Zukunft träumen

Was erhoffen sich Ukrainer für die Zukunft? Wovon träumen sie, welche Perspektiven sehen sie für ihr Land? Warum entscheiden sich viele fürs Auswandern, warum wollen andere bleiben? Solche Fragen stellte ich Freunden und Bekannten und Menschen auf der Straße. Hier sind die interessantesten Antworten.

Wowa, ein 30-jähriger Kinderarzt: »Ich träume davon, mein Leben organisieren zu können, eine Basis zu haben, um das tun zu können, was mir gefällt. Ich fotografiere gern und heile gern Menschen, deshalb möchte ich reisen, beispielsweise drei Monate in einem Hotel in Paris leben, dort fotografieren und schreiben, dann ein halbes Jahr in Uganda als Arzt arbeiten. Dort gibt es nicht genug Ärzte, glaube ich. Aber hier in Poltawa zu arbeiten, ist komplizierter. Die Bezahlung ist zu schlecht. Ich arbeite im Zentralen Krankenhaus, dafür bekomme ich 50 Euro, dann arbeite ich noch als Arzt in einer Siedlung, dafür bekomme ich 130 Euro. Und ich arbeite noch als Administrator in einem Gesundheitszentrum, in dem man Massagen und Therapien anbietet. Dafür erhalte ich 80 Euro. Das ist einfach zu wenig.«

Alexej, Rentner und Juwelier, diente früher als Maschinist auf einem Schiff der sowjetischen Atlantikflotte: »Es wäre schön, fünf Jahre in Kuba zu leben. Zwar ist die Bevölkerung dort arm, aber sehr gutherzig und kontaktfreudig. Dort ist alles möglich, was mir gefällt – Unterwasserjagd, Fischen, Jagen im Dschungel. Dort könnte ich meinen Schmuck an die Kubaner verkaufen. Aber hier in Poltawa gefällt es mir auch. Ich fahre gern zum Fischen an die Worskla oder an einen See, oder ich sammle im Wald die Pflanzen und Kräuter, die ich brauche. Ich bin Minimalist. Das wahre Glück ist nicht, dass du das Beste nimmst. Sondern dass du das Beste von dem nimmst, was du hast. Das ist mein Credo im Leben. Ich bin glücklich. Manchmal reicht mir ein Stück Brot am Tag und etwas Wasser. Ich träume nicht von einem Auto, einem Hubschrauber, einem Flugzeug. Ich mache das, was meinen Kunden und mir gefällt. Ich bin froh, wenn ich eine neue Arbeit beendet habe.«

Lena, Künstlerin: »Ich träume davon, grenzenlose Möglichkeiten zum Malen zu haben. Ein Atelier, genug Farben, ich möchte körperlich arbeiten. Ich will das Maximale, ich will Hilfskräfte beschäftigen. Ich möchte nur malen. Ich habe viele Ziele, ich möchte meine Werke der Welt zeigen, in Büchern, in Museen. Außerdem möchte ich die seltsamsten Menschen aus dem Underground von Poltawa porträtieren. Lebende und verstorbene. Damit sie im Gedächtnis bleiben.«

Mascha, Architektin, Comic-Zeichnerin für einen US-amerikanischen TV-Kanal: »Ich hatte heute ein wichtiges Gespräch. Ich möchte in der Kirche als Restauratorin arbeiten. Das war schon mein Diplom-Thema, Malerei in Kirchen. Kulturdenkmäler gefallen mir. Viele Wünsche habe ich, auch materielle. Für die eigenen Ambitionen braucht man Geld. Mit der Arbeit ist es schwierig in Poltawa. Es ist eben Provinz.«

Oskar, Fotograf, romantischer Trinker: »Der Löwe sagte den Tieren: Wählen Sie! Wer klug ist, nach rechts, wer schön ist, nach links. Alle Tiere entschieden sich. Bloß die Affen nicht. Sie wollten nach rechts, nach links, dorthin, wieder zurück. Sie wussten nicht, ob sie eher schön oder eher klug sind. Und so sind unsere Wünsche. Alle wollen leben wie in Deutschland, aber dafür muss man die Gesetze achten. Doch niemand kennt hier seine Rechte, seine rechtliche Basis. Ich wünsche mir, dass Ukrainer ihre Rechte kennen.«

Viktor, neuerdings Pensionär, spielte 50 Jahre als Kontrabassist, zuletzt im Sinfonie-Orchester von Poltawa: »Ich träume, dass kein Krieg wäre. Das ist am wichtigsten. Wenn Blut fließt, das ist am schlimmsten. Aber sonst – schlafe ich noch auf meinem eigenen Diwan, nicht auf der Parkbank wie ein »Bombsch«. Wichtig ist, seine Wünsche zu begrenzen, im Rahmen seiner Möglichkeiten. Es ist unmöglich, das Unermessliche zu umarmen. Ich war so froh, als wir mit unserem Sinfonie-Orchester zweieinhalb Monate durch Italien gereist sind, eine Tournee durch die Provinzen. Eine Woche lang haben wir die Oper *Traviata* vorbereitet, von Verdi, an dem Platz, wo sein Theater stand. Das war schön, beseelend, wir konnten die römische Luft atmen. Ich habe vieles gesehen, Gutes und Schlechtes, so ist das Leben. Die Rente ist kleiner als gedacht, weil etwas für den Krieg abgezogen wird. Der Neid führt zum Krieg. Der Frosch zerquetscht, wen und was er will, besonders der Zar, der »russistische« Putin. Alles kommt davon. Der Krieg ist für manche Mutter eine Heimat.«

Dann singt Viktor noch ein Lied von der bekanntesten ukrainischen Rockgruppe Okean Elzy. »Die Zweige des Schneeballstrauchs hängen runter / Dafür hast du nicht gebetet Mutter / Wie viele nimmt er dir noch / Deiner Kinder – das ist nicht dein Krieg«.

Natascha, Juristin im Außenhandel, arbeitet regelmäßig in arabischen und westlichen Ländern: »Gott, ich sage etwas Schreckliches. Ist das möglich? Ich träume, hierher erst wieder zurückzukommen, nachdem ich dieses Land für immer verlassen habe. Ich liebe mein Land, aber ich kann hier meine Ansprüche als kreative Persönlichkeit nicht realisieren. Trotz meiner drei Diplome – zwei von ihnen von der Hochschule – gibt es keine Möglichkeit, meine kreative, intellektuelle Persönlichkeit zu entfalten. Ich möchte gerne hier sein, aber ich bin hier nicht ich selbst. Ich weiß nicht, wie ich mich in

Zukunft in einem anderen Land fühlen werde. Ich bedauere sehr, dass ich hier nicht gebraucht werde. Sehr schade. Mir fehlen die Worte. Ich sehe keine Perspektive. Ich sehe ein korruptes System, das mich verschlingt und wegspült. Ich sehe Momente, da ich es besser machen kann, aber das ist eine Utopie. Vielleicht ist es besser, körperlich zu arbeiten. Aber es ist schlimm, dass man es nicht intellektuell kann. Ich hätte viele Möglichkeiten, ich kann vieles, aber ich bin nicht gehorsam. Ich habe Momente des Glücks im Ausland und hier. Wenn ich in Deutschland arme Menschen sehe, rate ich ihnen, Seien Sie glücklich! Ich kann mich nicht realisieren in diesem schönen Land. Wenn es hier keine Möglichkeiten gibt, sitze ich lieber in Paris und male Bilder.«

Oksana, Juristin bei der Organisation *Solidarität* des Präsidenten Petro Poroschenko: »Mein wichtigster Wunsch ist Frieden. Frieden in den Häusern, Frieden in der Ukraine. Unabhängigkeit der Ukraine. Ruhe für jede Familie. Damit niemand sich fürchten muss, kein Vater, kein Sohn, kein Nachbar. Dass niemand in den Krieg muss. Nächster Wunsch – Harmonie. Denn die Gesellschaft ist krank, wenn die Menschen einander nicht lieben. Das ist ein Traum. In der Kindheit habe ich geträumt, für die Polizei zu arbeiten. Dann habe ich in Charkiw Jura an der Universität studiert und mich nach dem Maidan für Politik interessiert, für die Abläufe und Prozesse bei der Wahl. Ich arbeitete für einen Abgeordneten und half den ATO-Kämpfern mit juristischen Ratschlägen.«

Artur, Stadtentwickler, Hochschullehrer, Filmscout, Fotograf, Touristenführer: »Drei globale Wünsche, sie hängen miteinander zusammen. Die Menschen sollen einander mehr lieben und achten. Zweitens, dass die Menschen lernen, miteinander zu kommunizieren. Das ist die Voraussetzung für den ersten Wunsch. Mein dritter Wunsch, dass es hier mehr Möglichkeiten gebe für die Menschen, die sich verwirklichen wollen, in diesem Land, in dieser Stadt. Wenn sie hier ihre Talente nicht nutzen können, werden sie gehen. Das vermindert das intellektuelle Potenzial unseres Landes und verzögert unsere interessante Perspektive, an die ich glaube, an die wahrscheinlich meine Freunde glauben. Wir verstehen, so wird es sein. Aber wann? Heute, morgen, in hundert Jahren? Ich wünsche, es wäre früher. Außer uns wird es niemand tun. Aber wir müssen es selbst machen.«

Zoya, Volontärin, versorgt Soldaten an der Front: »All die Jahre seit der Aggression Russlands arbeite ich als Volontärin. Wir bringen alles an die Front, was gebraucht wird. Unsere Soldaten sollen sich zu Hause fühlen, sollen schmackhaftes Essen bekommen, Pasteten, Torten, Kuchen, Salate, je nach Saison, im Sommer Gemüse. Das Essen in der Armee ist normal, desto besser. Mein Traum ist es, meinen Poltawaer Borschtsch für die Jungs an der Front zu kochen. Das ist ein besonderer Borschtsch. Wir sind dort an der Front an einem mehr oder weniger ungefährlichen Platz. Nach dem Sieg möchte ich reisen, Freunde besuchen, nach Ägypten. Ich habe den Wunsch, dass die Ukraine in zehn Jahren in Europa integriert sein wird, dass sie produktiv, reich und frei von Russland sein wird. Dass es viele Fabriken gibt, genug Arbeitsplätze, dass unsere Industrie Fertigprodukte exportiert. Das technische Potenzial, das Potenzial an Ingenieuren, ist bei uns sehr groß. Ich sehe meine Ukraine als schön und frei. So muss es sein. Ich liebe meine Stadt, mein Dorf, meine Freunde. Jeden Tag passiert etwas Neues.«

28. Grund

Weil Ukrainer Überlebenskünstler sind

Heute ist Poltawa eine friedliche Stadt, ein Kurort, wie die Einheimischen sagen. Selbst in den wilden 1990er-Jahren gab es hier keine harten Mafia-Kämpfe. Ein Gerücht sorgte damals lange für Stabilität. Es hieß, zwei Mafia-Gruppen aus Kiew und Charkiw hätten sich die Reviere in der Stadt aufgeteilt. Der damalige Bürgermeister Anatoli

Kukoba soll ein romantischer Alkoholiker gewesen sein, der Sitzungen gern in Restaurants abhielt und bei einem »Wässerchen« die wichtigsten Entscheidungen traf, erzählt eine Legende. Er soll viele junge weibliche Schönheiten geliebt haben, aber auch das ist sicher nur eine Legende. Weil er so ein guter Mensch war, hat man gleich nach seinem frühen Tode Straßen nach ihm benannt und ihn in Stein verewigt, beispielsweise an der Fassade des Hotels »Halereya«, in dem alle ukrainischen Fußballmannschaften nächtigen, wenn sie gegen Worskla Poltawa spielen.

Der nächste Bürgermeister bekam den Spitznamen »Fünfzig Prozent«. 50 Prozent wollte er haben, wenn er ein neues Geschäft genehmigte. Halbe, halbe, das hört sich doch irgendwie gerecht an. Ein Menschenfreund, zweifelsohne. Es war die Zeit, in der Geschäftsleute 105 Prozent Steuern auf ihre Gewinne an den Staat abführen sollten, den gesamten Gewinn also plus ein kleines Salär für Konfekt und Blumen für die Ehefrauen der Steuerbeamten.

Der Nachfolger des »Mister Fünfzig Prozent« trug den schönen Familiennamen Mutter. Wenn man solch einem Menschen nicht vertrauen kann, wem dann? Herr Mutter ließ vor den Wahlen an Rentner und Invaliden jeweils einige Kilogramm Zucker verteilen und gewann die Wahlen mit seiner Partei »Gewissen der Ukraine« mit satten 63 Prozent. Die Haltestelle an der Verteilungsstelle wird bis heute *Sacharnaja*, die Gezuckerte, genannt.

Angesichts solcher Politiker ist es kein Wunder, dass Ukrainer nur wenig Vertrauen in lokale oder zentrale Verwaltungen haben und sich nur selten gesellschaftlich engagieren. *My home is my castle*, sagen Engländer. Ich lebe am Rande und weiß von nichts, sagen Ukrainer. Doch die Lust an der Selbstversklavung, die in Russland so populär ist, ist Ukrainern vollkommen fremd. »Wir brauchen einen Zaren oder einen Pinochet, der Ordnung schafft!«, schrie mir jeder zweite besoffene Russe auf meinen Radreisen ins Gesicht. In der Ukraine habe ich solch einen schwachsinnigen Wunsch nach einer strengen und »gerechten« Autorität auf meinen mehrjährigen

Expeditionen maximal drei Mal gehört. Lieber lebt man ganz ohne Bürgermeister, wie in Poltawa jetzt schon seit mehr als einem Jahr. Herr Mutter wurde nun abgewählt, aber eine neue Wahl wurde noch nicht angesetzt. Unter anderem hatte er dem Stadtrat verschwiegen, dass er städtische Grundstücke an seine Stieftochter überschrieben hatte. »Ein Staatsanwalt erhob dann zwar Anklage, aber der zuständigen Richterin wurde ihrer Aussage zufolge erst Bestechungsgeld angeboten, dann das Verfahren entzogen und der Bürgermeister schließlich freigesprochen«, wie sogar in Deutschland die *Süddeutsche Zeitung* berichtete.

Der Staat ist ein Übel, das man ertragen muss. *Bardak* nennen die Ukrainer den Schwachsinn, der sich einem öffentlich darbietet, Durcheinander oder, weniger fein, Puff. Im letzten Winter wurden in Poltawa zwölf Menschen durch herabstürzende Eiszapfen verletzt, einige schwer, ein 80-jähriger Rentner erlitt einen Herzanfall und verstarb. *Bardak.* Man hat die flachen Dächer im Sommer gebaut, da wusste man nicht, dass im Winter Schnee fällt. *Bardak.*

29. Grund

Weil Großmütter nicht jeden heiraten

Seit zwei Jahren habe ich mich mit der Großmutter angefreundet, die morgens unseren »Bücher-Park« reinigt, die Papierkörbe leert, die Wege vom Laub und im Winter vom Schnee befreit. Vor dem Springbrunnen stehen Sitzbänke in Form von Büchern. Besonders bequem sind sie nicht, weil sie keine Rückenlehnen haben

Die Bank, auf der ich morgens gern sitze, hat zwar eine Rückenlehne, aber zum Anlehnen ist sie nicht geeignet, dafür ist sie viel zu scharfkantig. War der Konstrukteur ein Sadist, hat er die Menschen gehasst? Hat keiner der Arbeiter, die die Bänke geschweißt haben, mal zur Probe auf ihnen gesessen? Nein, erklären mir ukrainische

Freunde, die denkst zu logisch und zu moralisch. Die Bänke sind Ergebnis der Planwirtschaft, es war gut gemeint und wurde wie immer gemacht. Oder vielleicht waren die Stangen für die Lehnen eigentlich für etwas anderes gedacht gewesen.

Nach Parfüm riecht die Großmutter nicht, wenn sie sich zu mir auf die Bank setzt. Oft schnäuzt sie ihre Nase am Ärmel. Sie redet gern übers Wetter und fragt fast jeden Morgen, wann der Krieg im Donbass vorbei sein wird. Als ich sie nach ihrem Mann fragte, weinte sie. Er sei schon gestorben. Zwei Söhne hat sie, aber beide haben nicht solche Lust zum Arbeiten wie ihre Mutter.

»Sie spazieren gern und treffen gern Frauen, aber ihren eigenen Frauen helfen sie nicht!«

Vor Kurzem weinte die Großmutter wieder. Am Abend zuvor hatte jemand sie angerufen und erzählt, dass ihr Sohn Sergej im Gefängnis sei, sie könne ihn freikaufen, es werde 1.000 Dollar kosten. Einer ihrer Söhne heißt tatsächlich Sergej, und sie konnte ihn nicht anrufen, er hatte das Telefon abgestellt. Die ganze Nacht hatte sie geweint, erst am Morgen hatte ihr Sohn sich frei und ausgeschlafen bei ihr gemeldet.

»Komische Leute gibt es hier im Park«, erzählte sie mir ein anderes Mal. »Da schläft so ein Bombsch (Obdachloser) auf der Bank. *Stehen Sie auf und helfen Sie mir*, scherzte ich mit ihm. Aber er war empört. *Ich bin Professor*, sagte er. *Ein kluger Professor können Sie aber nicht sein. Denn wo ist Ihre Frau, Ihre Wohnung? Warum schlafen Sie im Park? Wenn Sie ein kluger Professor wären, hätten Sie Ordnung in Ihrem Leben!*«

Am nächsten Morgen erzählte sie, der Professor habe ihr einen Heiratsantrag gemacht. Aber sie habe abgelehnt.

»Ich nehme doch keinen Trinker!«

Seitdem schläft der Professor nicht mehr in unserem Park.

30. Grund

Weil Großmütter listig sind

Das Gesundheitsministerium warnt vor der Verbreitung von Desinformationen und bittet den Präsidentschaftskandidaten Selenskyj, keine gefälschten Nachrichten über die Gesundheitsreformen zu verbreiten, berichtet die Kiew Post am 18. April 2019. Selenskyj hatte in einem Interview erzählt, dass aufgrund der Reformen Krankenwagen nicht ankommen würden, wenn man sie riefe. Das Ministerium aber erklärte, »Krankenwagen reagieren auf Anrufe, denn die Umgestaltung des Notfallsystems sei darauf ausgerichtet, sicherzustellen, dass alle Ukrainer, die sich in einem kritischen Zustand befinden, so schnell wie möglich hochwertige Unterstützung erhalten.«

Ich musste dabei an eine Episode denken, die mir ein Freund erzählt hatte. Seine betagte Mutter, selbst langjährige Krankenschwester, lag im Krankenhaus und fühlte sich schlecht. Sie wusste, welches Medikament ihr wahrscheinlich helfen würde. Die Ärzte hatten jedoch keine Zeit für sie, die Schwestern ebenfalls nicht. Ohnehin hätte sie das Medikament selbst kaufen müssen, denn Medikamente gehören nicht zur kostenlosen Grundversorgung. Sie war auch bereit, das Medikament zu kaufen, fühlte sich aber zu schwach, selbst zur Apotheke zu gehen. Deshalb rief sie die Schnelle Medizinische Hilfe an. Sie beschrieb ihre Symptome und sagte, welches Medikament sie brauche. Die Notfallmediziner im Krankenwagen waren auch bereit, sofort zu ihr zu kommen. Sie nannte ihre Adresse – Gebietskrankenhaus, Station sowieso, Zimmer sowieso. Die Mediziner vom Notfalldienst glaubten, die Frau wolle sie veralbern, und beendeten das Gespräch. Das Ministerium hätte also in diesem Fall recht gehabt, der Krankenwagen wäre schnell gekommen, aber Hilfe erhielt die Frau dennoch nicht.

Als unser Sohn sich den Arm gebrochen hatte, musste ich selbst erleben, wie furchtbar die Zustände in ukrainischen Krankenhäusern sein können. Samstagabend arbeitete auf der Notfallstation für Kinder nur ein einziger Arzt, eine einzige Schwester half ihm. Fünf Kinder weinten und hatten sich Arme oder Beine gebrochen. Behandelt wurden sie in der Reihenfolge, in der sie angekommen waren. Vergessen wir dabei solche Kleinigkeiten wie etwa das schummrige Licht oder gar die Schwierigkeiten, das Krankenhaus und die Station zu finden – auf den Straßen gibt es keine Hinweisschilder, geschweige denn vor dem Krankenhaus eine Haltestelle für Busse. Vergessen wir auch die Kleinigkeit, dass die Schwester meiner Frau nicht half, als ihr nach Bekanntgabe der Diagnose schlecht wurde, sondern mich rief. Nach etwa zwei Stunden Wartezeit war unser Sohn immer noch nicht behandelt worden, dafür hatte ich schon drei Mal zu Protokoll gegeben, welche Blutgruppe ich habe, was für die Behandlung eines gebrochenen Arms sicher sehr wichtig ist, auch wenn ich nicht der leibliche Vater unseres Sohnes bin.

Als ich die Schwester fragte, weshalb es so lange dauere, bis unser Sohn verarztet werde, antwortete sie: »Der Präsident ist schuld!«

Meine Antwort verschweige ich hier lieber. Einige Jahre zuvor hatte ich allerdings im Krankenhaus von Blysnjuky erlebt, dass man als Ausländer im Krankenhaus bevorzugt behandelt wird. Ich hatte hefti ge Magenschmerzen und fürchtete, es könnte eine Blinddarmentzündung sein. Mehrere Stunden lang untersuchten mich mehrere Ärzte, Blutproben wurden entnommen und analysiert. Bezahlen durfte ich nichts. Die Ärzte betrachteten es als eine Ehre, mich als weit gereisten Besucher so gründlich und gut wie möglich zu behandeln.

Ebenfalls eine sehr gute Erfahrung hatte ich Jahre zuvor in Poltawa gemacht, als eine Entzündung im Nagelbett eines Fingers sich wieder verschlimmert hatte. In Deutschland war ich deshalb schon zwei Mal operiert worden, wobei der zweite Arzt bei Begutachtung der Wunde kommentiert hatte: »In Berlin wurden Sie operiert? Das hat bestimmt ein Ausländer gemacht!«

Der ukrainische Arzt in Poltawa wollte die Wunde nicht etwa zum dritten Mal operieren, wie ich befürchtet hatte, sondern verschrieb mir einfach eine entzündungshemmende Tinktur. Ich war sehr skeptisch, ob diese helfen werde, zumal sie in einer Glasampulle ohne Schraubverschluss war. Man musste das Glas aufbrechen! Doch tatsächlich verheilte die Wunden danach in zwei, drei Tagen.

Um auf das Dementi des Ministeriums zurückzukommen – Wladimir Selenskyj hat keinesfalls gefälschte Nachrichten über das Gesundheitswesen verbreitet. Besonders in abgelegenen Dörfern und Siedlungen kann es sehr lange dauern, bis ein Krankenwagen kommt. Im Winter bei verschneiten Wegen oder Straßen kann es sogar sein, dass er überhaupt nicht kommt. Und besonders schlimm ist es, dass Patienten sogar sterben müssen, wenn sie Medikamente oder Operationen nicht bezahlen können, wie mir mehrmals erzählt wurde. Mir selbst fällt es schwer, das zu glauben, aber Ukrainer versichern mir immer wieder, dass solche Fälle durchaus vorkommen. Und die schlechte Laune des Krankenhauspersonals kann man in gewisser Weise auch verstehen, wenn man weiß, wie wenig Geld sie für ihre Arbeit bekommen und dass sie von diesem Geld oft noch die Arbeitskleidung kaufen müssen. Richtig ist aber auch, dass mit den Reformen nach dem Euromaidan einiges besser geworden ist. So müssen jetzt MRT-Untersuchungen nicht mehr bezahlt werden. Früher kostete eine solche Untersuchung in Poltawa umgerechnet 50 Euro – für Rentner und Invaliden nahezu unerschwinglich, wenn man bedenkt, dass die meisten Renten nicht höher sind.

31. Grund

Weil man mit Nullen alles machen kann

Wir hatten schon einige Biere getrunken. Witali hatte vom Krieg erzählt, wie er zu seinem ersten Einsatz an die Front gefahren war, ohne Uniform, ohne Schussweste. Er fürchtete, bald werde ein noch größerer Krieg beginnen.

Serjosha hatte geweint, denn heute endete die Trauerzeit für seinen Bruder, der sich vor 40 Tagen selbst getötet hatte, nachdem er seinen Dienst an der Front beendet hatte. Serjosha restauriert Kirchen in Poltawa umsonst, hatte Witali erzählt, doch Serjosha hatte ihm widersprochen. Er bekomme einen symbolischen Lohn von drei Kopeken pro Stunde. Der Glaube sei seine Basis, erklärt er, aber er wolle niemanden überzeugen, und jeder Gott, ob der muslimische oder christliche, habe seine Berechtigung.

Serjosha hatte zuerst nur Bier getrunken, doch jetzt trank er Kognak aus den Karpaten. Witali ermahnte ihn, nicht mehr zu trinken, stattdessen nach Hause zu gehen und zu schlafen. Aber Serjosha wollte nicht nach Hause, sondern mir das wirkliche Leben zeigen, so kündigte er es an. Etwas Einmaliges.

Er ging zur Bar und kam mit einem großen Wodka zurück, und mit einer langen, roten, zweifellos sehr scharfen Paprikaschote. Dann schlurfte er über den Fußweg zum Juwelierladen. Dort lag ein Mann, den im Zentrum von Poltawa wohl schon jeder gehört hat. Dieser Mann hat nur ein Bein, und sich und seine Hose wäscht er nur selten. Nie nutzt er Krücken oder einen Rollstuhl zur Fortbewegung. Auch jetzt kroch er über den Boden, zu uns ins Café an unseren Tisch. Serjosha wollte ihm vom Nachbartisch einen Stuhl heranziehen, aber der Einbeinige protestierte, er griff selbst nach einem Stuhl, doch der Stuhl kippte um und knallte auf den Boden. Serjosha hob den Stuhl auf. Der Einbeinige zog sich an einer Stuhllehne nach oben. Er nannte uns Brüder und lachte.

Serjosha erteilte ihm einen Befehl: »Erzähle, warum du im Schmutz lebst! Dann bekommst du Wodka.«

»Kein Problem«, sagte der Mann und griff nach dem Glas vor ihm. Doch Serjosha zog ihn am Ohr zu sich heran und schlug ihm mit dem Handballen heftig auf die Stirn. Der Geschlagene freute sich darüber und hielt Serjosha seinen Kopf hin, damit der noch einmal zuschlagen konnte. Aber Serjosha streckte ihm die Faust zum Gruß entgegen, nannte ihn nun auch Bruder und erteilte ihm die Erlaubnis zum Trinken. Der Einbeinige leerte das Glas etwa zur Hälfte. Dann rieb er die Paprikaschote unter seine Nase und biss schließlich ein Stück von ihr ab.

Witali fragt ihn: »Wie alt bist du?«

»Geboren neunzehnhundertsiebenundsechzig.«

»Wo bist du zur Schule gegangen?«

»Hier in Poltawa.«

»Welchen Beruf hast du?«

»Offizier, Hauptmann.«

»Du bist Offizier und kannst dich nicht waschen?«

Serjosha schlug ihn mehrmals auf den Kopf.

»Welche Armee?«, fragte Witali.

»Sowjetische Armee. Artillerie. Mein Vater war Kommandeur der Roten Kaserne.«

Er biss wieder ein langes Stück von der Paprika ab und grinste.

»Kommandeur«, wiederholte er.

»Warum hast du nur ein Bein? Wie ist das passiert?«

»Ein Auto. Vor der Bibliothek.«

»Wann war das?«

Er trank wieder einen Schluck Wodka,

»Neunzehnhundertvierundneunzig. Zwei Jahre lag ich im Krankenhaus.«

»Und warum wäschst du dich nicht, du Idiot? Warum schreist du hier im Zentrum herum? Warum schläfst du auf dem Fußweg?«

Der Mann trank den restlichen Wodka.

Serjosha schlug ihn wieder auf den Kopf.

»Antworte, Hündin!«

Doch der Getroffene grinste nur und schric »Artillerie« und »Bum bum bum!«.

»Du bist eine Null«, schrie Witali, »verschwinde, du Null!«

Der Mann rutschte auf den Boden und kroch davon.

»Jeder kann hinfallen, aber man muss wieder aufstehen«, erklärte Witali. »Warum schläft er auf Fußwegen und in Parks? Warum wäscht er sich nicht? Warum kriecht er auf dem Boden wie ein Schwein? Er ist eine Null, deshalb!«

Die Null kroch zum Juwelierladen. Mit dem Kopf lehnte sie sich an einen Papierkorb. Ihr Geruch hing noch eine Weile in der Luft.

32. Grund

Weil auch über Hitler jemand weint

»Morgen werden wir sehen, ob Hitler noch lebt«, erzählt eine Frau im Café Minute. Hitler ist ihrer Beschreibung nach ein brauner Kater. Im Gesicht soll er ein schwarzes Hakenkreuz haben. Die Nasenspitze bildet demnach das Zentrum des Kreuzes, die vier Haken enden wohl an den Ohren und neben der Schnauze. Die Frau klagt, ihr Mann wolle solch eine Katze nicht im Haus haben.

»Ich weinte, aber mein Mann hat ein Herz aus Stein. ›Die Natur soll entscheiden, ob Hitler leben wird‹, sagt er. Was soll ich tun? Mein Mann will seine Ruhe, und Hitler schreit nach seiner Mutter.«

Die Frau hat den Hitlerkater zusammen mit seiner schwarzhaarigen Schwester zum Denkmal des Schweins gebracht. Das Denkmal des Schweins ist eine Skulptur im Botanischen Garten; ein lächelndes Schwein, das von einem Jungen und einem Mädchen gestreichelt oder zum Schlachten geführt wird. »Dem ewigen Ernährer des ukrainischen Volkes«, erklärt eine Inschrift darunter. Die Frau im Café Minute hofft, dass die beiden Katzen dort überleben werden.

»Da ist ein Restaurant, und da sind Studenten, die Biologie studieren. Jemand wird Hitler wahrscheinlich schreien hören und ihn füttern. Vielleicht wird ihn eine Mutter adoptieren.«

Sie wischt sich die Tränen von den Wangen. »Heute ist seine erste Nacht im Freien. Gestern hat Hitler noch Milch von seiner Mutter bekommen. Er und seine Schwester sollten ertränkt werden, im Dorf gibt es schon zu viele Katzen. Mir tat Hitler leid. Ich wollte ihn auf dem Markt verschenken, weil mein Mann so ein hartes Herz hat. Aber wer nimmt eine Katze mit einem Hakenkreuz im Gesicht? Nur drei Kunden interessierten sich für ihn. Aber Hitler hat nur böse gefaucht.«

33. Grund

Weil Ukrainer sich von der Last ihrer grausamen Geschichte befreien konnten

Poltawa liegt etwa auf halber Strecke zwischen Kiew und Charkiw und hat heute etwa 300.000 Einwohner. Von den 460 ukrainischen Städten sind 16 größer. Auch während der fast 300-jährigen Kolonisierung durch Russland lebten hier immer mehrheitlich Ukrainer. Der Anteil der Russen an der Gesamtbevölkerung betrug meistens etwa 20 Prozent. Im Laufe des 19. Jahrhunderts siedelten sich immer mehr Juden im Verwaltungsbezirk Poltawa an. 1897 lebten etwas mehr als 100.000 Juden im Gebiet Poltawa, es gab zehn Synagogen und Gebetshäuser in der Stadt Poltawa, eine Talmud-Schule mit mehr als 300 Schülern, eine jüdische Berufsschule und ab 1902 auch eine jüdische Bibliothek und ein jüdisches Krankenhaus. Jedoch wurden im Jahr 1905 in 52 Siedlungen der Provinz Poltawa blutige Pogrome an Juden veranstaltet.

Das 20. Jahrhundert sollte für die Bewohner von Poltawa besonders grausam werden. Gleich nach der Oktoberrevolution übernahm ein Arbeiter-und-Soldaten-Rat die Macht in der Stadt, der jedoch bereits wenige Tage später von den Kiewer Truppen der Ukrainischen Volksrepublik wieder abgesetzt und vertrieben wurde. Schon drei Wochen später, am 6. Januar 1918, eroberten bolschewistische Truppen die Stadt, wieder begann ein Arbeiter- und Soldatenrat seine Arbeit. Am 29. März 1918 besetzten österreichisch-deutsche Truppen Poltawa, die Stadt gehörte somit wieder zur Ukrainischen

Volksrepublik. Am 27. November 1918 drangen wieder bolschewistische Truppen in die Stadt ein, aber zwei Tage später wurden sie von Truppen der Ukrainischen Volksrepublik wieder vertrieben. Am 16. Juli 1919 erstürmten sowohl die Weiße Armee als auch russische Terek-Kosaken Poltawa. Im Dezember 1919 eroberten wieder bolschewistische Truppen die Stadt, die Sowjetmacht wurde am 31. Dezember wiederhergestellt.

In den folgenden Jahren jedoch entwickelte sich Poltawa zu einem der wichtigsten Industriezentren der Ukraine. Viele Fabriken wurden gegründet, 1922 eine Süßwarenfabrik, 1924 eine Textilfabrik, 1925 eine Tabakfabrik, 1929 eine Maschinen- und Ziegelfabrik und eine Fleischverarbeitungsfabrik, 1931 eine Fabrik für Thermometer, 1934 eine Spinnerei. Am Vorabend des Großen Vaterländischen Krieges gab es für die etwa 130.000 Einwohner 30 Kliniken, acht technische Schulen, 35 Bibliotheken, zwei Theater und zwei Kinos.

Während der Industrialisierung setzte die sowjetische Regierung unter Josef Stalin aber auch den Hunger als Waffe ein. Mehrere Millionen Menschen kamen in der Ukraine durch die künstlich erzeugte Hungersnot, den *Holodomor*, ums Leben. Die meisten Schätzungen sprechen von drei bis siebeneinhalb Millionen Opfern, manche gar von zehn bis zwölf Millionen. Zwei Millionen Menschen sollen allein im Gebiet Charkiw verhungert sein, zu dem seit 1932 auch weite Gebiete des Bezirks Poltawa und die Stadt selbst gehörten.

Das offizielle Ziel dieser staatlich organisierten Hungersnot war die Kollektivierung der Landwirtschaft. Bauern galten laut kommunistischer Ideologie als rückständig und reaktionär. Sie pflegten ihre teils jahrhundertealte Traditionen, ihren Glauben, und sie waren Veränderungen gegenüber misstrauisch. In der Ukraine sollte außerdem der »ukrainische Separatismus« bekämpft werden. Aber auch in anderen Gebieten der Sowjetunion führte die bolschewistische Politik zu furchtbarer Verelendung.

»Der Hunger im Wolga-Gebiet war ebenfalls grausam! Auch da wüteten die Abgabe-Kommissionen«, erzählt die Historikerin Nina

Laptschinskaja im Interview mit dem Deutschlandfunk. »Aber im Unterschied zur Ukraine nahm man den Menschen dort nicht alle Lebensmittel weg! Und nur in der Ukraine war es den Bauern nicht erlaubt, die imaginäre Landesgrenze zu Russland zu überschreiten. Die Kasachen konnten sich wenigstens zum Teil über die Grenze nach China retten. Diese Ausweglosigkeit, sich nicht retten zu können, auch das ist ein Unterschied zur Hungersnot in Russland!«

In Poltawa verabschiedete das Stadtkomitee der Kommunistischen Partei fast wöchentlich Verordnungen, mit denen den Bauern befohlen wurde, höhere Abgaben zu leisten. Der geringste Verdacht der Untreue gegenüber den Behörden war ausreichend, die Menschen sofort zu verhaften und brutal zu bestrafen. So wurde beispielsweise ein Mann mit dem Namen P.I. Schscherbiny aus der Siedlung Puschkariwka in der Nähe von Poltawa zu zehn Jahren Lagerhaft verurteilt, weil er auf einem Basar etwas Mais, Grütze und einige Kartoffeln für seine hungernde Familie gekauft hatte. Es gab Zeugen, die den Kauf bestätigten, doch die Beschwerde, die der Verhaftete an das Bezirksgericht von Charkiw geschickt hatte, erwies sich als unwirksam. Er galt als Kulak, als wohlhabender Bauer, das genügte, um ihn schuldig zu sprechen.

Ob der *Holodomor*, wie die Ukrainer diese Massenmorde durch Hunger bezeichnen, nun ein Sozio- oder ein Genozid war, das ist nur »ein Spiel mit der Terminologie«, meint Wassili Marotschko, Historiker am Zentrum zur Erforschung des *Holodomor* bei der Ukrainischen Akademie der Wissenschaften in Kiew. »Welche Nationalität hatten denn die Bauern in der Ukraine? Der Anteil der ethnischen Ukrainer unter den Bauern betrug knapp 87 Prozent! Gegen wen also hat man den Hunger eingesetzt?!«

Bis zum Zusammenbruch der Sowjetunion war das Thema Hungersnot tabu. Kommunisten machen schließlich keine Fehler, und die Partei hat immer recht. Einer der wichtigsten Organisatoren der Hungersnot, Lasar Kaganowitsch, Volkskommissar (also Minister) für Eisenbahnwesen und für Schwerindustrie, wurde nie für seine

Verbrechen angeklagt und verurteilt. Er war 1961 lediglich aus der Kommunistischen Partei ausgeschlossen worden. Bis zu seinem Tode 1991 im Alter von 97 Jahren lebte er in Moskau, bis zum Schluss überzeugt davon, dass Stalins und seine »Politik« richtig waren.

In der Ukraine begann erst unter Präsident Wiktor Juschtschenko ab dem Jahre 2005 eine umfassende Erforschung und Aufarbeitung dieses grausamen Abschnitts der ukrainischen Geschichte. Mehrere Länder, darunter Kanada, die USA, Georgien, Estland, Australien, der Vatikan und Ungarn, haben den *Holodomor* offiziell als Genozid anerkannt.

Am 26. November 2006 verabschiedete das Parlament der Ukraine ein Gesetz »Über den Holodomor 1932–1933«. Die öffentliche Leugnung des *Holodomor* gilt seitdem als Verunglimpfung des Andenkens der Millionen Opfer, als Erniedrigung der Würde des ukrainischen Volkes und wird als Rechtswidrigkeit eingestuft. Die Erinnerung an den *Holodomor* wird in der Ukraine jährlich am vierten Samstag im November begangen, dem offiziellen »Tag des Gedenkens an die Opfer des Holodomor und der politischen Repressionen«. In allen ukrainischen Städten – außer in den von Russland okkupierten – stehen heute Denkmäler zur Erinnerung an diese schreckliche Hungersnot. In Kiew wurde das Nationale Museum »Gedenkstätte für die Opfer des Holodomor« im Jahre 2008 eröffnet, in dem wohl alle Besucher mit den Tränen kämpfen müssen.

In Russland wird man auf eine vergleichbare Erinnerungs- und Gedenkkultur noch ewig warten müssen. Dort gilt der Massenmörder Stalin noch immer als eine der beliebtesten, wenn nicht sogar als die beliebteste historische Person der Geschichte. Die Menschenrechtsorganisation »Memorial«, die stalinistische Verbrechen erforscht, wurde am 4. Oktober 2016 durch das russische Justizministerium sogar auf die berüchtigte »Liste für ausländische Agenten« gesetzt.

Selbst russisch-orthodoxe Priester verteidigen regelmäßig den blutrünstigen Diktator, der Zehntausende Priester töten ließ. Die russisch-orthodoxe Kirche veröffentlichte 2014 sogar einen Stalin-Kalender, der als »exzellentes Geschenk für Veteranen und Geschichtsliebhaber« beworben wird.

Und der Metropolit Ilarion, Leiter des Kirchlichen Außenamts des Moskauer Patriarchats, äußerte sich 2018 zufrieden über die Entscheidung des russischen Kulturministeriums, der Filmkomödie *Der Tod Stalins* die Vorführerlaubnis zu entziehen. Der Film sei nach seinen Worten »eine wüste Satire nicht nur auf das sowjetische Regime, sondern auf den russischen Menschen insgesamt und auf ganz Russland«. Über Stalin darf in Russland auch heute nicht gelacht werden, wie traurig.[3]

Für Ukrainer dagegen ist es heute selbstverständlich, den Stalinismus zu verurteilen und zu verachten, das Böse zu benennen und über die Opfer zu trauern.

34. Grund

Weil das Gespenst Lenin vertrieben wurde

Heute kann man schon darüber lachen. Es gab eine Zeit, da standen in vielen Städten und Siedlungen der Ukraine Lenin-Statuen. Vor dem Euromaidan im Dezember 2013 waren es noch etwa 2.500. Nur im Westen der Ukraine hatten Aktivisten und Behörden fast alle schon abtransportiert. In Städten wie Poltawa gönnte man dem letzten Häuflein Kommunisten weiterhin die Möglichkeit, ihren Lieblingsmörder zu ehren (siehe Foto Seite XIV).

Der Abriss der Figuren sei zu teuer, lautete meist die Begründung, warum sie noch stehen. Ausländische Fernsehjournalisten stellten sich gern für ihre Berichte vor solche Denkmäler und behaupteten, Lenin präge noch immer das Bewusstsein der Bevölkerung.

Inzwischen wurden wohl alle Denkmäler abgerissen, weil die Bürger es so wollten und weil es per Gesetz angeordnet wurde. Das

Signal zur landesweiten Austreibung des Gespenstes erfolgte am 8. Dezember 2013, als die Lenin-Statue in Kiew in der Nähe des Maidan gestürzt wurde. Zufällig war ich in der Nähe, wenige Minuten nach dem Sturz konnte ich mir das Ereignis selbst ansehen.

»Eine Tat mit großem Symbolcharakter – In Kiew haben Oppositionelle aus Protest gegen den pro-russischen Kurs der Regierung die Lenin-Staue gestürzt«, hieß es damals in einem Bericht von euronews. »Regierungsgegner skandierten dabei: ›Janukowytsch, du bist als nächstes dran!‹«

Aber Janukowytsch war doch gar kein Kommunist mehr? Doch er und Lenin standen für einen pro-russischen Kurs der Regierung. Es galten auch noch Strafgesetze aus der sowjetischen Diktatur. So mussten Studenten sich vor dem Staatsanwalt verantworten, wenn sie an Demonstrationen teilnahmen.

In Lenins Namen und Auftrag wurden Millionen unschuldiger Menschen ermordet. Er war ein mordlustiger Sadist. Selbst Musik, die er liebte, machte ihm Angst, weil er fürchtete, sie könne ihn milde stimmen. So äußerte er sich etwa über Ludwig van Beethovens Klaviersonate *Appassionata*:

»Ich kenne nichts Besseres, ich konnte sie jeden Tag hören, eine erstaunliche, nicht mehr menschliche Musik. Sie geht einem auf die Nerven und verleitet einen dazu, dumme, freundliche Sachen zu sagen, und Menschen, die etwas so Schönes zu schaffen vermochten, während sie in dieser widerwärtigen Hölle lebten, den Kopf zu streicheln. Man darf nämlich niemandem den Kopf streicheln, es könnte einem dabei die Hand abgebissen werden. Man muss ihnen erbarmungslos auf den Kopf schlagen, obwohl es unser Ideal ist, gegen niemanden Gewalt anzuwenden.« So berichtete es Maxim Gorki in seinem viel zitierten Aufsatz *Lenin*.

Seine sadistischen Gelüste konnte Lenin frei ausleben, nachdem er an die Macht gekommen war. Als die Schriftsetzer von Petrograd streikten, forderte er die »Säuberung der russischen Erde von allem Ungeziefer, von den Flöhen, den Gaunern, von den Wanzen – den

Reichen und so weiter und so fort«, auch von »bürgerlichen Intellektuellen« und »Arbeitern, die sich vor der Arbeit drücken«. Die Pogrome gegen Juden in der Ukraine unterstützte er: »Behandelt die Juden in der Ukraine mit eiserner Faust«, befahl er seinen ukrainischen Genossen, aber »formuliert es freundlicher: die jüdischen Kleinbürger.« Auf die Frage, wer aus der Romanow-Dynastie mit dem Tode »büßen« sollte, antwortete er: »Natürlich alle!«

Um die Arbeitspflicht durchzusetzen empfahl er, jeden zehnten Müßiggänger sofort zu erschießen. Ob Prostituierte oder Priester, Bürger oder »Kulaken«, Spekulanten und Räuber, immer wieder befahl er: »Erschießen! Erschießen! Erschießen!«

So kann man es den Ukrainern nicht verdenken, dass sie diese Verbrecherfigur nicht mehr sehen wollten, nicht mehr in Lenin-Straßen wohnen wollten, nicht mehr an Lenin-Haltestellen aussteigen wollten. Wenn die Menschen in Russland so masochistisch sind, Lenins Nachfolger Stalin zur bedeutendsten Persönlichkeit ihrer Geschichte zu wählen, so ist das deren Entscheidung. Die Ukrainer aber haben eine andere Mentalität. So ist das Gesetz »Über die Verurteilung der totalitären Regime der Kommunisten und Nationalsozialisten in der Ukraine und das Verbot der Förderung ihrer Symbole« vom 09. April 2015 nur eine folgerichtige Maßnahme. Es soll die Befreiung vom kommunistischen wie vom nationalsozialistischen Totalitarismus erleichtern. Dass dafür ein Gesetz nötig ist, mag man bedauern. Doch selbst manche verantwortliche Politiker kleben gedanklich noch an der Vergangenheit. In Poltawa beispielsweise weigerte sich der damalige Bürgermeister Oleksandr Mamai, das Verbot kommunistischer Symbole durchzusetzen. Auch hier hatten zornige Bürger das verhasste und verspottete Lenin-Denkmal während der Maidan-Proteste gestürzt – und den Sockel mit Blumen bemalt und mit Gedichten von Taras Schewtschenko beschriftet. Aber immer noch waren Straßen nach kommunistischen Massenmördern benannt, nach Michail Kalinin etwa, der den Befehl über die Deportation der Wolga-Deutschen unterschrieben hatte und dessen Namen das heute zu Russland gehörende, früher deutsche Königsberg heute peinlicherweise immer noch trägt. In Poltawa bildeten reformfreudige Politiker und Aktivisten eine Arbeitsgruppe zur Umbenennung der Straßen, um trotz der Ignoranz des Bürgermeisters das Gesetz über die Dekommunisierung umzusetzen. Manche Straßen der Stadt erhielten ihre historischen Namen aus der Zeit vor dem Kommunismus zurück, einige wurden nach berühmten Persönlichkeiten der ukrainischen Geschichte benannt, andere erhielten religiöse Namen, die sich auf die räumliche Nähe zu orthodoxen Kirchen bezogen. Die Kalinin-Straße heißt nun Iwan-Masepa-Straße. Masepa förderte die Künste und die Wissenschaften, er war kein Verbrecher, sondern ein Kämpfer für die Freiheit der Ukrainer. Aus der Oktober-Straße wurde die Straße der Einheit, aus der Frunse-Straße die Europäische. Michail Frunse war ein sowjetischer Heerführer, dessen Truppen die Weiße Armee auf der Krim und die anarchistische Freiheitsbewegung unter Nestor Machnow im Südosten der Ukraine besiegten.

Einige kleinere Straßen außerhalb des Zentrums von Poltawa wurden auch nach Nationalisten benannt, nach Mitgliedern der Organisation Ukrainischer Nationalisten (OUN) und der Ukrainischen Aufständischen Armee (UPA), den antisowjetischen Widerstandsbewegungen im Zweiten Weltkrieg. Einerseits kämpften sie für die Freiheit und Unabhängigkeit der Ukraine, andererseits übten sie aber auch selbst massiv Gewalt gegen unschuldige Menschen aus, etwa gegen in der Ukraine lebende polnische Zivilisten, von denen sie etwa 100.000 getötet haben sollen.

Wie also soll man Helden ehren, die ebenfalls Mörder waren? Heiner Müller stellte dieses moralische Dilemma in seinem Drama *Der Horatier* dar. Demnach soll der Held erst geehrt, dann getötet werden. Doch wenn sie schon gestorben sind? Stets soll man Verdienst und Schuld klar benennen, »nicht fürchtend die unreine Wahrheit, nicht verbergend den Rest«. Von dieser Anerkennung der Widersprüchlichkeit einiger ihrer nationalen Helden ist die ukrainische Gesellschaft leider noch einige Dekaden entfernt.

Weil man als Deutscher in der Ukraine nie vergessen sollte, welche furchtbaren Verbrechen Deutsche begangen haben

Hitler war zwei Mal in Poltawa gewesen, am 3. Dezember 1941 und am 1. Juni 1942. Hier war der Stab der Heeresgruppe Süd der Wehrmacht stationiert. Heutigen Besuchern von Poltawa, insbesondere, wenn sie aus Deutschland kommen, erzählt man gern, von welchem Balkon aus Hitler zu den Bürgern von Poltawa gesprochen haben soll. Die überlieferten Filmaufnahmen zeigen jedoch lediglich deutsche Wehrmachtssoldaten und Krankenschwestern, die Hitler am Flughafen bejubeln.

Tatsächlich wurden die Truppen der deutschen Wehrmacht in manchen ukrainischen Städten und Siedlungen freundlich begrüßt. Nach den traumatischen Erfahrungen in der Stalin-Diktatur und der nur wenige Jahre zurückliegenden Hungersnot hofften manche Menschen, mit den Deutschen würde das Leben besser werden. Auch heute noch kursieren viele Geschichten darüber, wie korrekt und höflich sich die Deutschen verhalten hätten, viel besser als Stalins Mordkommandos. Die Großeltern haben es den Enkeln berichtet, so werden Mythen gebastelt.

Manchmal wird sogar erzählt und es werden auf Facebook Berichte darüber gepostet, wie interessant und reich das kulturelle Leben während der deutschen Okkupation gewesen sein soll.

In einer Zeitungsmeldung von damals hieß es: »Am 1. Oktober 1941 hat das Musik- und Drama-Theater Poltawa seine Arbeit wieder aufgenommen. Das Repertoire des Theaters bestand aus klassischen Werken ukrainischer und westeuropäischer Komponisten und Dramatiker. Der Theaterdirektor war offiziell Y. Sidoruk, doch der eigentliche Direktor war ein deutscher Unteroffizier, ein Pianist aus Hamburg, Siegfried Wolfer. 1943 beschäftigte das Poltawaer Theater 285 ständige Mitglieder, darunter 75 Chorsängerinnen und Sänger und 45 Orchestermusiker. Vor und nach dem Krieg hatte das Theater kein so großes Team.«

Diese Angaben mögen ja stimmen, aber es sind eben nicht alle. Nachdem man mir zum wiederholten Male von Hitlers angeblicher Rede zu den Bürgern Poltawas erzählt hatte, begann ich die Sache zu prüfen. Was war eigentlich mit jüdischen Menschen nach dem Einmarsch der Wehrmacht in Poltawa passiert, hatten die auch lustig getanzt? Natürlich nicht, viele Tausend wurden gleich wenige Tage nach dem Einmarsch der Wehrmacht ermordet.

Im Bekanntenkreis meiner Frau gibt es sogar eine Zeugin dafür, die heute 88-jährige Klawdija Naumovna. Sie war am Tag nach dem Massenmord an den Juden zusammen mit ihrer Freundin zum Ort des Grauens geschlichen, zur sogenannten Roten Kaserne. Sie hörte Stöhnen aus der Erde, manche der Opfer waren lebend begraben worden. Ihr Vater war selbst Jude, aber er war geflohen, die Mutter war allein mit den vier Kindern zurückgeblieben. Viele der ermordeten Menschen hatte sie gekannt. Und die Mörder hatten sich auch in ihrem Haus einquartiert. Nachdem sie von der Roten Kaserne zurückgekommen war, schimpfte die Mutter natürlich mit ihr. Die korrekten Deutschen aber boten ihr Suppe an. Da sie hungrig war, lehnte sie nicht ab. Als sie uns das erzählte, musste sie weinen.

Das gleiche deutsche Mordkommando, das bei Kiew in der Schlucht von Babyn Jar 33.000 jüdische Menschen ermordet hatte, mordete auch in Poltawa. Wehrmacht und SS arbeiteten zusammen, verantwortlicher Oberbefehlshaber war Generalfeldmarschall Walter von Reichenau, der unmittelbare Befehlshaber SS-Standartenführer Paul Blobel. Viele Bürger von Poltawa wissen bis heute nur sehr wenig über diese massenhaften Morde. Auch an den Schulen und Universitäten wird das Thema kaum behandelt, vor allem nicht mit Bezug zur eigenen lokalen Geschichte, zum eigenen Wohnort. Zu welchen peinlichen und schwierigen Situationen es deshalb kommen kann, wenn man die eigene Geschichte schlecht kennt, zeigt das Beispiel Poltawa. Hier soll neuerdings ein Areal als Baugelände vermietet werden, auf dem sowohl der sowjetische Geheimdienst als auch Mordkommandos der SS mithilfe der Wehrmacht viele Tausend Menschen ermordet haben. Für manche ist es ein Skandal, für andere ein Geschäft.

36. Grund

Weil die Ermordeten nicht vergessen werden

Von welchem Balkon aus Adolf Hitler geredet hat, das weiß in der Poltawa fast jeder. Aber wo Tausende jüdische Menschen, sowjetische Kriegsgefangene und Zivilisten von den Deutschen ermordet wurden, das weiß nicht einmal der Stadtrat. Dabei ist der Ort des Grauens nur wenige Hundert Meter vom Regierungsgebäude entfernt. Die Abgeordneten der Stadt wollen Beweise sehen, wo genau die Massenmorde stattgefunden haben, sonst wird das Areal als Bauland verpachtet. Die Proteste von 15 gesellschaftlichen Organisationen haben überhaupt erst einen Aufschub dieses Beschlusses bewirkt. Aber Beweise zu erbringen ist gar nicht so einfach.

In Poltawa sollen die Deutschen 34.000 Menschen ermordet haben. Etwa ein Drittel der Opfer waren Juden, etwa ein Drittel sowjetische Kriegsgefangene. Die Deutschen nutzten für ihre Morde ein Gelände, auf dem in den Jahren zuvor schon der sowjetische Geheimdienst viele Tausend angebliche »Feinde des Volkes« gefoltert und hingerichtet hatte. Damals stand die sogenannte Rote Kaserne am Stadtrand, doch inzwischen ist die Stadt gewachsen, der größte Markt ist jetzt nur wenige Gehminuten entfernt. Das Gelände ist heute teilweise ein Park, teilweise aber auch freier Acker. Menschen spazieren dort, grillieren, feiern Partys. Es gibt keine offiziellen Gräber, keine Markierungen, wo der Bereich der Tötungen war. Lediglich zwei Gedenksteine erinnern an die Opfer, jedoch nur an jene der Deutschen.

Unter den sowjetischen Machthabern galten sowohl die massenhaften Tötungen des eigenen Geheimdienstes als auch die Massenmorde der Deutschen als Staatsgeheimnis. Zu ähnlich waren sich die deutsche und die sowjetische Mordmaschinerie. Wäre an die Verbrechen der Deutschen erinnert worden, hätte man vielleicht auch nach den sowjetischen unter Stalin gefragt. Sogar noch während der antisemitischen Kampagnen zwischen 1961 und 1964 gegen den »Diebstahl sozialistischen Eigentums« wurden Juden in Poltawa festgenommen und zu langen Haftstrafen und sogar zu Todesstrafen verurteilt. Jetzt haben die protestierenden Aktivisten und die Vertreter der jüdischen Gemeinde zwei Monate Zeit, Dokumente über die genauen Orte vorzulegen, an denen sich die Gebeine der Ermordeten befinden. Wenn die Beweise nicht ausreichen, wird das Land wie geplant verpachtet, und es werden Wohnhäuser gebaut. Die zuständige Kommission des Stadtrates versichert jedoch, dass die Bauarbeiten unterbrochen würden, sollten sterbliche Überreste gefunden werden. Dann sollen die Gebeine umgebettet werden.

Dagegen erklären die Vertreter der jüdischen Gemeinde, dass die Regeln ihres Glaubens dies verböten. Ihrer Ansicht nach dürften die Stadtbehörden ohne Berücksichtigung der Begräbnisstätten keine Unterlagen für die Entwicklung dieses Territoriums erstellen, sonst begingen sie ein Verbrechen. Sie berufen sich auf das Dekret des ukrainischen Ministerkabinetts Nr. 1867, demgemäß Bauarbeiten auf den Territorien der Opfer von Kriegs- und Repressionshandlungen von außerparlamentarischen Kommissionen entschieden werden müssen, also im Dialog mit den Bürgern und spezialisierten gesellschaftlichen Organisationen.

Der Stadtrat hat nun beschlossen, eine Arbeitsgruppe einzurichten, die versuchen soll, eine Lösung zu finden. Doch wie diese Lösung aussehen soll, ist völlig unklar. Die Bürger fordern, die Grabstätten zu bestimmen und ein würdiges Denkmal zu errichten wie etwa in Baby Jar bei Kiew. Eine Vertreterin der jüdischen Gemeinde bot an, alle Begräbnisstätten zu identifizieren, den alten Friedhof, den Ort der Erschießungen von Zivilisten durch den sowjetischen Geheimdienst und die zwei Konzentrationslager, in denen die deutschen Besatzer Kriegsgefangene töteten. Man werde mit der Akademie der Wissenschaften der Ukraine und mit dem Amerikanisch-Jüdischen Komitee für Juden der ehemaligen Sowjetunion zusammenarbeiten, um das weitere Vorgehen zu beraten.

Die Stadtverwaltung hingegen erklärt, die Vorschläge der Demonstranten würden nur zu jahrelangen Verzögerungen führen. Es sei weder zeitlich noch finanziell realistisch, nach den sterblichen Überresten von Menschen auf dem gesamten Territorium zu suchen. Für die Untersuchung von einem Hektar Land wird ein Jahr benötigt, und es müssten mindestens zehn, eigentlich sogar 56 Hektar erkundet werden. Die Erkundung von einem Hektar kostet zwei bis drei Millionen Hrywnja, umgerechnet 67.000 bis 100.000 Euro.

Tatsächlich teilen nicht alle Menschen aus Poltawa die Einwände der Aktivisten gegen die Baupläne, zumal nur eine Minderheit von den Verbrechen der Nazis und des sowjetischen Geheimdienstes etwas gehört hat, nur circa vier von zehn Jugendlichen, wie eine Umfrage ergab. »Dieses Thema ist so traurig, dabei ist die Gegenwart doch schon traurig genug. Warum soll man Geld ausgeben für ein Denkmal, wenn die Rentner und Invaliden nicht genug Geld haben, um lebensnotwendige Medikamente zu kaufen?«, fragt ein Kommentator im Online-Magazin *Poltawschschyna*.

Der Aktivist Wiktor Trofimenko von der NGO »Save Poltawa« hofft, dass mit dem neuen Präsidenten Wolodymyr Selenskyj sich die Chancen verbessern, zumindest umfassende Aufklärung betreiben und die Archive des Sicherheitsdienstes SBU für alle Interessierten öffnen zu können. Weil Selenskyj selbst Jude sei, habe er vielleicht mehr Verständnis für dieses Anliegen. Es ist höchste Zeit, dass die Verbrechen der Vergangenheit Lehrstoff in den Schulen und Universitäten des Landes werden.

Denn das Vergangene ist nicht tot, es ist nicht einmal vergangen, wie der amerikanische Schriftsteller William Faulkner in seinem Roman *Requiem für eine Nonne* schrieb. Immer wieder finden Spaziergänger auf dem Gelände der Roten Kaserne menschliche Knochen mit Spuren von Schusswunden. Sie werden nun kriminologisch untersucht, erklärte ein Inspektor der Kriminalpolizei.

37. Grund

Weil Feier- und Gedenktage die Geschichte erklären

Das erste Fest, zu dem ich auf meinen Fahrradreisen in der Ukraine eingeladen wurde, war der Tag des Buchhalters. Ich fiel fast vom Sattel, als ich diesen Namen hörte. *Djen buchhaltera!* Die Bürokratie feiert Geburtstag! In Deutschland hatte ich von solch einem Feiertag noch nie gehört, dabei sollen die Deutschen ja Weltmeister in Sachen Bürokratie sein. Und in der Ukraine wird einer der unbeliebtesten Berufe der Welt gefeiert? Und dann noch mit diesem Namen, mit einem deutschen Wort? So saß ich denn am Nikopolschen Meer in einem Büro mit Aktenschränken und nahm an einem Umtrunk mit einigen Buchhaltern teil.

Tatsächlich gibt es einen Internationalen Tag des Buchhalters, das ist der 10. November. Dieses Datum wurde gewählt, weil am 10. November im Jahre 1494 der italienische Mathematiker Fra Luca Bartolomeo de Pacioli ein Arithmetik-Lehrbuch veröffentlicht hatte. In diesem hatte er auch die Methoden der Buchhaltung venezianischer Kaufleute beschrieben, das Erstellen von Bilanzen, Gewinn- und Verlustrechnungen, die Ethik und sogar die empfehlenswerten Schlaf- und Ruhezeiten der Buchhalter. In der Ukraine wird jedoch der Tag des Buchhalters seit dem Jahre 1999 am 16. Juli gefeiert. An diesem Tag wurde das Gesetz »Über Rechnungswesen und Rechnungslegung in der Ukraine« verabschiedet.

Die meisten Berufe und Tätigkeiten werden aber auch in der Ukraine an den international üblichen Tagen gefeiert, etwa der Tag der Eisenbahner (Transportwesen), der Architekten oder der Lehrer. Auch die Studenten begehen seit dem Jahre 1999 den Weltstudententag, und zwar am 17. November, nicht mehr nach russischer Gepflogenheit am 25. Januar. Am 25. Januar 1755 hatte die russische Zarin Elisabeth im Jahr ein Dekret »Über die Gründung der Moskauer Universität« unterzeichnet; von diesem historischen Bezug wollte sich die Ukraine lösen.

Vom Datum her ein gemeinsamer Gedenktag mit Russland und Belarus ist der Afghanistan-Tag, der »Tag des Gedenkens an die Teilnehmer von Feindseligkeiten auf dem Territorium anderer Staaten« am 15. Februar. Da wird insbesondere der in Afghanistan getöteten ukrainischen Soldaten gedacht, die dort auf sowjetischen Befehl für sinnlose, ihnen völlig fremde Interessen kämpfen mussten. In Russland und Belarus hat der Gedenktag einen positiveren Klang, da heißt er Tag der internationalistischen Soldaten.

Ein Feiertag, den man nicht in jedem Land begeht, ist der Tag der Raketen- und Raumfahrtindustrie am 12. April. Immerhin wurden die meisten sowjetischen Flugzeugträger und Raketensysteme in der Ukraine gebaut, 12 von 20 Typen.

Wie lange und hart die Ukrainer für die Eigenständigkeit ihres Staates kämpfen mussten, erkennt man auch am Tag der Vereinigung der Ukraine, der am 22. Januar begangen wird. Denn am 22. Januar 1919 unterzeichneten die Vertreter der West- und der Ostukraine den Vertrag über die Einheit und Freiheit ihres Landes. Etwa 300.000 Menschen bildeten dann im Jahre 1990 an diesem Tag eine Kette von etwa 480 Kilometer Länge, von Lwiw im Westen des Landes bis zur Hauptstadt Kiew, die meisten Menschen umhüllt von der ukrainischen Nationalflagge. Auch in den östlichen Städten wie Saporischschja beteiligten sich viele Menschen an dieser Aktion, um für die Unabhängigkeit der Ukraine zu demonstrieren.

Zum Gedenken an die Kriegsopfer wird am 22. Juni der Tag der Trauer und Erinnerung an die Opfer des Krieges in der Ukraine begangen, denn am 22. Juni 1941 überfielen deutsche Truppen und ihre

Verbündeten die damalige Sowjetunion und das Gebiet der heutigen Ukraine. Der Tag der Befreiung der Ukraine von den faschistischen Invasoren wird am 28. Oktober gefeiert, weil am 28. Oktober 1944 das letzte Territorium der heutigen Ukraine in der Nähe von Uschgorod befreit wurde.

Weil Partisanen einen entscheidenden Beitrag zum Sieg und zur Befreiung des Landes erbrachten, wird seit dem Jahre 2001 am 22. September der Tag des Partisanenruhms begangen. Es ist das offizielle Datum des Beginns der Partisanenbewegung in der Ukraine. Etwas kurios ist, dass die Feuerwehrleute gleich zwei Mal im Jahr einen Feiertag haben. Der 17. April ist der Tag des Feuerschutzes, gemäß einem Dekret des ukrainisches Präsidenten Kutschma aus dem Jahre 1995. Im Jahre 2004 hob der gleiche Präsident die alte Bestimmung auf und erließ ein neues Dekret über den Tag der Zivilschutzmitarbeiter und Feuerwehrleute, der jährlich am 17. September gefeiert wird. Der nächste Präsident Juschtschenko ließ den Feiertag Tag der Retter taufen, das Datum wurde jedoch beibehalten. Im Oktober 2013 unterzeichnete dann der ukrainische Präsident Janukowytsch ebenfalls ein Dekret, diesmal wurde als Tag des Feuerschutzes wieder der 17. April bestimmt, jedoch ohne dass der Erlass des Präsidenten Juschtschenko außer Kraft gesetzt wurde.

Ein besonderes erstaunliches Fest in der Ukraine ist der Europatag. Eigentlich wird der Europatag nur in Ländern der Europäischen Union gefeiert. Doch die Ukraine fühlt sich Europa zugehörig und feiert diesen Tag deshalb seit dem Jahre 2003, immer am dritten Samstag im Mai als landesweites Kulturfest mit Ausstellungen und Konzerten ukrainischer und europäischer Künstler. Der Hauptzweck dieses Feiertags besteht darin, den Wunsch nach Annäherung an die Länder der Europäischen Union zu demonstrieren, heißt es in der Verordnung Nr. 339/2003 des damaligen ukrainischen Präsidenten Leonid Kutschma. Auch der »russlandfreundliche« Präsident Janukowytsch setzte dieses Fest nicht ab. Auch während seiner Amtszeit wehten vor dem Gebäude des Außenministeriums in Kiew die

Flaggen der Ukraine und der EU einträchtig nebeneinander, so, als wäre die Ukraine schon Mitglied der EU gewesen.

Ebenfalls als landesweites Kulturfest wird der Tag der Kosaken am 14. Oktober gefeiert. Damit soll der Beitrag der Kosaken zur ukrainischen Staatlichkeit gewürdigt werden. Der 28. Juni wiederum ist der Tag der Verfassung. An diesem Tag verabschiedete 1996 das ukrainische Parlament, die Werchowna Rada, die neue Verfassung des unabhängigen ukrainischen Staates. Darin wird unter anderem Ukrainisch als Staatssprache bestimmt und die Meinungsfreiheit und das Recht auf Privateigentums garantiert.

Einer der traurigsten Gedenktage ist der Tag der Erinnerung an die Opfer der Hungersnot in der Ukraine, der jeden letzten Samstag im November begangen wird. Ebenfalls ein bitterer Gedenktag ist der 14. Dezember, der Tag der Ehrung der Liquidatoren nach dem Unfall im Kernkraftwerk Tschernobyl. Desto wichtiger sind die fröhlichen Festtage der Kultur. Am 24. Mai wird der Tag der slawischen Literatur und Kultur gefeiert, am 14. September der Tag des ukrainischen Kinos, am 9. November der Tag der ukrainischen Schrift und Sprache und am 16. November der Tag von Radio, Fernsehen und Kommunikation. Und die Erfinder und »Rationalisierer« haben immer am 3. Samstag im September ihren Ehrentag.

38. Grund

Weil man jeden Tag feiern kann

Ukrainer haben jeden Tag mindestens einen Grund zum Feiern. Drei, vier Feste pro Tag, das ist *normalno*. Ein heiliges Fest, eins für das Wetter und für die Jahreszeiten, ein historisches, eins aus der Arbeitswelt, dazu noch die persönlichen und die lokalen, Namenstage und Feste für Essen und Trinken, Tag des Biers, des Specks, des Kaffees (in Lwiw) oder der Teigtasche, da kommt einiges zusammen.

Tatsächlich berichten Historiker, dass in der Ukraine schon Ende des 19. Jahrhunderts mehr gefeiert wurde als in westlichen Ländern. Während im protestantischen Europa an 300 Tagen gearbeitet wurde, in den katholischen Ländern bis zu 270, so waren es in der östlichen Ukraine maximal 245. Die zaristische Regierung setzte sogar eine »besondere Kommission« ein, um eine Verringerung der Feier- und freien Tage zu erreichen. Doch die Maßnahmen der Kommission, etwa zur Regelung der Arbeitszeit, erreichten das Gegenteil, die Zahl der Feiertage stieg weiter an.

Auch der Versuch, die Zahl der Jahrmärkte zu verringern, scheiterte. »Weise Beamte« hatten unter anderem entschieden, die Jahrmärkte auf die Arbeitstage zu verlegen. Man versuchte es mit dem Samstag, hatte aber einfach vergessen, dass dies für die Juden ein heiliger Tag war, und ohne sie lohnte sich kein Jahrmarkt.

Eines der beliebtesten Feste der heutigen Zeit wurde auch damals schon gefeiert – die Sommersonnenwende Iwan Kupala. Iwan Kupala ist der slawische Name für Johannes den Täufer. Dieser war bekanntlich ein asketischer Priester, der gerne weinte, Menschen im Jordan taufte und einen grässlichen Tod starb, indem er enthauptet wurde. Der Iwan Kupala- oder Johannistag ist der Legende nach sein Geburtstag, nach dem Gregorianischen Kalender der 7. Juli. An diesem Tag flechten die Frauen sich gerne Blumenkränze und werfen sie ins Wasser, um dann irgendwie ihre Zukunft zu erraten. Es wird gefeiert und getanzt, junge Paare springen übers Feuer, um gemeinsam eine Mutprobe zu bestehen oder warum auch immer. Auf jeden Fall ist es ein Fest, bei dem man fröhlich ist, trinkt und lacht und Scherze macht.

Besonders lustig geht es in der Ukraine auch am Ostermontag zu, da bespritzt man sich gegenseitig mit Wasser. Und der 1. April ist natürlich der offizielle Tag des Lachens, an dem man seine Mitmenschen erzählerisch foppen soll.

Mir persönlich gefällt das Fest der Wyschywanka besonders, jeweils am dritten Donnerstag im Mai. Wyschywankas sind kragenlose

Blusen aus weißer Baumwolle oder Leinen, die je nach Region mit unterschiedlichen Mustern bestickt sind. In Poltawa findet an diesem Tag ein großer Festumzug statt, Tausende Menschen in Wyschywankas und lokalen Kostümen ziehen gemeinsam durch die Stadt, singen und rufen Slogans wie »Ukraine – freies Land!«.

Mit dem Tragen dieser Blusen demonstriert man seine Zugehörigkeit zur ukrainischen Nation oder als Ausländer seinen Respekt vor ihr. Zu unserer Trauung beispielsweise haben meine Frau, unser Sohn und meine Wenigkeit natürlich Wyschywankas mit Poltawaer Mustern getragen, ebenso die meisten unserer Gäste und unser Musikant, der Kosak aus Dikanka. Auch an normalen Arbeitstagen trage ich gern eine Wyschywanka, sie ist bequem und sieht gut aus.

Viele Feste in der Ukraine sind einer besonderen Speise gewidmet. Poltawa beispielsweise ist berühmt für seine *Galuschki*, seine Teigtaschen. So ist das Fest der Galuschki eines der beliebtesten Volksfeste. Tausende Menschen feiern dann immer auf dem Theaterplatz und in den Parks, spazieren zum Denkmal der Galuschki, fotografieren sich in der Schüssel aus Stein und im Löffel, genießen die Aussicht von der Bjelaja Bjesjetka (Foto Seite III rechts unten) in die weite, grüne Landschaft und essen natürlich *Galuschki*. Es wird öffentlich gekocht, und die Köchinnen und Köche wetteifern miteinander, wer die schmackhaftesten *Galuschki* zubereitet.

Auswärtige Besucher versuchen seit vielen Jahrhunderten, das Geheimnis der *Galuschki* von Poltawa zu ergründen und fragen nach Rezepten und Gewürzen. Aber das Geheimnis besteht aus Wasser und Erde. Die ukrainische Schwarzerde gilt bekanntlich als die fruchtbarste der Welt, doch die Erde um Poltawa herum soll noch tausendmal nährstoffreicher sein als in jeder anderen Gegend der Ukraine. In den Wäldern um Poltawa herum wachsen besondere Pilze, Kräuter, Gräser, Sträucher und Bäume, die es nirgendwo anders gibt. Sie waschen und würzen den Regen, und so entsteht der besondere Geschmack des Wassers und des Getreides von Poltawa.

Und weil ein Fest allein natürlich nicht genug ist, werden an diesem Tag noch andere Feste gefeiert, etwa das der Freunde und das der Familie. Beim Fest der Familie war beim letzten Mal ein witziger Moment zu erleben. Etwa 1.000 Menschen demonstrierten unter der Leitung der Orthodoxen Kirche der Ukraine für die Familie und gegen Gay-Paraden – und nebenher spazierten auf dem Fußweg etwa 200 Teilnehmer der Gay-Parade! Polizei war dabei natürlich nicht nötig und nicht zu sehen, warum auch, Poltawa ist eine Kulturstadt.

Ebenfalls sehr beliebt ist das Fest des Specks. Da führt dann der Bürgermeister eine »angesehene Kommission« an und kostet und kürt den schmackhaftesten Speck. Speck in Kosakenpudding, in Kosakenpfannkuchen, in Hetmanwürstchen auf dem Grill oder in Champagner, fast keine Kombination, die es nicht gibt. Auf einer Wohltätigkeitsauktion ist dann der Hauptgewinn ein gebratenes Ferkel. Und der Erlös der Auktion wird gespendet, beispielsweise an eine Schule für gehörlose Kinder. Und der Bürgermeister erklärt jedes Jahr, dass Speck aus Poltawa schon immer in ganz Europa bekannt war, denn »Speck erhöht die Stimmung der Menschen, er hilft, den Frösten zu widerstehen«.

Weil das ukrainische Volk furchtbare Zeiten des Hungers erlebt hat, hat es aus Dankbarkeit auch dem Schwein Denkmäler errichtet. In Poltawa gab es sogar drei Denkmäler für das Schwein, doch ausgerechnet von dem Denkmal vor der Fleischfabrik wurde vor Kurzem das Schwein entfernt und stattdessen die Figur eines Mädchens auf den Sockel gestellt. Nichts gegen das Mädchen, aber weshalb musste das Schwein deshalb weichen? Vielleicht ist der neue Direktor der Fleischfabrik Vegetarier?

Doch das schönste der Denkmäler für das Schwein steht vor der Agrar-Hochschule. Zumindest zeigt die knallige Farbe, dass man das Schwein schön finden soll. Da spazieren ein Junge und ein Mädchen mit dem Schwein, das fast so groß ist wie die beiden. Und die Inschrift lautet »Der ewige Ernährer des ukrainischen Volkes«.

Beim Radfahren freute ich mich immer wieder über die Lust der Ukrainer am Feiern. Trotz Geldsorgen und harter Arbeit, es muss auch gefeiert werden, zur Not jeden Tag! »Wir leben heute!« Warum im reichen Deutschland angeblich immer mehr Menschen unter Depressionen leiden, das kann hier wirklich niemand verstehen. Wenn ein Deutscher mit dem Fahrrad ins Dorf kommt, direkt aus Berlin bis vor diese Kneipe, dann ist es beinahe Ehrensache, ihn zu einem Gläschen einzuladen und ihn nach dem Grund für die Traurigkeit der Deutschen zu befragen. Außerdem hat man gleich eine überzeugende Ausrede gegenüber den zu Hause wartenden Ehefrauen.

Deshalb bin ich natürlich ein schlechter Zeuge, denn mir zu Ehren wurden oft Feiern organisiert. In Wahrheit arbeiten die meisten Ukrainer natürlich viel mehr, als sie feiern.

39. Grund

Weil es sich lohnt, den Jahrmarkt von Sorotschinzy zu besuchen

Der Jahrmarkt von Sorotschinzy im Oblast Poltawa hat einen legendären Ruf. Seit mehr als 200 Jahren wird er gefeiert, sechs Tage lang dauert er, mehr als eine halbe Million Menschen besuchen ihn. Auch ukrainische Präsidenten kommen gern und spazieren mit ausländischen Gästen über den Markt. Bereits Nikolai Gogol schrieb eine gleichnamige Geschichte über diesen Jahrmarkt, 1831 wurde sie veröffentlicht. Der Komponist Modest Mussorgsky hat nach Motiven dieser Erzählung eine Oper verfasst.

Der Jahrmarkt von Sorotschinzy ist eine großartige Gelegenheit, die traditionelle ukrainische Kultur anschaulich zu erleben, ihre Bräuche und Traditionen. Anders als in Nikolai Gogols Erzählung muss man heute nicht mehr befürchten, dass die Wirte in Wirklichkeit Teufel sind und sich in Schweine verwandeln. Auch ist es unter den Einheimischen nicht mehr üblich, dass eine Mutter ihrer Tochter das Heiraten verbietet, während sie selber ihren Gatten mit dem Sohn des Priesters betrügt.

Auf vielen Bühnen singen Frauen-, Kinder-, Männer- und gemischte Chöre ukrainische Volkslieder. Kapellen und Solisten unterhalten das Publikum, Tanzgruppen zeigen den Volkstanz Hopak. Als Nikolai Gogol verkleidete Männer laufen umher und erzählen Geschichten. Hexen und Teufel verspotten und necken die Besucher, jedoch muss niemand fürchten, davon schwanger zu werden. Man kann Schmieden, Schnitzern, Töpfern, Spinnerinnen und Stickerinnen bei der Arbeit zusehen, von der Erde aus oder vom Riesenrad. Wer sich künstlerisch und handwerklich weiterbilden möchte, kann an den vielen Meisterkursen teilnehmen und beispielsweise das Bemalen von Eiern in traditionellen ukrainischen Mustern oder von Vasen mit Federkielen üben. An den Verkaufsständen kann man Wyschywankas kaufen, bestickte Blusen und Röcke oder Tücher und Hosen im Stil der Kosaken, auch Schuhe und Stiefel für alle Jahreszeiten, Puppen und Musikinstrumente, Peitschen, Säbel und Messer. Kaum zu überblicken sind die Angebote an ukrainischen Töpferwaren und Schnitzereien, Schalen und Spielzeug. Viele Kunsthandwerker bereiten sich monatelang auf diesen Markt vor und verkaufen auf ihm mehr Waren als das ganze Jahr über. Starke Männer zeigen ihre Kräfte, ziehen Lastkraftwagen, stemmen Gewichte, laufen mit Holzbalken auf den Schultern um die Wette. Am Rande des Marktes wird auch moderne Landwirtschaftstechnik gezeigt.

Großartig ist natürlich das Angebot an Speisen und Getränken. Wenn ich die Augen schließe, sehe ich Schaschlik vom Feinsten, gebratene und geräucherte Würste, eingelegte Pilze und gefüllte Paprikaschoten, Teigtaschen und Suppen, Süßigkeiten aller Art, alle möglichen Sorte Käse.

Die meisten Besucher reisen mit Bussen oder Taxis von der Stadt Myrhorod aus in das nördlich gelegene Dorf Sorotschinzy. Züge fahren nicht dorthin. Auf der offiziellen Seite des Volksfestes – www.yarmarok.in.ua – erhält man alle nötigen Informationen, in Ukrainisch, Russisch und Englisch.

40. Grund

Weil ukrainische Kosaken freie Menschen waren

Echte Kosaken gibt es schon lange nicht mehr. Denn Kosaken waren freie Krieger. In der ersten Hälfte des 16. Jahrhunderts gründeten sie am Unterlauf des Dnipro eine eigene Gemeinschaft, die Saporoger Sitsch, die »Macht im Land hinter den Stromschnellen«. Die südlichen Steppen der heutigen Ukraine waren dünn besiedelt und somit ideal geeignet für nicht-feudale Gesellschaften. Viele der Kosaken waren geflohene Leibeigene aus ukrainischen, russischen, polnischen und tatarischen Territorien. Auch Kaukasier und sogar einzelne Deutsche lebten mit ihnen, berichtet der Schweizer Historiker Andreas Kappeler, der bereits seit mehreren Jahrzehnten die Geschichte der Ukraine erforscht.

Die Kosaken kämpften gegen alle Mächte, die sie unterjochen, versklaven oder ihnen Tribute auferlegen wollten. Ihre Anführer wählten sie selbst, und diese konnten abgewählt und durch fähigere Hauptmänner ersetzt werden.

Nikolai Gogol, der selbst Nachfahre eines berühmten Kosaken-Hauptmanns gewesen sein soll, hat in seiner historischen Erzählung *Taras Bulba* das kriegerische Leben der Kosaken geschildert. Gogol stellte sich die Kosaken als rauflustige und trinkfeste Männer vor, die ihre Söhne verprügelten oder gar erschossen, wenn sie zu den Feinden überliefen. Jüdische Händler galten als Betrüger und waren den Kosaken sozial nicht ebenbürtig. Unter dem Kosaken-Anführer Bohdan Chmelnyzkyj wurden Mitte des 17. Jahrhunderts mit Unterstützung der christlich-orthodoxen Bevölkerung zahlreiche

Pogrome gegen die jüdische Bevölkerung veranstaltet, denen mehr als 10.000 Juden zum Opfer gefallen sein sollen.

Für ihren Drang nach Freiheit und Unabhängigkeit wurden und werden die Kosaken über Jahrhunderte hinweg bis zum heutigen Tage romantisiert und idealisiert, wie in der DDR die nordamerikanischen Indianer. In Kinderbüchern, Märchen, Gedichten und Epen werden Kosaken gerühmt. Typischerweise zeigen »volkstümliche Bilder den schnurrbärtigen, oft mit Ausnahme einer Locke kahlköpfigen Kosaken Mamaj, der, an einen Baum gelehnt, die Tabakpfeife im Mund, die Kobza oder die Bandura spielt und neben dem sein gesatteltes Pferd, seine Waffen und seine Flasche (!) zu sehen sind«, so Andreas Kappeler in seinem Buch *Die Kosaken*.

Auch der russische Maler Ilja Repin bewunderte die ukrainischen Kosaken und notierte: »Ein Teufelsvolk! Niemand auf der ganzen Welt hat so tief die Freiheit, Gleichheit und Brüderlichkeit gefühlt.« Er verewigte die Saporoger Kosaken in den Jahren 1880–1891 mit dem berühmten Gemälde *Die Saporoger Kosaken schreiben dem türkischen Sultan einen Brief*. Einen beleidigenden Brief, das wäre der genauere Titel. Denn nachdem der türkische Sultan die Kosaken aufgefordert hatte, sich seiner Herrschaft zu unterwerfen, sollen diese der Legende nach ihn mit wüsten Beschimpfungen verspottet haben. »Was für ein Ritter bist du, zum Teufel, wenn du nicht mal mit deinem nackten Arsch einen Igel töten kannst? Dein Heer fürchten wir nicht, wir werden zu Wasser und zu Lande uns mit dir schlagen, gefickt sei deine Mutter!«

Auch für das heutige Selbstverständnis der Ukrainer hat der Mythos der Kosaken eine enorme Bedeutung, die kaum überschätzt werden kann. »Der Kosakenmythos hatte für die Geschichte der Ukraine, besonders ihre Nationsbildung, eine größere Bedeutung als für Russland, wo die Kosaken zwar in der Volksüberlieferung (und bis heute in der Folklore) präsent sind, als nationaler Mythos aber nur sekundäre Bedeutung hatten und haben«, so Andreas Kappeler. »Die russischen Kosaken vereidigten den Zaren auch Innern, indem sie Protestbewegungen der Bauern, Arbeiter und Nationalitäten niederknüppeln.«

Das Freiheitsideal der ukrainischen Kosaken, der Wunsch nach Autonomie und Selbstverwaltung, inspirierte die Demonstranten vom Euromaidan in Kiew. Die Kosakenverbände solidarisierten sich von Anfang an mit den Demonstranten und schworen, sie zu verteidigen. Auch in der ukrainischen Werbung treten oft Kosaken auf, natürlich immer als starke Kerle, die das Leben lieben und sich nur das Beste gönnen. Auf dem 10-Hrywnja-Schein ist das Konterfei Iwan Masepas, des wohl bedeutendsten ukrainischen Hetmans der Kosaken. Auch zu unserer Hochzeit luden wir einen Kosaken zum Musizieren ein, den inzwischen leider schon verstorbenen Pawlo Bascha aus Dikanka.

Manche ukrainische Historiker und Politiker meinen sogar, die Kosaken hätten die erste demokratische Verfassung der Ukraine beschlossen, eventuell sogar die erste der Welt, und zwar im Jahre 1710, also immerhin 76 Jahre früher als die US-amerikanische. Nach der Niederlage gegen die russischen Truppen in der Schlacht von Poltawa flohen die Kosaken in die Stadt Bender ins damalige Osmanische Reich. Dort verfasste der Hetman Pylyp Orlyk die »Rechtsbündnisse und Statuten der Gesetze und Freiheiten des Saporoger Kosakenheeres«. Diese Vereinbarungen schränkten die Macht des Herrschers ein, seine Entscheidungen sollten von einem Parlament und von einem Offiziersrat kontrolliert werden. In einer Präambel und in 16 Artikeln wurden die Rechte der Bürger und der Städte festgelegt, der orthodoxe Glaube wird als vorherrschende Religion unabhängig vom Patriarchen in Moskau beschrieben. Als Garantiemacht und Beschützer der Ukrainer bezeugte der bei der Annahme der Verfassung anwesende schwedische König Karl XII. die Gültigkeit der Artikel.

In der neuesten *Geschichte der Ukraine*, herausgegeben vom Historiker Alexander Palii und verlegt vom Ministerium für Informationspolitik, heißt es etwa: »Pylyp Orlyk wurde 1711 zum Autor der ersten ukrainischen Verfassung. Dieses zukunftsträchtige Dokument sah insbesondere die Gewaltenteilung vor, es beinhaltete ein republikanisches System von Hemmungen und Gegengewichten, dort wurde Intoleranz gegen Korruption, der Schutz von Veteranenrechten, die Sozialrechte, der Schutz von Kosakenwitwen und -kindern deklariert.«

Ausländische Historiker lehnen die Bezeichnung »Verfassung« für Pylyp Orlyks »Pacta« aber ab oder bezeichnen sie höchstens als eine »Art von Verfassung«. Sie sehen in dem Rechtsdokument lediglich Vereinbarungen, welche die Rechte des Herrschers innerhalb der militärischen Elite beschnitten, ohne aber der gesamten Bevölkerung umfassende Rechte einzuräumen. Die erste wirklich demokratische Verfassung Europas wurde demnach am 3. Mai 1791 in Warschau verabschiedet.

41. Grund

Weil der Hopak Tanz und Kampf ist

Meine Schwiegermutter staunte, als ich einen Hopak tanzte auf der Hochzeitsfeier mit meiner Frau. Opernfreunde kennen den Hopak als Hochzeitstanz aus der Komischen Oper *Der Jahrmarkt von Sorotschinzy* von Mussorgsky. Seit 2017 ist diese Oper auch im Programm der Komischen Oper von Berlin.

Der Hopak ist ein wilder, leidenschaftlicher Tanz, er kann sowohl fröhlichen als auch kriegerischen Charakter haben. Er wird in der Hocke und im Stehen getanzt, man springt aber auch – als Mann – mit seitwärts ausgestreckten Beinen und Armen so hoch wie möglich. Das Wort Hopak stammt vom ukrainischen *hopaty*, der Aufforderung, zu springen oder einen Befehl schnell auszuführen.

Um beim Tanzen in der Hocke nicht umzukippen und sich beim Springen nicht zu verletzen, muss man schnell sein, seinen Körper gut beherrschen und seine Glieder gut koordinieren. Den Kampftanz Hopak absolviert man mit Lanzen, Peitschen oder auch Sensen, am besten aber mit zwei Messern oder zwei Schwertern, die unglaublich schnell umhergewirbelt werden – so sind die Waffen für den Gegner schwer zu erkennen. Die wichtigste Waffe ist die Geschwindigkeit, in der man tanzt, sich dreht und springt. Sehr effektiv ist es, über den Gegner hinwegzuspringen und ihm den Kopf von oben mit dem Schwert abzuschlagen, bevor der überhaupt begriffen hat, dass man fliegen kann.

In der Ukraine trainieren derzeit etwa 7.000 Kinder regelmäßig den »militanten Hopak«. Früher gab es praktisch in jedem ukrainischen Dorf einen Meister, der den Jungs das Kampftanzen beibrachte, damit sie sich und ihr Dorf vor Angreifern schützen konnten. So erzählen es jedenfalls die Legenden. Die Schüler in den heutigen Schulen lernen neben der Kampftechnik die Traditionen und Zeremonien der Ukraine, auch das Singen und Musizieren. Sie werden nach den Prinzipien des Patriotismus und der universellen Moral erzogen, der Achtung der Ältesten und ihrer Geschichte. Hopak-Tanzkämpfer rauchen nicht, trinken keinen Alkohol und nehmen keine Drogen. Erzählen ebenfalls die Legenden.

Kapitel 4

Heimatliebe

Kunst, Kultur und Sport

42. Grund

Weil Kinder klettern wollen

Als unser Sohn eingeschult wird, verkündet er: »Die Kindheit ist beendet!« In der Klasse sind 30 Schüler, die meisten kennen sich schon aus dem Kindergarten. Darunter auch Zwillinge, zwei Jungs, die Taekwondo trainieren und gerne andere Kinder verprügeln. Unser Sohn war mal mit ihnen befreundet, meistens aber hatte er Angst vor ihnen. Einmal zeigten sie ihm, was sie im Training gelernt hatten, und boxten ihm in den Bauch.

Die Mutter der Zwillinge wischte Kritik am Verhalten ihrer Söhne beiseite. Sie seien eben künftige Anführer, »Leader«, die müssten stark sein. Ihre Stärke bestand darin, sich zu zweit auf ein Opfer zu stürzen und den Mädchen die Ringe und den Jungs die Autos zu zerbrechen. Eines Nachmittags traf meine Frau unseren Kolja weinend an. Mehrere Kinder stürzten auf sie zu und erzählten, die Zwillinge hätten ihn wieder verprügelt. Und einen weiteren Jungen ebenfalls, der hatte schon dunkle Augenringe vom vielen Weinen.

Die Lehrerin war offenbar überfordert. Vormittags musste sie unterrichten, nachmittags die Kinder beim Spielen betreuen; für einen Hungerlohn arbeitet sie täglich zehn Stunden. Aber natürlich muss die Schule die Sicherheit der Kinder garantieren. Meine Frau schimpfte ganz fürchterlich mit den Zwillingen, dennoch wollten diese nicht versprechen, unseren Sohn nie wieder zu verprügeln. Die Lehrerin unterstützte die Strafpredigt meiner Frau, wofür sie später von der Direktorin abgemahnt wurde, weil Mütter nicht mit fremden Kindern schimpfen dürfen. Am nächsten Morgen kam es zum Eklat, als meine Frau die Mutter der Zwillinge traf. Ich hatte meiner Frau vorher geraten, nicht mit dieser seltsamen Mutter zu sprechen, sondern von der Lehrerin die Einberufung einer Elternversammlung zu verlangen. Das Problem mit den Zwillingen betraf ja offensichtlich nicht nur uns. Und wenn die Mutter ihre Söhne noch anstachelte, grundlos jemanden zu verprügeln, war das auch nicht hilfreich.

Meine kämpferische Frau konnte natürlich nicht schweigen, denn die Mutter der Zwillinge entschuldigte sich nicht etwa für das Verhalten ihrer Söhne. Sondern sie drohte, diese würden unseren Kolja künftig noch viel stärker verprügeln, sodass er Atemnot bekäme – sie zeigte mit ihrer Hand an den Hals und machte Schluckbewegungen. Damit bekam der Fall langsam eine kriminelle Dimension. Die Mutter des Jungen, der am Vortag ebenfalls von den Zwillingen verprügelt worden war, wusste noch gar nicht, was ihrem Sohn geschehen war, er hatte Angst gehabt, es zu erzählen. Als meine Frau ihr den Grund für den Streit erklärte, blieb sie stumm wie ein Fisch und nahm es gottergeben hin.

Die Mutter der Zwillinge beleidigte meine Frau mit Mutterflüchen, nannte unseren Sohn einen Bastard, weil meine Frau vom leiblichen Vater ihres Kindes geschieden ist. Meine Frau reagierte klug und bat die Direktorin, den Vater der Zwillinge in Kenntnis zu setzen, da diese Mutter das Problem offenbar nicht verstehe.

Außerdem kündigte meine Frau an, die Polizei zu informieren und einen Anwalt zu konsultieren, sollte unser Sohn von den Zwillingen weiterhin verprügelt werden. Und sie erzählte allen Kindern von meinem Vorschlag, eine Kinderpolizei zu bilden. Wenn die Zwillinge sich wieder zu zweit auf ein Opfer stürzten, müsste die Kinderpolizei die Zwillinge am Schlagen hindern und sie festhalten. Wenn die Lehrerin und die Eltern die Banditen nicht bekämpfen können, müssen das eben die Kinder tun. Die Kinder waren ganz begeistert von dieser Idee. Sogar die Lehrerin lobte: »Seht ihr, Kinder, so wird es in Deutschland gemacht!«

Wenig später rief der Vater der Zwillinge meine Frau an, und er erwies sich als vernünftiger Gesprächspartner. Er verbot seinen Söhnen erst einmal den Besuch des Schulhorts. Auch mit seiner Frau muss er geredet haben, denn diese zeigte sich jetzt ebenfalls zugänglicher für Kritik. Eine Entschuldigung brachte sie aber immer noch nicht zustande. Stattdessen wollte sie erreichen, dass keine Elternversammlung einberufen werde. Aber der Skandal hatte sich unter den Eltern herumgesprochen. Die Zwillinge waren kurz davor gewesen, ein Schreckensregime zu errichten; die Zivilgesellschaft musste sich wehren. Glücklicherweise ist diese Familie inzwischen nach Moskau verzogen. Alle Kinder und Lehrerinnen waren froh, niemand hat ihnen eine Träne nachgeweint.

Angesichts der mickrigen Gehälter für Lehrerinnen (selten Lehrer) ist es beinahe ein Wunder, dass überhaupt jemand diesen Beruf ausübt. Die Lehrerin unseres Sohn erhält derzeit wohl nur den Mindestlohn, der für Pädagogen bei umgerechnet etwa 135 Euro liegt.

Kinder mit Angst und mit Strafen als »pädagogischen Instrumenten« zu erziehen, gar zu schlagen, ist in der Ukraine leider etwas weniger tabuisiert als in Deutschland. Einmal hat die Hilfslehrerin unseren Sohn sogar in meinem Beisein angeschrien. Ich hole ihn von der Schule ab, er zieht sich an und ruft der Hilfslehrerin einen Abschiedsgruß zu. Die hat das offenbar nicht gehört und schreit, er solle sich von ihr verabschieden. Daraufhin habe ich natürlich auch recht laut mit ihr gesprochen. Und zwar aus sehr kurzer Entfernung. Und mit einer Mimik, vor der ich selbst mich wohl fürchten würde, wenn ich sie sehen könnte. Was für eine Frechheit, meinen Sohn in meinem Beisein derart mies zu behandeln!

»Papa, du bist der einzige Erwachsene, der nicht mit mir schimpft«, erzählte mein Sohn mir mal. Wozu auch? Natürlich muss ich ihn manchmal drei Mal auffordern, etwas zu tun, aber das kann man ja auch mit Verständnis für seine Wünsche sagen. Schließlich hat er wie jeder Mensch seinen eigenen Kosmos. Ein Film ist spannend, ein Bild noch nicht fertig gemalt, der Hubschrauber stürzt immer wieder ab – und da soll das Kind sich die Hände waschen und essen? Oder gar schlafen? Das ist natürlich eine Tragödie oder zumindest traurig. Also sollte man ihm den Übergang vom Kosmos erleichtern! Er ist ja keine Maschine, kein Roboter, auch wenn er sich manchmal einbildet, einer zu sein. Vor allem genügt es nicht, ihn zu etwas aufzufordern und dann wegzugehen. Warten, ihm Zeit lassen, ihm erklären, warum etwas nötig ist, das ist eine sanfte Methode. Strenge, feste Stimme, kein Gesäusel, dann begreift er schon, dass ich nicht lockerlasse und meine Aufforderung nicht vergessen habe. Das Loben aber ist viel wirkungsvoller als das Strafen!

Meine Rechnung ist ganz nüchtern: Ich will einfach nicht, dass er mir gegenüber schlechte Gefühle hegt. Denn was ihm in der Kindheit angetan wird, das kann er ein Leben lang im Gedächtnis behalten. Ich möchte nicht, dass er mein Feind sein wird, wenn er stärker sein wird als ich. Meine Frau und meine Schwiegermutter beschweren sich manchmal, dass er nicht gehorsam sei, doch daran sind sie schuld, nicht er. Viel zu oft schimpfen sie, weil er am Tisch nicht still sitzt oder weil er gern umherhüpft, statt brav und steif geradeaus zu laufen wie ein deprimierter Erwachsener.

Als wir das erste Mal zusammen im Wald spazierten, wollte er mir natürlich zeigen, wie geschickt er auf einen Baum klettern kann. Und er kletterte tatsächlich ziemlich hoch, und ich lobte ihn natürlich. Doch meine Frau schimpfte, er mache sich die Hosen dreckig. Ja, wozu geht man denn in den Wald? Und wo soll das Stadtkind sonst lernen, Mut zu entwickeln und Balance zu halten?

Trotz der oftmals strengen Erziehungsmethoden sind die Beziehungen zwischen Eltern und Kindern in der Ukraine auch im Erwachsenenalter sehr eng. Es ist durchaus normal, dass erwachsene Kinder mehrmals am Tag mit ihren Eltern telefonieren und sie sich gegenseitig helfen. Dafür gibt es natürlich auch materielle Gründe; man unterstützt einander, so gut es eben möglich ist. Viele meiner Freunde und Bekannten können sich nur deshalb als freie Künstler durchschlagen, weil »Hotel Mama« sie versorgt und das tägliche Süppchen kocht.

43. Grund

Weil Kinder zwei Sprachen lernen können

Über unseren derzeit achtjährigen Sohn staune ich immer wieder. Wie gut er beide Sprachen spricht, Ukrainisch und Russisch! In der Schule und in der Kita wird nur ukrainisch gesprochen. Mit seinen Großeltern und mit uns, seinen Eltern, redet er meistens russisch. Er sieht ukrainische und russische Filme, und meine Frau liest ihm fast jeden Abend ukrainische Märchen vor. Die Muttersprache meiner Frau ist Russisch, ihre Vatersprache allerdings Ukrainisch. Bei Behörden und mit den Lehrerinnen unserer Sohnes spricht sie ukrainisch, denn es ist die Staats- und Unterrichtssprache. Auf dem Markt wählt sie die Sprache, von der sie vermutet, dass sie dem Gesprächspartner angenehm ist. Mit einer Großmutter vom Dorf, die ein paar Äpfel oder besondere Kräuter verkauft, wird sie gleich mit Ukrainisch beginnen. Der Oblast Poltawa grenzt zwar beinahe an Russland, aber dieses Gebiet wurde auch während der russischen Kolonialzeit immer mehrheitlich von Ukrainern besiedelt, und Ukrainisch wird heutzutage immer populärer.

Die Stimmung meiner Frau entscheidet jedoch auch über die Wahl der Sprache. »Wenn ich schimpfe, dann schimpfe ich auf Russisch.« Das kann ich bestätigen. Aber warum? »Sie ist die riskantere Sprache. Wenn ich in romantischer Stimmung bin, will ich Ukrainisch sprechen. Im Ukrainischen gibt es keine Mutterflüche, keine zensierten Wörter. Deshalb kann man auf Ukrainisch nicht richtig schimpfen, es klingt lächerlich. Die russische Sprache nutze ich, wenn ich aggressiv bin, dann spreche ich automatisch russisch. So ist es bei mir persönlich.«

So ist es nicht nur bei ihr, sondern ergeht es vielen Ukrainern. Russisch war in der Sowjetunion auch die Sprache in den Gefängnissen und Straflagern, so hat diese Sprache viele hässliche Worte aufgenommen. Der Autor Jens Siegert erklärt in seinem Buch *111 Gründe, Russland zu lieben* beispielsweise die Beliebtheit der Mutterflüche im Russischen. »Mutterflüche sind und klingen in russischen Ohren unvergleichlich viel gröber als alle deutschen Schimpfworte. Dennoch sind sie allgegenwärtig. Es ist praktisch unmöglich, auf die Straße zu gehen, ohne im Vorbeigehen einen Mutterfluch zu hören. Das kann ganz einfach ein Fluch sein, aber auch eine Beleidigung. Nicht selten, vor allem unter Jugendlichen, sind die *mat*-Worte. Vor allem das Wort, das eine Prostituierte bezeichnet, wird auch einfach als Füllwort eingesetzt. Das hört sich dann etwa so an: »Heute mat morgen, bin ich *mat* vom Gerumpel in der *mat* Wohnung über *mat* uns *mat* aufgewacht. Ich habe mich mat aus dem Bett gewälzt und mir *mat* einen Kaffee gemacht.«

So kann man im Ukrainischen nicht sprechen. Man kann mit einer Violine keine Marschmusik spielen, es wäre albern und absurd. Ein wichtiger Unterschied zwischen beiden Sprachen ist, dass Ukrainisch gesprochen, wie es geschrieben wird, Russisch aber nicht. Im Russischen unterscheiden sich Schriftsprache und Aussprache, wie etwa im Englischen. Der Buchstabe »o« wird im Russischen beispielsweise oft als »a« gesprochen. Das Ukrainische ist in dieser Hinsicht wie die deutsche Sprache, es wird so gesprochen wie geschrieben.

Bergarbeiter im Donbas kommen aus dem Schacht. Eine gefährliche Arbeit, aber in legalen und staatlichen Unternehmen wird sie sehr gut bezahlt.

Menschen im Donbas. Furchtbar harte Arbeit für wenig Geld. Der Alkohol tröstet.

Alexander, der Mann mit dem Akkordeon, tröstete sich zu oft und verstarb zu früh.

Mosaik an einer Hauswand. Die frohe Zukunft blieb immer Illusion. Unten: Großmutter Dunja trauert der Vergangenheit nach und studiert die Zeitung »Kommunist«.

Beim Fischen oder am Lagerfeuer erholt man sich.

Fotos von Oleksii Kriachko aus Poltawa. **Rechte Seite:** Die giftige Gerandete Jagdspinne (Dolomedes fimbriatus) frisst auch kleine Fische. Die Osterluzeifalter (Zerynthia polyxena) kämpfen ebenso um ein Weibchen wie zwei männliche Hirschkäfer (Lucanus cervus).

Links oben: Nach wochenlangem Regen wurde die Straße in den Karpaten in den Fluss gespült.
Unten: Wölfe haben Ziegen gerissen.

Landschaftsaufnahmen. Unten: Die Worskla bei Poltawa (Foto: Oleksii Kriachko).

Kirchen in den Karpaten und in der zentralen Ukraine.

Oben: Lokaler Stil südlich von Winnyzja. Jedes Haus ist mit anderen Kacheln verziert.
Unten: Unendliche Weite, ideal zum Radfahren.

Poltawa. Denkmal für das Schwein. Die Inschrift lautet: »Ewiger Ernährer des ukrainischen Volkes«

Kosak und Musikant
auf unserer Hochzeit.
Mit Peitsche und Akkordeon.

Oben: Denkmal für die Getöteten während der deutschen Besatzung Poltawas. »Die Erinnerung an sie ist in unserem Herzen – den getöteten sowjetischen Menschen 1941 – 1943«. **Unten:** Die letzten Kommunisten von Poltawa, Juni 2009.

Oben: Lenin am direken Draht, prüft die Morsebänder. Oder dikiert er Befehle, wer zu erschießen sei?
Unten: Moderne Ukrainer leben frei.

Traumland Deutschland. Mähdrescherfahrer mit Tattoo »Germany«.

Schon die Namen beider Sprachen unterscheiden sich stark – *Ukrajinska Mova* (українська мова) und *Russkij Jasik* (русский язык). Viele Worte sind in beiden Sprachen gleich oder ähnlich, viele überhaupt nicht. Einige einfache Beispiele: »Danke« heißt auf Ukrainisch *djakuju*, auf Russisch *spasiba*, »bitte« auf Ukrainisch *bud laska*, im Russischen *poschaluista*, »Auf Wiedersehen« *Do pobatschennja* oder *Do swidanija.*

Beide Sprachen sind ostslawische Sprachen und verwenden das kyrillische Alphabet mit jeweils 33 Buchstaben, aber mit jeweils vier Buchstaben, die in der anderen Sprache nicht vorkommen. Im Russischen gibt es die Buchstaben Ëë, Ъъ, Ыы, Ээ, aber nicht im Ukrainischen. Im Ukrainischen gibt es die Buchstaben Ґґ, Єє, Ii, Її, aber nicht im Russischen. Das Ukrainische wird auch als I-Sprache bezeichnet, denn es hat drei Buchstaben, die dem deutschen »I« gleichen – »И« wie in »Tisch«, »I« wie in »Iris« und »Ї« mit Doppelpunkt, gesprochen Ji. Im Russischen gibt es nur ein »И«.

Was den Wortschatz betrifft, so hat Ukrainisch mehr Übereinstimmungen mit der belarussischen Sprache, mit dem Polnischen oder mit dem Serbischen, als mit dem Russischen. Auch in der Grammatik gibt es mehr Gemeinsamkeiten mit der belarussischen, tschechischen, slowakischen und polnischen Sprache als mit Russisch. Im Ukrainischen gibt es auch viele Germanismen, also Lehnworte aus dem Deutschen, beispielsweise Backenbart, Brezel, Chormeister, Dübel, Endspiel, Farbe, Flasche, Groschen, Kneipe, Krawatte, Kreide, Luft, Papier, Polizeimeister, Poltergeist, Rucksack, Schlauch (schlang, sinnbildlich von Schlange), Schnaps, Schnitzel, Schokolade. Sehr beliebt ist auch das Wort »Kompott«, doch im Gegensatz zum in Deutschland üblichen Kompott besteht das uk rainische normalerweise aus viel Saft mit wenig Früchten.

44. Grund

Weil das Ukrainische mehr als 300 Jahre Verbote überstanden hat

Ganz erstaunlich und ein Zeugnis für die Stärke der ukrainischen Nation ist, dass die ukrainische Sprache überhaupt noch von vielen Millionen Menschen gesprochen wird, denn mehr als 300 Jahre lang wurde sie von Russland beziehungsweise in der Sowjetunion verboten und unterdrückt. Man kann dies auch als Beweis dafür werten, dass Ukrainisch eine Sprache ist, kein Dialekt, denn einen Dialekt hätte man nicht so lange verbieten müssen.

Schon 1720 wurde auf Befehl des russischen Zaren Peter I. verboten, religiöse Literatur auf Ukrainisch zu drucken. Ukrainische Texte mussten aus Kirchenbüchern entfernt werden. 1748 erklärte ein Erlass des Zaren das Verbot, in Schulen in ukrainischer Sprache zu unterrichten. Hunderte Schulen wurden deswegen geschlossen. 1763 erweiterte die Zarin Katharina II. das Verbot, auch in der Kiew-Mohyla-Akademie durfte nun nicht mehr in ukrainischer Sprache unterrichtet werden. Im 19. Jahrhundert wurde alle paar Jahre ein Verbot gegen den Gebrauch der ukrainischen Sprache erlassen, so mussten etwa 1862 die kostenfreien ukrainischen Sonntagsschulen für Erwachsene in der russisch regierten Ukraine geschlossen werden. Ukrainisch durfte nur noch für literarische Schriften öffentlich gebraucht werden. Doch das waren immer noch nicht genug Verbote. Der russische Zar Alexander II. unterzeichnete im Mai 1876 in Bad Ems den berühmt-berüchtigten »Emser Erlass«, wonach nun auch alle literarischen Publikationen auf Ukrainisch im gesamten Russischen Kaiserreich verboten und unter Strafe gesellt wurden. 1914 erweiterte ein Befehl des Zaren Nikolai I. das Verbot auf ukrainische Presseerzeugnisse.

Weil die ukrainische Sprache aber immer noch gesprochen und geschrieben wurde, setzten die bolschewistischen Machthaber die unselige Tradition der Verbote fort. Stalin unterzeichnete regelmäßig Dokumente und Telegramme, in denen der Kampf gegen die »Ukrainisierung« befohlen wurde. Im Jahre 1938 beschlossen der Rat der Volkskommissare der Sowjetunion und das Zentralkomitee der KPdSU »den obligatorischen Unterricht in der russischen Sprache«. Ukrainisch schreibende Autoren, Übersetzer und Verleger wurden verhaftet, in Lager verbracht, ermordet oder zum Suizid gezwungen.[4]

Nach 20 Jahren wurde das Verbot erneuert, 1958 beschloss der Parteitag der KPdSU wieder einmal, dass alle ukrainischen Schüler in allen Fächern auf Russisch unterrichtet werden sollen. 1970 wurde eine Direktive erlassen, wonach alle Doktorarbeiten ausschließlich in der russischen Sprache verteidigt werden mussten.

Erst mit der Unabhängigkeit der Ukraine im Jahre 1991 wurde Ukrainisch nicht mehr unterdrückt, sondern endlich gefördert und vom frei gewählten Parlament in Kiew zur alleinigen Amtssprache erklärt. Und inzwischen ist die Sprache schon »Mitglied der Europäischen Union«, denn sie ist eine anerkannte Minderheitensprache in Polen, Rumänien, Kroatien, Slowenien.

45. Grund

Weil Hollywood überall ist

Wenn ich in Poltawa zur Bierstube »Minute« gehe, komme ich fast nur an Geschäften mit westlichen Namen vorbei. Neben dem Rubikon (Informatzionaja Systema) ist die Bücherstube Graal, dann kommt der Magia-Schtor mit Jalousien, dann das Elektro radio technitschiskii Lizej, die Cendwich Bar, mehrere Juwilirni Saloni, die Allianz Tour, Optika Favorit, ein Dom Kofe, ein Diamand House, ein Fashion Lingerie House, ein Lebensmittelgeschäft Gurman, ein Restaurant Afgustin mit deutschen Fachwerkhäusern und einem Zeppelin an den Wänden. Einige Ausnahmen sind ein ukrainisches Restaurant mit dem Namen Galuschki und die Bierstube Хвилинка, auf Deutsch »eine Minute«. Ob Kleidung oder Technik, Bücher (Graal) oder Schuhe, Banken oder Versicherungen, die Orientierung an westlicher Lebensweise ist unübersehbar. Das häufigste öffentlich geschriebene Wort in der Ukraine dürfte außer Ukraina *Evro* sein, in allen möglichen Kombinationen, beispielsweise »EVROMANIJA« (Kleidung, Schuhwerk, Zubehör), »Evro Technika« oder »Ev.Ro Finanz«.

Das gleiche Phänomen zeigt sich bei den Bezeichnungen privater wie geschäftlicher Internetanschlüsse. Ob im Osten oder Westen des Landes, die Mehrzahl der Sender geben sich westliche Namen – Alaska und Arizona sind äußerst populär, außerdem altrömische Namen wie Cäsar und Rubikon. Das gleiche Phänomen bei T-Shirts oder Jacken. US-amerikanische und westliche Namen oder Slogans auf der Brust oder auf dem Rücken zu tragen ist äußerst beliebt. Florida, Hollywood, Paris, englischsprachige Mottos, spaßige oder sexistische Worte, alles möglich, niemals aber russische, und selten ukrainische. Wenn man Kleidung mit ukrainischen Motiven kaufen möchte, sollte man auf Märkten oder bei Festivals und »Events« danach suchen, wo extra für diese Anlässe Kleidung bedruckt oder bestickt wird. Wenn ich mit meinem »Kosaken-T-Shirt« durch Poltawa laufe – saufende und singende Kosaken sitzen im Kreise, darüber so weise Sprüche wie »im Kosakengeist erzogen« –, ernte ich staunende und neidische Blicke. Denn in Poltawa bekommt man solch ein T-Shirt nicht, dafür muss man schon auf den beschriebenen Sorotschinsker Jahrmarkt fahren.

Wohl in jedem ukrainischen Badezimmer wird man einen Markenartikel aus dem Westen finden, ob Haarwäsche oder Zahnpasta. Die am häufigsten zu sehenden Automarken auf den Straßen sind VW und Renault. Ein typischer Tankstellen-Shop unterscheidet sich von einem westlichen vor allem durch freies WLAN, nicht aber durch die Auswahl der Produkte – seien es Getränke, Batterien, Rasierklingen oder Reifen. Ein Großteil der Werbung wird ohnehin in lateinischen Buchstaben geschrieben, ob »Mini-Market«, »Pizza«

oder »Star«. Renovierungen oder Neubauten sollen »evropejskij standard« erreichen, man macht »evropejskij remont«, europäische Reparatur. Niemand will *russkij* oder *kitaiskij standard*, es gibt nicht einmal diese Begriffe.

46. Grund

Weil Ukrainer mehr über Deutsche wissen als Deutsche über Ukrainer

Ich radle in ein Dorf und frage einen Mann, der eine Kuh hinter sich her zieht, nach dem nächsten Geschäft. Er lädt mich in sein Haus ein, bringt die Kuh in den Stall, stellt mich seiner Frau und seinen Kindern vor. Er arbeitet als Lehrer für Geschichte und Mathematik an der örtlichen Schule. Natürlich hat er einen Internetanschluss und einen Computer. Weil ich aus Berlin komme, erzählt er mir von der Berliner Berlinale und welche Filme er gern gesehen hätte, redet über Bismarck und dessen Sozialgesetze. Eben noch Milchbauer, jetzt schon Spezialist für deutsche Geschichte. Er war noch nie in Berlin gewesen, aber sollte er jemals dorthin fahren, könnte er gleich als Stadtführer arbeiten. Könnte ich in einem Dorf in Deutschland jemanden treffen, der so fachkundig über Kiew und die ukrainische Geschichte erzählen könnte?

In Deutschland war mir gar nicht bewusst, wie sehr man aus dem Ausland auf »uns« schaut, auf die Menschen in Deutschland. Aber doch, »wir« werden beobachtet. In Deutschland werden Trends gesetzt, die sich wellenartig ausbreiten, die man im östlichen Europa adaptiert und dort für die eigenen Bedürfnisse formt. In der Musik Jazz, Pop und Techno, in der Technik den ersten Traktor und die erste Bohrmaschine, in der Kultur lange Haare und Individualismus, vor Gericht das Prinzip der Unschuldsvermutung, überall sieht man die Einflüsse und Kopien aus dem Westen. Und die nächste »echte«

europäische Hochkultur ist nun einmal aus ukrainischer Sicht in Deutschland. Die dazwischen lebenden Polen werden wohl beneidet um die vielen Fortschritte, die sie seit ihrer Integration in den Westen gemacht haben, aber man sieht sie als erreichbares Vorbild an. Deutschland hingegen filtert die neuesten Entwicklungen der westlichen Sphäre, es ist groß genug, um als soziales und kulturelles Laboratorium zu dienen.

Oft erstaunt es mich, welche Moden und Stile aus dem Westen übernommen und weiterentwickelt werden, welche Kenntnisse als wertvoll und interessant angesehen werden. Einige meiner Freunde und Bekannten in Poltawa kennen beispielsweise mehr deutsche Musikgruppen als ich. Ich höre selten Musik, sondern lese lieber stundenlang. Den Namen Knorkator beispielsweise hatte ich noch nie gehört, geschweige denn die tollen Lieder dieser Gruppe. Blixa Bargeld war mir dagegen ein Begriff, aber dass er und seine Band Einstürzende Neubauten hier avantgardistische Helden sind, hätte ich nie vermutet. Und das, obwohl alle Ukrainer ihre Zungen verknoten, wenn sie den Namen Einstürzende Neubauten zu sprechen versuchen.

Dafür können alle Ukrainer den Satz »Das ist fantastisch« stolperfrei auf Deutsch aussprechen. Ursprünglich soll der Satz durch deutsche Pornofilme bekannt geworden sein, die nach dem Zusammenbruch der Sowjetunion wohl schnell populär wurden. In der Werbung wird dieser Spruch häufig genutzt, denn er hat einen hohen Wiedererkennungswert. Für Sportkleidung und für Kleidung »im traditionellen deutschen Stil« wurde mit ihm schon geworben, für Autos von Audi, für Feuerwehrautos aus Deutschland und für Reisen zum Oktoberfest nach München. In etlichen Komödien taucht er auf und oft in Sportkommentaren. Und eine international erfolgreiche Modefirma aus Kiew hat sich gleich den Namen Dastish Fantastish gegeben. Die ukrainische Pop-Gruppe DZIDZIO hat in einem Song noch das Wort »gut« hinzugefügt – Das ist gut fantastisch – und damit einen Hit gelandet. German Trash, nennt sich dieses Genre.

Die Popularität dieses deutschen Satzes ist nur eines von vielen Beispielen für die Beliebtheit der deutschen Kultur in der Ukraine. Auch deutsches Bier ist sehr beliebt. Das am meisten getrunkene heiß Zibert, benannt nach dem Brauer Julius Zibert, der Anfang des 20. Jahrhunderts in der Nähe von Kiew eine Brauerei gegründet hatte. »Deutscher Geschmack, ukrainischer Preis«, lautet die Reklame für dieses Bier. Was wissen Deutsche über die Ukraine, welche Musikgruppen, Sportler, Politiker etc. kennen sie gewöhnlich? Manche verorten das Land irgendwo am Ural. Fährt man mit einem ukrainischen Auto durch Deutschland, so wird man gefragt, ob das Länderkennzeichen UA für Uganda oder für die UNO stehe.

Verwunderlich ist dieser einseitige Wissenstransfer aber eigentlich nicht. Deutschland ist eben ein kulturelles Zentrum in Europa und weltweit, die Ukraine (noch) nicht. Und an den Peripherien wusste man schon immer mehr über das Zentrum als im Zentrum über die Peripherien.

47. Grund

Weil Ukrainer eine besondere Mentalität haben

»Mentalität« ist eines der beliebtesten Worte in der Ukraine. Man braucht nur bedeutungsvoll zum Himmel zu blicken und »ukrainische Mentalität« zu sagen, schon bekommt man Aufmerksamkeit, denn jedem fällt etwas zu diesem grenzenlosen Thema ein. Die ukrainische Mentalität sei demnach für alles Schlechte im Lande verantwortlich, meinen viele. Etwa für die Korruption. »Gestohlen wurde schon immer!« Oder für die Gleichgültigkeit gegenüber Ereignissen außerhalb der eigenen Wohnung. »Was soll sich zum Guten ändern, es ist doch egal, welche Diebe regieren?!« Oder für leichtsinniges und gefährliches Autofahren; für stumme Verkäuferinnen und Kellnerinnen. Auch erklärt die Mentalität gewisse Schwierigkeiten mit der

Pünktlichkeit – Ukrainer träumen eben gern, und Zeit kostet nichts, wo die Löhne und Gehälter so gering sind. »In der Sowjetzeit wurde Unpünktlichkeit hart bestraft, etwa Bummelei am Arbeitsplatz, jetzt genießt man die Freiheit!« Doch die ukrainische Mentalität soll auch für alles Gutes verantwortlich sein. Für die Herzlichkeit, die Gastfreundschaft, das Streben nach Freiheit und die Bereitschaft, das eigene Leben für eine bessere Zukunft der Kinder zu riskieren.

Der von der Krim stammende ukrainische Journalist Denis Trubetskoy, der seit Jahren für deutsche Medien aus der Ukraine berichtet, verweist auf gewisse Extreme in der ukrainischen Mentalität. »Die Ukrainer sind ein emotionales Volk und leben in der berühmten *Srada/Peremoha-Paradigma*, wörtlich Verrat/Sieg. Das heißt im Grunde: Hier gibt es keine Zwischentöne. Auch kann das gleiche Ereignis locker in unterschiedlichen Teilen des Landes sowohl *Srada* als auch *Peremoha* sein.«

Um die ukrainische Mentalität einzugrenzen, verwendet man gern den Begriff der sowjetischen Mentalität. Für jüngere und moderne Menschen, für mich und die meisten meiner ukrainischen Freunde, ist sie ein Schreckgespenst. Etwas, was Zahnschmerzen auslöst und verspottet wird. Kritiklose Unterordnung unter die meistens männliche Autorität, die Sehnsucht nach einem brutalen Führer, der Ordnung schafft, also Menschen bestraft, ausweisen oder töten lässt, Geschrei statt Höflichkeit, auf die Straße rotzen, Gehässigkeit und Humorlosigkeit, das alles wird mit der sowjetischen Mentalität im schlechtesten Sinne assoziiert.

Ältere Zeitgenossen werden vielleicht anmerken, dass in der Sowjetunion die Menschen einander mehr geholfen hätten als heute, es habe mehr Solidarität geherrscht, das sei damals das Gute gewesen. Diese Aussage passt allerdings nicht zum staatlich organisierten Spitzelwesen, zum System der Straflager und Massenhinrichtungen, zu den Deportationen und Zwangsumsiedlungen. In der Sowjetunion wurden bekanntlich auch Kinder als Helden gefeiert, die ihre Eltern denunzierten. Und alle (mir) bekannten Untersuchungen und soziologischen Experimente zeigen, dass der *Homo sovieticus* kein neuer, heroischer und besonders hilfsbereiter Mensch war, sondern eine verkniffene, gehässige, misstrauische und freudlose Erscheinung. Der *Homo sovieticus* liebt Verbote, er ist ein verklemmter Kleinbürger, der freieren Menschen die Räusche und das Glück missgönnt.

Einen noch schlimmeren Ruf als die sowjetische Mentalität hat für viele Ukrainer die heutige in Russland verbreitete Mentalität, die russländische, in Russland verbreitete. Sie zeichnet sich angeblich durch alle schlechten sowjetischen Eigenschaften aus, außerdem durch nationalistischen Fanatismus – »Russland ist die stärkste Nation der Welt!« – und leider auch durch die Bereitschaft, Ukrainer zu töten, weil die ihren eigenen Weg gehen wollen. Angeblich sei diese russländische Mentalität genetisch bedingt und in der langen Herrschaft der Mongolen herangereift, wird gern erzählt.

Natürlich ist eigentlich allen klugen Menschen klar, dass mit dem Begriff der Mentalität nur Klischees benannt werden können. Schließlich denken, fühlen und handeln nicht alle Menschen gleich, nur weil sie im gleichen Land leben oder gleiche Sprachen sprechen. Schon Geschwister sind bekanntlich unterschiedlich, trotz gleicher Eltern. Vielleicht gibt es so etwas wie Mentalität gar nicht? Vielleicht ist es nur eine bequeme Erklärung für ungenaues Denken, ein metaphysisches Hirngespinst, das der Unterhaltung dient? Wenn mir Ukrainer jedenfalls die angebliche Mentalität der Deutschen erklären, muss ich meistens schmunzeln. Solche idealen Deutschen habe ich selten getroffen. Sie sollen fleißig, pünktlich, diszipliniert und nachdenklich sein, alles planen und berechnen, immer den Müll trennen und keinen Müll in den Wald werfen und vor allem nicht schreien und nicht betrunken auf der Straße umhertorkeln.

Aus Höflichkeit verschweigt man einem Deutschen gegenüber natürlich die negativen Attribute, die man der deutschen Mentalität ebenfalls andichtet. Demnach sollen die Deutschen das Putzen und Reinigen fanatisch lieben und sehr geizig sein. »Sie zählen jede Kopeke, und wenn Gäste kommen, stellen sie nur Brezeln auf den Tisch, statt den Kühlschrank leer zu räumen!« Die konkreten Lebensumstände werden mit dem Begriff der Mentalität oft ignoriert. In Ländern oder Gegenden, in denen es keinen Massentourismus gibt, werden die Einheimischen einen Fremden natürlich häufiger einladen als am Strand von Mallorca oder in Berlin auf dem Alexanderplatz. Wo die Polizei korrupt und das Vertrauen in staatliche Institutionen gering ist, wird man Konflikte häufiger »auf männliche Art« lösen, aber sich untereinander auch mehr helfen als da, wo der Staat für ein funktionierendes Gesundheitswesen und stabile Renten sorgt.

48. Grund

Weil Aberglauben das Leben würzt

Ich bilde mir zwar ein, nicht abergläubisch zu sein, aber wenn ich im Bus eine Fahrkarte kaufe, prüfe ich immer, ob ich ein Glücksbillett bekommen habe. Wenn die sechsstellige Nummer auf dem Billett aus zwei gleich großen Quersummen besteht, dann, so sagt man in der Ukraine, wird man an diesem Tag besonderes Glück haben.

Die Glücksbilletts stecke ich immer in eines meiner Notizhefte – ohne Bücher, Notizhefte und Schreibstifte darf man meines Erachtens als kultivierter Mensch niemals das Haus verlassen – und hoffe darauf, dass das Glück lange anhalten werde.

Um ehrlich zu sein, habe ich wohl noch nie besonders Glück gehabt, nachdem ich ein Glücksbillett erhielt. Aber dennoch wäre es nicht gerecht, ein Glücksbillett wie alle anderen zu behandeln, also bei nächster Gelegenheit in einen Papierkorb zu werfen. Schließlich sind sie etwas Besonderes. Und es kann ja nicht schaden, eins immer bei sich zu haben. Obwohl ich fast täglich mit einer *Marschrutka*, einem Kleinbus, ins Zentrum und zurück fahre, bekomme ich ein Glücksbillett nicht mehr als ein bis zwei Mal im Monat.

Mindestens einen praktischen Vorteil hat dieser Aberglaube. Unser heute achtjähriger Sohn Kolja lernte gern rechnen, weil er ebenfalls wissen will, ob er Glück haben wird.

Einen anderen Aberglaube muss ich akzeptieren, wenn ich anderen kein Unglück bringen will. Niemals darf man in der Ukraine über einer Türschwelle einen Besucher begrüßen oder verabschieden, denn das brächte Unglück. In Deutschland kennt man diesen Aberglauben aus der klassischen Literatur, aus Goethes Drama *Faust*. Faust hat seine Türschwelle mit einem Pentagramm beziehungsweise Drudenfuß geschützt, also einem fünfzackigen Stern, damit keine bösen Geister ins Haus kommen können. Doch der Drudenfuß »ist nicht gut gezogen: Der eine Winkel, der nach außen zu, Ist, wie du siehst, ein wenig offen«, erklärt Mephisto dem Faust. So hat das Abwehrzeichen keine Wirkung; in Gestalt eines Pudels konnte Mephisto es überwinden. Seltsamerweise kann Mephisto in seiner wahren Gestalt das Haus jedoch nur mit dem Einverständnis Fausts wieder verlassen. »Daß ich hinausspaziere, verbietet mir ein kleines Hindernis, der Drudenfuß auf Eurer Schwelle.« Faust versteht nicht, wieso Mephisto über den Drudenfuß ins Haus kommen konnte, es jedoch nicht mehr verlassen kann. »Warum gehst du nicht durchs Fenster?« Mephisto erklärt ihm, »'s ist ein Gesetz der Teufel und Gespenster: Wo sie hereingeschlüpft, da müssen sie hinaus. Das erste steht uns frei, beim zweiten sind wir Knechte.«

Teufel und Gespenst zu sein ist also auch nicht immer einfach. Faust als eiskalter Wissenschaftler und guter Selbst-Vermarkter sieht da sofort eine Chance für einen Teufelspakt, praktisch mit dem Boss der kriminellen Welt. »Die Hölle selbst hat ihre Rechte? Das find ich gut, da ließe sich ein Pakt, und sicher wohl, mit cuch, ihr Herren, schließen?« Schließlich hypnotisiert Mephisto den Faust und wendet einen anderen Trick an, um das Haus verlassen zu können. »Dieser Schwelle Zauber zu zerspalten, bedarf ich eines Rattenzahns.« Er befiehlt dem »Herr der Ratten und der Mäuse, der Fliegen, Frösche, Wanzen, Läuse, diese Schwelle zu benagen« und eine Lücke zu schaffen, ein Schlupfloch. Das Haus ist also ein symbolisch geschützter Raum, auch heute noch in der Ukraine. Oder ein symbolisch gefährdeter Raum, wie der Deutsche Jens erzählt, der seit vielen Jahren in einem ukrainischen Dorf bei Tscherkassy lebt.

»Im Dorf Sahunivka steht schon recht lange ein Haus zum Verkauf. Aber keiner will es kaufen, weil die verstorbene Vorbesitzerin als Hexe galt. Der Preis liegt jetzt schon 50 Prozent unter dem Marktwert bei 3000 Dollar, aber da geht nix. Aus Verzweiflung haben die Besitzer schon ein Loch ins Dach gemacht, damit die bösen Geister verschwinden!« Auch wenn man das Haus oder die Wohnung vor Teufeln und Gespenstern schützen kann, drohen noch andere Gefahren, will man dem Aberglauben glauben. Wenn man nämlich im Haus oder in der Wohnung pfeift, dann verschwindet das Geld! Schwuppdiwupp ist es weg. Man wird arm wie eine Kirchenmaus, die bekanntlich deshalb so arm dran ist, weil es in einer Kirche nichts zu essen gibt. Spinnen hingegen bringen Geld ins Haus, sie sollte man deshalb auf keinen Fall töten, was sich ja eigentlich von selbst versteht, denn es sind weise Tiere. Wenn man außerhalb des Hauses beim Spazierengehen hingegen eine Münze findet, so ist Vorsicht geboten. Diese soll man nur aufheben, und sie bringt nur dann Glück, wenn sie mit dem Kopf oder Bild nach oben liegt. Sollte die Zahl oben liegen – klar, das bringt Unglück.

Ein anderer seltsamer Aberglaube betrifft nur die Frauen. Wenn Frauen ihre Tage haben, sollen sie weder säen, noch pflanzen oder einwecken, denn dann passiert angeblich etwas Ungewolltes. Uns Männern passiert ja jeden Tag etwas Ungewolltes, ungewollt treffen wir Freunde, ungewollt kommen wir nicht ganz nüchtern nach Hause. Aber die Frauen, oje, ein anderer Kosmos! Eine Bekannte riet meiner Frau sogar, während ihrer Periode nicht in die Kirche zu gehen, weil sie dann unrein sei. Ich widersprach diesem Aberglauben natürlich und sagte, es kann nicht gottgewollt sein, dass Frauen, wenn sie Schmerzen haben, nicht beten dürfen. In einem Dorf erzählte eine andere Bekannte meiner Frau gar, man solle dem

Mann, den man ehelichen wolle, Menstruationsblut ins Essen geben, dann werde er ganz sicher ihr Ehemann. So gibt es in der Ukraine noch viele unsinnige und lustige abergläubische Regeln. Wer mehr von ihnen lesen möchte, kann den Blog »Ukraweb« von Jens besuchen, er hat viele von ihnen gesammelt und aufgeschrieben.[5]

49. Grund

Weil religiöse Vielfalt ganz selbstverständlich ist

Wir stehen am Sonntagmorgen im zentral-ukrainischen Tynivka im Hof meines Gastgebers Anatoli und trinken im Stehen den ersten Becher Kaffee. Im Schatten ist es noch kühl. Nebelschwaden ziehen über den nahen See. Anatoli hat schon die Schweine und Hühner gefüttert, ein halbes Feld umgegraben und wer weiß was noch gemacht.

Eine Gruppe Frauen geht auf der Straße vorbei, alle tragen dunkle Kleider und fest gebundene Kopftücher. Sie grüßen über den Zaun hinweg. Sonntag, Kirchenzeit. Anatoli sagt, die Frauen seien Baptistinnen, eine von ihnen sei seine Schwester. Bald kommt wieder eine Gruppe Frauen, alle grüßen einander. Anatoli erklärt, die Frauen seien Sieben-Tags-Adventistinnen, eine von ihnen sei seine Schwester.

»Wieso gehen deine Schwestern in unterschiedliche Kirchen?«, will ich wissen. »Hatten sie schon in der Kindheit unterschiedliche Glauben? Und du, gehst du nicht in die Kirche?«

Anatoli erzählt, dass seine Schwestern früher überhaupt keine Gottesdienste besucht haben. Die Eltern hatten ihre Kinder mehr oder weniger atheistisch erzogen. Aber seit dem Ende der Sowjetunion praktizierten auch in dieser zentral-ukrainischen Siedlung immer mehr Religionsgemeinschaften ihren Glauben. Es gab hier vorher schon eine griechisch-katholische und eine ukrainisch-orthodoxe Kirche für die 1.500 Einwohner. Die erste Holzkirche war hier in Tynivka im Jahre 1776 erbaut worden, und die erste Fünfkuppelkirche 1833. Unter der Herrschaft der Bolschewiki wurde die Zwangskollektivierung in der grausamsten Weise vollzogen und ein »Lenin-Kolchos« gegründet. 600 Dorfbewohner nahmen an den Schlachten des Zweiten Weltkrieges teil, 216 von ihnen wurden getötet, 205 erhielten Orden und Medaillen. 200 junge Menschen wurden zur Arbeit nach Deutschland deportiert, nur 140 kehrten zurück.

Nach dem Zusammenbruch der Sowjetunion wurde das Kulturhaus geschlossen, in dem früher die Arbeiterinnen und Arbeiter vom Lenin-Kolchos Auszeichnungen erhalten und die Kinder getanzt und gesungen hatten. Den Kolchos hatte man aufgelöst, viel Land war privatisiert worden. Das Dorf aber ist immer noch nicht an das Gasnetz angeschlossen, die Einwohner müssen Gas in Flaschen kaufen. Im Winter können viele Höfe nicht mit Autos befahren werden, also müssen die Flaschen weite Wege geschleppt oder auf Schlitten gezogen werden.

Nun wird also nicht mehr im Kulturhaus gesungen, sondern in den Kirchen. Aber Anatoli ist seinem Glauben treu geblieben, nicht an Gott zu glauben. Wie 500 Kilometer weiter östlich auch Mascha in Poltawa, Tochter eines atheistischen sowjetischen Offiziers. Nachdem die Ukraine unabhängig geworden war, gab es zwei Moden, erzählt sie mir. »In der ersten Welle entdeckten viele Leute, dass sie von Aristokraten abstammen. Gestern waren sie noch Lenin-Pionier wie ich, heute schon Gräfin oder Fürstin mit königlichem Blut. Gestern noch per Du, heute schon seine Majestät oder Durchlaucht. In der zweiten Welle entdeckten viele, dass sie von Kosaken abstammen. Da ist der Nachweis schwerer, denn es gibt keine Kosaken-Register, aber ein europäisches Adels-Register.«

Nachdem das sowjetische Regime des Schreckens endete, das im Namen der absoluten Vernunft agierte, kann jeder Mensch sich ein Ich basteln und an den baptistischen oder an den adventistischen Gott oder an griechische Götter glauben, ohne Angst vor Verfolgung und Repression zu haben. Wer sich vor Gott schuldig fühlen möchte, kann das ebenfalls tun, es ist eine freie Entscheidung. Es lebe die Vielfalt!

50. Grund

Weil weiße Hexen alles wissen

Gleich am ersten Tag unseres Einzugs in eine neue Wohnung schimpft eine kleine Frau mit mir. Denn ich habe die Haustür zu weit geöffnet. Ein Handwerksmeister hat die Bewohner angewiesen, die Tür nicht bis zum Anschlag zu öffnen. Denn der Türschließer ist kaputt. Statt der schimpfenden Frau brav zu gehorchen, prüfe ich die Angelegenheit. Der Schwenkarm des Türschließers hängt lose herab. Es ist vollkommen egal, wie weit man die Tür öffnet, nichts kann dadurch zerstört werden. Ein klassischer Konflikt. Die Frau glaubt dem Meister, der Autorität, ich als zweifelnder Rationalist will die Wahrheit herausfinden.

Die Frau schreit. Das ist ja wirklich unerhört, ein neuer Mieter missachtet die Regeln. Ich aber möchte mein Fahrrad bequem über die Schwelle schieben. Was mich besonders ärgert, ist das Geschrei der Frau. Kann sie nicht wenigstens zuerst Guten Tag wünschen? Begrüßt man in diesem Ton einen neuen Mieter?

Meine Frau kommt ernsthaft besorgt die Treppe herab. Sie möchte natürlich keinen Konflikt mit den Nachbarn, schon gar nicht am ersten Tag. Sie beteuert der kleinen Frau, dass wir friedlich miteinander leben wollten. Das möchte ich auch, aber ich lasse mich auch nicht anschreien. Wenige Tage später erzählt meine Frau, dass Margarita Iwanowna kein gewöhnlicher Mensch sei, sondern eine weiße Hexe. Sie weiß alles, behauptet meine Frau. Dabei ist längst das Gegenteil bewiesen. Der Handwerker hat mir murrend recht gegeben, der Türschließer konnte nicht kaputter werden, als er schon war. Er hat ihn abmontiert, nun kann die Tür auch offiziell bis zum Anschlag geöffnet werden.

In den nächsten zwei Jahren tauschen Margarita Iwanowna und ich fast nur Grüße aus. Eine Frau, die alles über mich zu wissen glaubt, möchte ich gar nicht weiter kennenlernen. Wozu braucht man eigentlich die Kriminalpolizei, wenn eine Hellseherin jedes Verbrechen aufdecken könnte? Meine Frau aber bleibt bei ihrer Meinung. Sie hat Margarita auf der Straße getroffen, und die hat ihr über die Schulter geguckt und dort ihren verstorbenen Vater und ihr verstorbene Schwester gesehen. Außerdem hat sie prophezeit, dass wir einen Fehler in unseren Heiratsdokumenten haben und dass wir deshalb an die Grenze fahren müssen.

Alles stimmte. Vater und Schwester sind gestorben. Und tatsächlich gab es einen Fehler in unseren Dokumenten. Wir müssen an die Grenze reisen, weil ein vertrottelter Beamter in meinen Pass das Zeichen für Ausreise gemalt hatte, als ich eingereist war.

Meine Frau kann der Versuchung nicht widerstehen und lässt sich von Margarita die Karten legen. Weinend erzählt sie anschließend, Margarita habe mit den Engeln und mit ihrem verstorbenen Vater gesprochen. Und Margarita habe behauptet, ein Verwandter meiner Frau habe ein schweres Verbrechen begangen, wahrscheinlich sogar jemanden getötet. Tatsächlich hat dieser Verwandte eine dreijährige Gefängnisstrafe absitzen müssen. Dass er jetzt ein Invalide ist, querschnittsgelähmt nach einem Badeunfall, sei die Rache der getöteten Frau. Und wenn wir dem Invaliden helfen, werden wir auch mit Schmerzen bestraft. Außerdem schimpfte Margarita, dass wir keine Ikonen im Zimmer haben, was ebenfalls stimmt. Ich glaube dennoch nicht an Hokuspokus und versuche mit rationalen Argumenten dagegenzuhalten. Meine Frau hat früher nur ein paar Gehminuten entfernt gewohnt, da kann Margarita über alle möglichen Kanäle Informationen erhalten haben. Inzwischen wurden unser Sohn und Margaritas Enkel Freunde. Die beiden Jungs verstehen sich wirklich wunderbar, und ich lade sie manchmal zur Pizza ein. Einmal sagt unser Sohn zu Alexej: »Du bist wohl auch ein Medium?« Später frage ich ihn nach dem Grund für diese Frage.

»Er kann meine Wünsche erraten und mir die richtigen Geschenke machen!«

»Welche zum Beispiel?«

»Er weiß immer, dass ich Coca-Cola trinken möchte.«

Das weiß ich allerdings auch.

Vor Margaritas Tür warten jeden Wochentag Klienten, meistens junge Frauen. Viele wirken bedrückt, blicken zur Wand, wollen offenbar nicht gesehen werden. Viele sitzen anschließend in unserem Hof und weinen. Wollen sie wissen, ob sie Kinder bekommen können? Ist es nicht fahrlässig, dafür Prognosen abzugeben?

Seit ich Russland und die Ukraine bereise, hat man mir oft von weißen Hexen erzählt. Die weißen sind die guten, die angeblich heilen können. Schwarze, böse Hexen soll es auch geben, aber von ihnen wurde mir nie berichtet. In Saratow an der Wolga ließ sich meine damalige Freundin von einer weißen Hexe bestätigen, dass wir heiraten und immer zusammenleben werden. Als Honorar überreichte sie der Hexe drei Gläser eingeweckte Erdbeeren. Trotz dieser Prognose trennte ich mich bald von ihr.

51. Grund

Weil Jens ein Hexer ist

Wie leicht man in der Ukraine selbst zum Hexer werden kann, das erlebte mein deutscher Freund Jens, der zusammen mit seiner ukrainischen Frau bei Tscherkassy am Dnipro lebt. Jens ist ein ungemein fleißiger Mensch und ein geschickter Handwerker, für Ukrainer ein typischer Deutscher. Er säuft nicht, geht mit seiner Frau Hand in Hand durchs Dorf spazieren, trägt ihr die Taschen, hämmert und bohrt fast jeden Tag in Haus und Garten, arbeitet auf dem Feld, renoviert Häuser und – besonders schockierend! – er steht auch noch selbst in der Küche und kocht! Manche Nachbarin hätte gern solch einen Mann. Den Deutschen nachzuahmen, bringt den Nachbarn aber auch kein Glück. Jens baute ein Heizhaus, um der russischen Gasgesellschaft Gazprom »den Effenberg« zu zeigen, wie er sagt. Im

Jahr darauf ließ sich sein Nachbar von einem »Experten« aus dem Dorf ebenfalls einen Kessel schweißen und aufstellen, der allerdings im Winter vollkommen abbrannte.

»Dass die Nachbarn überhaupt noch leben, haben sie einzig uns zu verdanken, da wir immer recht spät zu Bett gehen«, erzählt Jens. Er und seine Frau hatten das Feuer nachts gegen ein Uhr gesehen, die Feuerwehr gerufen, die Nachbarn geweckt, mit Gartenschlauch und Eimern das Schlimmste – einen Übergriff des Feuers auf das Wohnhaus – verhindert. Alles Hexerei! Sie machen das Gleiche wie der Deutsche, aber ihnen passiert ein Unglück! Nachdem den Nachbarn ein Schwein gestorben war, schafften sie sich wie der Deutsche Gänse an. Doch ihr neuer, von der Straße aufgelesener Hund »killte« 18 von ihnen. Als Jens und seine Frau, eine gelernte Agraringenieurin, sich Enten zulegten, taten es die Nachbarn auch.

»Und wieder liegt ein Köter von der Straße an der Kette, der einen Kanten Brot und dünnen *Borschtsch* mit Wasser angereichert zu futtern bekommt«, erzählt Jens. »Und was tut der Hund? Schon zweimal holte er sich im Sommer eine Handvoll der jungen Enten und auch Hühner als Nachspeise.«

Jens legt seinen eigenen beiden Schäferhunden keine Ketten an, sondern spaziert mit ihnen ohne Leinen durchs Dorf, worüber sich viele Ukrainer wundern. Die Hunde dürfen auf seinem Sofa liegen, und sie küssen ihn, wenn er sie dazu auffordert. Und natürlich bekommen sie das beste Fressen und verspeisen keine Enten und Gänse, sondern beschützen sie. Das muss ebenfalls Hexerei sein! Nach der Kartoffelernte war der Anhänger des Traktors schmutzig, Jens säuberte den Anhänger und verteilte etwas Erde am Straßenrand, genau an der Grenze zu den Nachbarn. »Vielleicht – aber ungewollt, ich schwöre es! – doch etwas mehr auf des Nachbarn Seite«, beichtet er.

Zwei Tage später streitet die Nachbarin mit seiner Frau. »Hast du mir die Erde vor das Grundstück geworfen?«

»Das war ich nicht, wie kommst du darauf!« Bald besuchte eine *Hadalka*, eine schwarze Magierin, die Nachbarn. Mit Kerzen in den

Händen und Sprüche murmelnd lief sie auf dem Grundstück herum. Jens und seine Frau können sich keinen Reim darauf machen.

»Solch ein Besuch ist ja nicht umsonst, diese speziellen Damen lassen sich ihren Hokuspokus richtig vergolden.« Das Haus dieser *Hadalka* könnte auch in noblen, deutschen Vororten stehen, meint er.

»Ach, Tante Lyudmyla, bei uns ist es wie verhext, nichts klappt mehr«, erklärt bald der Sohn der Nachbarin den Besuch der *Hadalka*. »Jemand will uns etwas Böses. Zuerst ist das Heizhaus abgebrannt, dann ist ein Schwein gestorben, danach das Malheur mit den Gänsen, dieses Jahr mit den Enten und Hühnern. Uns will garantiert jemand verhexen, und stell dir vor, zur Krönung schüttete dieser Jemand uns noch ein Häuflein Erde vor unser Grundstück!«

Jens ist also schuld am Unglück der Nachbarn. Für ihn ist dies eine der wenigen unguten Eigenschaften der Menschen im ukrainischen Dorf – zuerst wird die Schuld bei anderen gesucht, und wenn man niemanden findet, dann ist es eben »böser Zauber«.

52. Grund

Weil man seinen toten Großvater sprechen kann

Meine Frau erzählt unterdessen, dass Margarita Iwanowna sogar wisse, welche Intimrasur sie habe und welches Shampoo ich benutze. Langsam wird mir die Sache unheimlich. Wir sind in ein anderes Haus gezogen, fünf Busstationen von Margarita entfernt. Ihr Enkel hat uns nicht besucht, er kann nicht spioniert haben, schon gar nicht hat er meine Frau nackt gesehen. Sollte es doch übersinnliche Fähigkeiten geben? Oder ist Margarita nur eine geschickte Psychologin, deren Aussagen auf dem Gesetz der Wahrscheinlichkeit beruhen? Jedenfalls provoziert sie gerne Diebe, wie meine Frau erzählt. Ein reicher Politiker hat Margarita besucht und ihr gebeichtet, dass er nicht schlafen könne. Sollte Wolodymyr Selenskyj Präsident werden, so fürchte er bestraft zu werden. Nur Selenskyj traute er von den drei favorisierten Präsidentschaftskandidaten zu, seine Versprechen wahr zu machen und korrupte Beamte anklagen zu lassen. Margarita empfiehlt ihm, von seinen acht geklauten Häusern vier an die früheren Besitzer zurückzugeben, dann bekäme er auch ein ruhiges Gewissen und könne wieder schlafen. Zwei drogensüchtigen Jugendlichen empfiehlt sie, eine Therapie zu machen und ins Ausland zu reisen, dort würden sie Erfolg haben. Ein Jahr später schreiben die beiden ihr aus Kanada, dass sie ihren Ratschlag befolgt und in Quebec ein ukrainisches Restaurant eröffnet haben.

Jetzt will ich mit Margarita reden. Wir vereinbaren eine Mischung aus Interview und horoskopischer Sitzung zusammen mit meiner Frau. Ich behalte mir vor, über unser Treffen zu schreiben. Margarita ist einverstanden unter dem Vorbehalt der Anonymität, weshalb ich ihren Namen geändert habe. Natürlich bin ich etwas aufgeregt. Was wird sie über mich wohl wissen? Selbstverständlich habe ich Geheimnisse, die ich mit niemandem teilen möchte. Und ist es nicht ein Fehler, meine Frau mitzunehmen?

Um das Medium milde zu stimmen, kaufe ich feines Konfekt, den teuersten Kaffee und die beste Schokolade. Aber sie schaut sich meine Geschenke gar nicht an, legt die Tüte beiseite. Bestechlich ist sie also nicht. Die erste Überraschung ist ihre Wohnung. Der Flur ist zwar in einem seltsamen Blau gestrichen, aber sonst ist keinerlei Schnickschnack zu sehen, keine astrologischen Accessoires.

Es gibt offenbar zwei Zimmer, sie weist uns ins das größere, das etwa fünf mal drei Meter misst. An der Wand hängt ein roter Teppich, wie in vielen anderen Wohnungen auch. Margarita bittet uns, auf dem Sofa Platz zu nehmen, serviert Kaffee.

Wir sitzen uns gegenüber, sie schaut mir in die Augen und fragt, ob sie mich duzen darf. Wenn es ihr das Erkennen erleichtert, bitte schön. Hypnotisieren lasse ich mich aber nicht, ich halte ihrem Blick stand. Sie fragt mich, ob mein Großvater hier in der Gegend mit der Wehrmacht gewesen sei, ob als Offizier. Genau weiß ich das nicht, aber es ist gut möglich, denn er hat sich meines Wissens freiwillig zur Armee gemeldet und ist bei Stalingrad »gefallen«, und viele Truppen der Wehrmacht fuhren über Poltawa dorthin. Das sage ich Margarita auch, noch habe ich nichts zu verbergen. Margarita blickt mir über die Schulter und behauptet, einen Engel zu sehen, der mein Großvater sei. Er spräche zu ihr, aber auf Deutsch, ich soll seine Worte übersetzen. Demnach bedauere er, dass ich in meiner Kindheit in einem schrecklichen Haus leben musste, es tue ihm leid, dass er mich nicht retten konnte. Tatsächlich war meine Kindheit grässlich, damit hat sie oder hat er recht. Gleichzeitig lobt der Großvater mich angeblich, ich sei auf einem guten Weg und solle weiterhin den Menschen hier in der Ukraine helfen und meine ukrainische Familie beschützen. Versprochen, mache ich! Aber beeindruckt bin ich nicht. Meine Frau hat Margarita schließlich erzählt, dass ich bedürftigen Freunden helfe, obwohl ich selbst nur wenig besitze. Margarita kann mich auch im Frühstücksfernsehen gesehen haben, wo ich von unseren Initiativen berichtete, wir organisieren beispielsweise ein Kinofest für Kinder und einiges mehr. Und das Schicksal meines toten Großvaters interessiert mich eigentlich nicht besonders, zumal ich die Behauptung nicht überprüfen kann, dass er nicht bei Stalingrad getötet wurde, sondern in Gefangenschaft starb und dass es irgendwo in Russland sogar einen Grabstein mit seinem Namen geben soll.

Wie es das Klischee will, hatte er meiner Großmutter aus Paris Seidenstrümpfe und aus Polen eine Gans geschickt, so erzählte es unsere Großmutter. Als Kind hatte mich gewundert, wie schnell die Post gewesen sein muss, dass man eine Gans aus Polen schicken konnte, ohne dass diese verdorben ankam. Ebenso verstand ich als Kind nicht, weshalb mein Großvater bei seinem letzten Urlaub auf dem Bahnhof in Berlin sich von meiner Großmutter mit der Prophezeiung verabschiedet hatte, er werde nicht zurückkommen, weil er zurück in diesen Kessel von Stalingrad müsse und es daraus kein Entrinnen gebe. Weshalb hat er sich dann nicht versteckt, statt brav die Befehle zu befolgen?

Von Margarita möchte ich wissen, wann sie ihre Fähigkeit entdeckt hat, mit Engeln sprechen zu können, etwa schon in der Kindheit? Nein, als erwachsene Frau. Sie war in den Karpaten bei einer Familie zu Gast und protestierte dagegen, dass zuerst die Männer Fleisch bekamen. Vor allem war sie erbost darüber, dass in einer Ecke ein altes Großmütterchen saß und von niemandem beachtet wurde. Sie verlangte, die Großmutter solle zuerst Fleisch bekommen. Ihr Herz befahl ihr, die Traditionen zu verachten. Und die Großmutter befahl ihr, mit ihr zusammen einen hohen Berg zu besteigen. Margarita schimpfte über den anstrengenden Aufstieg, aber die Großmutter befahl ihr zu schweigen und prügelte sie sogar mit dem Stock, damit sie stille sei. Oben auf dem Berg lehrte die Großmutter sie zuerst ein Gebet. Und dann das Reden mit den Engeln.

Margarita schickt meine Frau in die Küche. Sie möchte mir die Karten legen. Die erste Karte zeigt einen Ritter, der über Felsen reitet. Ich werde noch viele Kämpfe austragen, immer unterwegs sein, noch viel schreiben, erklärt sie. Allerdings werde ich nur eine kleine Rente bekommen. Auch damit hat sie recht, nach derzeitiger Auskunft der Rentenversicherung werden es wohl 450 Euro sein. Die nächste Karte soll das Verhältnis zu meinem Sohn beschreiben. Demnach soll ich ihn noch einige Jahre beschützen und Ordnung lehren, später wird er es mir durch ewige Treue danken. Ich soll ihn aber bald rechtmäßig adoptieren. Alle Karten beweisen angeblich meine Kraft und meine enormen Fähigkeiten. Auch werde ich lange leben. Wer hört das nicht gern?

Meine Frau kommt in den Karten nicht vor, weshalb sie, nachdem Margarita sie wieder ins Zimmer gerufen hat, ängstlich fragt, ob sie etwa kein langes Leben haben und so früh wie ihre Schwester sterben werde. Offenbar hat sie in der Küche einiges gehört. Weil Margarita eine gute Hexe ist, prophezeit sie auch ihr ein langes Leben. Meine Frau ist beruhigt und will wissen, ob ich echte Freunde in Poltawa habe oder ob ich für alle nur eine leicht zu melkende »Milchkuh« bin. Jetzt wird es schwierig, denn ich mag meine Freunde und kann nicht glauben, dass sie mich hintergehen. Doch ein Freund hat vor einigen Tagen in der *Banja* über mich gespottet, als er mich außer Hörweite glaubte. Deshalb war ich einverstanden, auch ihn überprüfen zu lassen. Meine Frau zeigt Margarita ein Foto von ihm. Margarita schimpft und flucht und nennt ihn einen Teufel. Er will ihrer Meinung nach nur von mir zum Saufen eingeladen werden. Ich widerspreche ihr nicht, obwohl ich überzeugt bin, dass es nicht stimmt. Schließlich habe ich durch ihn auch viel über die Ukraine gelernt.

Der nächste Freund, an dessen Loyalität meine Frau manchmal etwas zweifelt, ist ein Künstler, er fertigt Keramiken und Skulpturen an. Von ihm haben wir kein ausgedrucktes Foto, dafür hat meine Frau einen Becher mitgebracht, den er geformt, gebrannt und bemalt hat. Margarita dreht den Becher wie einen Kreisel, horcht auf den Klang und beruhigt meine Frau. Der Künstler sei ein echter Freund. Dass er ein Spottlied über mich beziehungsweise meinen dicken Bauch sang, war demnach ein Freundschaftsbeweis, Ausdruck männlichen Humors, der eben manchmal etwas deftig sei. Obwohl ich ja eigentlich nicht an Margaritas Fähigkeiten glaube, freut mich doch dieses Urteil.

Vom dritten Freund hat meine Frau ein Buch mitgenommen, auf dessen Rückseite dessen Foto abgebildet ist. Es ist ein Buch mit Fotos vom Krieg im Donbass, in dem der Freund drei Jahre gedient und seine Kameraden fotografiert hat. Margarita schlägt das Buch auf und beginnt zu schreien und zu weinen. Es schüttelt sie, sie schlägt die Hände vors Gesicht. Einen der Soldaten kannte sie persönlich, er ist dort getötet worden. Sie flucht über diesen Krieg, in dem auch Jungs aus Poltawa sterben müssen. Sie möchte das Buch gerne einige Tage behalten, aber dann will sie es doch nicht haben, es würde ihr zu sehr wehtun. Das Foto des Freundes schaut sie sich gar nicht lange an. Natürlich wird der mich nicht betrügen, befindet sie. Doch mit dieser Prophezeiung wird sie sich schwer irren.

Mit meiner Frau schimpft sie, sie solle nicht so misstrauisch sein und solle sich eine Arbeit suchen und mir ein bequemes Leben bereiten. Sie benutzt Worte, die man sonst eigentlich nur von Männern hört, entschuldigt sich und lacht. Immer wieder blickt sie über unsere Schultern und spricht mit unseren Engeln. Zum Schluss gebe ich ihr einige Fotos aus meiner Jugendzeit. Bei einem Foto stutzt sie, sie zeigt auf einen Mann und urteilt, dieser sei ein Teufel, vor dem solle ich mich hüten. Auch diesem Urteil stimme ich zu.

Kein Zweifel, ihre Menschenkenntnis ist beeindruckend. Und man kann schon Furcht bekommen, wenn sie einen fixiert und den Eindruck erweckt, man sei ein offenes Buch für sie. Sie durchsetzungsstark zu nennen, ist noch eine Untertreibung. Als wir noch mit ihr in einem Haus lebten, habe ich vom Balkon aus oft erlebt, wie sie mehrere in unserem Hof rauchende und trinkende Männer allein mit ihrem Geschimpfe in die Flucht schlug. Als Medium und »Hexe« übt sie die Funktion einer Sozialtherapeutin und Lebensberaterin aus. An den Hokuspokus glaube ich dennoch nicht. Dass man Engel sehen kann, dass tote Großväter sprechen, entzieht sich meiner Vorstellungskraft. Aber ich bin ja auch kein Medium. Offenbar sind, zumindest in der Ukraine, nur Frauen mit dieser Fähigkeit gesegnet.

Als ich im Bus nach Hause fuhr, fiel mir jedenfalls auf, dass es ein seltsamer Widerspruch ist, wenn mein seit Jahrzehnten toter Großvater oder dessen Geist noch sprechen können, aber nur deutsch, kein Russisch, wenn er noch lange in Russland gelebt haben soll.

53. Grund

Weil Ukrainer Schönheit, Stil und Eleganz schätzen

Es war ein Schock, der schon etliche Jahre zurückliegt, doch ich habe ihn bis heute nicht vergessen. Ich trete am frühen Morgen in Lwiw aus dem Hotel Lwiw. Vor dem Hotel stehen zwei Busse aus Großbritannien. Verschlafene junge Frauen steigen aus, fast alle in Sportanzügen gekleidet und fast alle übergewichtig. Schlanke, geschminkte

Ukrainerinnen, die meisten in hochhackigen Schuhen und kurzen Röcken, schlängeln sich an ihnen vorbei. Hier die Schönheit und Eleganz, dort die Form- und Disziplinlosigkeit. Ein Zeuge aus dem Mittelalter hätte wohl vermutet, die einen seien Königinnen, die anderen Mägde.

Ich wusste es besser und sah die Berge Pommes frites vor mir, die die Britinnen schon in sich hineingestopft hatten. Es ist ihnen egal, was andere über sie denken, sie wollen sich nicht kasteien, um für andere schön zu sein. Sie wollen nicht auf ihr Äußeres reduziert werden! Das wollen die Ukrainerinnen allerdings auch nicht. Im Gegenteil, mit ihrer Schönheit wollen sie Respekt und Anerkennung bekommen. Nie würde eine Ukrainerin beleidigt sein, wenn man ihre Schönheit lobt. Hemmungslos zu essen, das können sich die meisten ukrainischen Frauen jedoch schon aus ökonomischen Gründen nicht leisten. Sie verfügen zwar über weniger Geld für Kleidung als die Britinnen, wollen aber auf keinen Fall billig aussehende Kleidung tragen.

Doch nicht nur Frauen legen Wert auf Stil, auch viele Männer kleiden sich besser als beispielsweise meine Wenigkeit, zumindest, wenn sie nicht körperlich arbeiten müssen. Oft spaziere ich in schmutzigen Schuhen durch die Stadt und vergesse dabei, dass ich dafür verachtet werde. Ich besitze nicht einen einzigen Schlips und schon gar keine Fliege, während ukrainische Journalisten oder gar Geschäftsleute zu Treffen mit mir sehr oft sehr im Anzug mit Schlips erscheinen. Mindestens ein Mal hat eine Frau wohl ein Rendezvous mit mir beendet, weil meine Hose und mein Hemd nicht gebügelt waren. Eine andere Frau hat mich im Beisein mehrerer Bekannter ausgelacht, als sie sah, dass ich Sandalen und Socken trug. Völlig unmöglich, Stilbruch! Mir war es bequem so, ohne Socken hätte ich gefroren, in Halbschuhen hätte ich geschwitzt. Nein, für die Schönheit muss man bereit sein zu leiden.

Ukrainischen Frauen gegenüber soll man sich immer wie ein Gentleman verhalten. Wenn ich meiner Frau nicht die Hand reiche, während sie aus dem Bus oder Auto steigt, würde sie mir am liebsten die Augen auskratzen. Wenn ich ihr keinen Wein oder kein Bier einschenke, bedeutet das für sie, dass ich sie ignoriere, sie nicht liebe. Meinen Hinweis, dass sie doch eine emanzipierte Frau sei und wir eine gleichberechtigte Beziehung führen, bewertet sie als frech und als Ausrede für mangelnde Aufmerksamkeit. Wenn sie sich selbst einschenken würde, wäre sie nach ukrainischer Sitte eine Alkoholikerin, doch wenn ich es tue, leistet sie mir Gesellschaft und trinkt aus Liebe zu mir.

Das liebste Hobby meiner Frau ist es, in Secondhandshops schöne Kleidung, Schuhe und Taschen zu kaufen. Tatsächlich bin ich oft verblüfft, was sie dort für wenig Geld für Sachen kauft. Ein Kleid ohne Gebrauchsspuren oder eine Handtasche berühmter westlicher Modemarken, die im Westen mehrere Hundert Euro kosten würden, kann sie für umgerechnet 70 Cent erwerben. Wenn ich nicht begreife, wozu sie weitere Schuhe oder Handtaschen braucht, weil sie jeweils schon mehrere Dutzend besitzt, antwortet sie einfach: weil sie schön und billig sind! Sie trinkt eben keinen Wodka und raucht keine Zigaretten, dafür kauft sie schöne Dinge, und sei es, um sie zu verschenken. Erst seit ich verheiratet bin, verstehe ich, warum die meisten meiner ukrainischen Freunde und Bekannten oft viel raffinierter und eleganter gekleidet sind als ich. Fast niemand kauft chinesische Billigware, fast alle tragen hochwertige, unverwechselbare Sachen aus Mailand, London oder Paris, zumindest wenn man den eingenähten Etiketten glauben kann.

54. Grund

Weil Hamlet in Charkiw bleibt

Geniale Künstler sind, wie in allen Ländern, auch in der Ukraine selten. Einer von ihnen ist der Straßenkünstler Hamlet Sinkovsky, der die Ukraine schon auf der Biennale in Venedig vertreten hat. Sein

Vorname Hamlet ist kein Pseudonym, seine Eltern haben ihn wirklich so genannt. Die Frage nach dem Sein stellt er wahrscheinlich mit jedem seinem Bilder, etwa wenn er auf eine alte Garage eine alte Garage malt und daneben den Kommentar schreibt »Schönheit für immer«. An ein Elektrohäuschen hat er unter drei Lüftungsklappen drei Männer ohne Köpfe gemalt, darüber den Satz »Alle Probleme kommen von den Köpfen«. Auf einem anderen Bild steht ein kleiner Mann auf einer großen Hand, daneben der Spruch: »Mir scheint, ich ging selbst, aber verlor ihn«. Seine Ausstellung in Poltawa lief unter dem Titel *Autoporträts*. Er malt seine Bilder nur in Schwarz-Weiß, weil Farben für ihn Emotionen sind; er bevorzugt einen nüchternen Stil. Und er malt nur Männer und Gegenstände, aber keine Frauen. Ein Journalist aus dem Westen warf ihm deshalb vor, seine Bilder seien nicht gender-gerecht.

In ukrainischen Städten, vornehmlich in seiner Heimatstadt Charkiw, findet er genug geeignete Mauern und alte Gebäude, die er bemalen kann. Manchmal wollen Passanten wissen, warum er das mache, er könne die Bilder ja nicht verkaufen. »Damit das Leben schöner wird«, sagt er dann. Geschäftsleute haben ihm schon angeboten, die Rechte an seinen Bildern zu erwerben und einen Souvenirladen zu eröffnen, seine Bilder auf Postkarten, T-Shirts, Taschen und Teller zu drucken und zu verkaufen. Doch das möchte er nicht, dann wäre es keine Straßenkunst mehr. »Straßenkünstler sind cool, aber sobald sie in die Galerien kommen, werden sie gefickt«, erklärte er in einem Interview. »Sie hören auf, frei zu sein, und ihre Galerien töten sie.«[6] Jedoch nimmt er auch Aufträge an und lässt sich dafür bezahlen.

Im Westen möchte er nicht leben. Ein Angebot für ein zweijähriges, gut dotiertes Stipendium in Österreich hat er abgelehnt. Die Ukraine finde er schöner als Westeuropa. Die Straßenkunst werde dort zu schnell entfernt, beispielsweise in Paris habe er das gesehen. Seine Bilder in der Ukraine hingegen blieben oft jahrelang erhalten. Vermutlich fällt es ihm hier auch leichter, das Zeitgeschehen bissig zu kommentieren. Wenn er einige Steinpfosten bemalt, einen davon weiß, und darunterschreibt: »Ich hoffe, das bin ich«, dann regt das hier nach jahrzehntelangem Kollektivismus zum Nachdenken an. Im Westen würde man wohl nur die Schultern zucken und sagen: »Egoist!«

Hamlet Sinkovsky studierte in Charkiw an der Kunst-Akademie in der Fakultät für Monumentale Malerei. Vier Jahre hielt er »den Zirkus« dort aus, den sowjetischen Akademismus. Im Jahre 2007 zeigte ihm ein Freund im Internet Street Art. Es war ein Schock für ihn. Graffiti jedoch langweilen ihn. Er weist darauf hin, was ihn von Graffiti-Künstlern unterscheidet. Sie können nicht zeichnen, er aber schon. Seine Bilder sind unglaublich tiefsinnig. Sogar Philosophen diskutieren in Charkiw über seine neuen Arbeiten, zum Beispiel über seine Behauptung: »Wenn Sie etwas zum Glücklichsein brauchen, werden Sie nicht glücklich sein.« Seine Texte schreibt er auf Ukrainisch. Wer das nicht mag, der solle nach Russland gehen, sagt er. »Die ukrainische Sprache ist kein politisches Thema, sondern eine Frage der Erziehung: Sei ein Idiot oder nicht!«

Selten nur benutzt er auch andere Sprachen. Er malte beispielsweise einen Soldaten neben einem Hocker mit einer hohen Grenadiermütze auf dem Kopf, ausnahmsweise mal farbig, mit einer roten Jacke, und schrieb darüber: »Jeder an seinem Platz«. Und darunter auf Deutsch und Englisch: »Hier stehe ich und kann nicht anders (Luther)« und »Every man stand his ground«.

Es kommt auch vor, dass andere Menschen seine Werke fortsetzen. Er malte auf eine Hauswand ein Porträt eines traurigen Mannes, der sich auf seinen Arm stützt, darunter die Aufschrift: »Zeit für großartige Gedanken.« Und jemand fügte hinzu: »Über die Gefahren des Alkoholismus.«

55. Grund

Weil es so schöne Mosaike gibt

Den Menschen zwischen Lwiw und Luhansk wurde schon vieles versprochen. Bald wird der Kommunismus kommen, dann wird es kein Geld mehr geben, Milch und Honig werden fließen, jeder wird nach seinen Fähigkeiten und nach seinen Bedürfnissen leben können – so klangen die märchenhaften Erzählungen noch vor einem halben Jahrhundert. Nach dem Zusammenbruch der Sowjetunion wählten die Ukrainer die Unabhängigkeit, und jede Regierung und jeder Präsident versprachen ihnen, ehrlich für das Wohl der Menschen zu arbeiten. Doch die materiellen Möglichkeiten haben sich für viele kaum verbessert, vieles ist gleich geblieben, vor allem auf dem Land, wo etwa ein Drittel der Bevölkerung lebt.

Was die Zeiten aber überdauert hat, sind die Stein gewordenen Versprechen einer besseren Zukunft, die Mosaike an den Straßenpavillons oder Buswartehäuschen. Nachdem die schlimmsten Kriegsschäden beseitigt worden waren, wurden in der gesamten Sowjetunion solche Wartehäuschen errichtet und mit Mosaiken versehen. Laut einem Erlass des Zentralkomitees der KPdSU und des Ministerrates der UdSSR von 1955 sollte ein neuer Architekturkanon eingeführt werden, berichtet die ukrainische Kunsthistorikerin Evgeniya Molyar in einem Beitrag für das Online-Journal *Ukraine verstehen*. Fortan erhielten viele neue Gebäude »große plane Oberflächen, die für Monumentalpropaganda« genutzt werden sollten.[7]

Mit der Mosaikkunst sollte auch eine Angleichung des ländlichen mit dem städtischen Raum erreicht werden, nach dem Motto »Die Kunst kommt zu den Werktätigen«. Das Erstaunliche jedoch ist, dass die meisten Mosaike an den Wartehäuschen überhaupt keine ideologischen Motive zeigen, im Gegensatz zu den viel größeren Mosaiken an den Wänden von Universitäten und wissenschaftlichen Instituten. Dabei waren es doch nicht einzelne Künstler, die frei über die

Gestaltung entscheiden konnten, sondern es war ein »Prozess der kollektiven Erschaffung eines Kunstwerkes, die gemeinsame Arbeit von Künstlern, Architekten, Ingenieuren und Konstrukteuren, die bereits mit der Planung von Gebäuden, Architekturkomplexen oder ganzen Wohngebieten begann«, erklärt Evgeniya Molyar. »Das Sujet des Kunstwerkes wurde in der Regel von der Funktion des Gebäudes bestimmt: Arbeit für Betriebe, Sport für Sportkomplexe, Wissenschaft für Forschungsinstitute, Familie für Polikliniken.«

Die Funktion der Wartehäuschen ist es, das Warten angenehmer zu gestalten. In der Ukraine gibt es noch mindestens 10.000 solcher Mosaike an Wartehäuschen. Im Sinne der Nützlichkeit war es sicher eine norme Verschwendung, so viele Gebilde aus Buntglaswürfeln zu schaffen. Viele von ihnen zerfallen inzwischen, werden beschmiert und mit Reklamezetteln überklebt. Als etwas Besonderes werden sie von den Einheimischen selten wahrgenommen.

Die meisten »Дорожные павильоны« sind jetzt im Besitz der Busgesellschaften, die nicht genügend Geld haben, sie zu sanieren. Staatliche Aufträge für die Neugestaltung aber werden kaum noch vergeben. Der Busverkehr auf dem Lande hat stark nachgelassen, seit immer mehr Menschen sich private Autos leisten können. Seit im Jahre 2015 auch noch das »Gesetz über die Verurteilung der kommunistischen und nationalsozialistischen totalitären Regime in der Ukraine und das Verbot der Propaganda ihrer Symbolik« verabschiedet wurde, wurden weitere Mosaike mit Motiven aus der kommunistischen Ideologie zerstört, beseitigt, mit Farben überstrichen. Dabei wäre es natürlich besser, jedes Mosaik vor seiner Zerstörung von Fachleuten begutachten zu lassen und gegebenenfalls dessen Erhaltung zu ermöglichen. Natürlich nicht, um weiter kommunistische Ideologie zu propagieren, sondern um seines historischen Werts willen.

Ich selbst habe solche Mosaike immer mit dem Gefühl der Dankbarkeit fotografiert, froh darüber, dass diese Ideologie keine Macht mehr über mich hat.

Dafür werden heute viele der neu errichteten Kirchen mit Mosaiken verziert. Die ursprünglich byzantinische Kirchenkunst darf wieder zur Lobpreisung Gottes und der Heiligen verwendet werden.

56. Grund

Weil das ukrainische Kino eine spannende Zukunft hat

Wer hat den ersten Film der Welt gedreht und das Kino erfunden? Die Brüder Lumière natürlich, am 28. Dezember 1895 in Paris? Sie haben doch den ersten Cinématographe gebaut? Oder war es doch jemand anderes gewesen, vielleicht Léon Guillaume Bouly, der schon mehr als zwei Jahre zuvor ein Patent angemeldet hatte? Jedoch zahlte er 1894 die Patentgebühr nicht, so wurde der Begriff Cinématographe wieder patentfrei und im folgenden Jahr für die Brüder Lumière reserviert.

In der Ukraine ist man der Meinung, dass ein Ukrainer den ersten Film der Welt gedreht und vorgeführt habe, der Erfinder Joseph Timchenko. Zusammen mit dem Physiker Mykola Lyubimov hat er im November 1893 im Odessaer Hotel »France« eine funktionierende Filmkamera vorgestellt. *Tänzelnder Reiter* und *Speerwerfer* hießen seine Filme. Doch der russische Zar Alexander II. lehnte es ab, für diese neue Technik Patente beantragen zu lassen, obwohl ihn selbst ausländische Wissenschaftler darum baten. »Wir brauchen das nicht«, soll er gesagt haben.

Joseph Timchenko erfand auch automatische, meteorologische, physikalische und astronomische Instrumente und schuf auch die erste elektrische Uhr der Welt, die ohne Hauptuhrfeder und Pendel funktionierte. Diese gefiel dem Zaren, und er schenkte Timchenko als Dank eine goldene Uhr mit seinem eigenen Emblem.

Doch auch Joseph Timchenko war nicht der Erste unter den vielen Erfindern, die zu dieser Zeit mit der neuen Film-Technologie experimentierten. Beispielsweise waren da noch William Friese Greene und Wordsworth Donisthorpe in Großbritannien, Eadweard Muybridge in den USA, Etienne-Jules Marey in Frankreich und die Skladanowsky-Brüder in Deutschland. Nach neuesten Erkenntnissen hat aber Louis Le Prince, ein in England lebender Franzose, schon am 14. Oktober 1888 zwei kurze Filme aufgenommen, mit seiner Familie im Garten und eine Szene im Straßenverkehr. 1890 sollte es eine erste öffentliche Vorführung in New York geben. Doch Le Prince kam nie in New York an, er starb wohl einen filmreifen Tod und wurde wahrscheinlich in Paris von einem Taxifahrer ermordet. Seine Witwe glaubte, sein berühmter Kollege Thomas Edison habe ihn ermorden lassen, um einen Rivalen loszuwerden.[8]

Den ersten ukrainischen Spielfilm drehte im Jahr 1911 der Kameramann und Regisseur Danilo Sachnenko, *Saporoger Sitsch*, über die Saporoger Kosaken. Leider ist dieser Film auch heute noch aktuell. Die Ukrainer aus dem Film und die heutigen verteidigen ihr Land gegen Russland. Über die heutigen sind zu diesem Thema einige Filme auch international bekannt geworden, beispielsweise *Cyborgs* (2017) über die Verteidiger des Donezker Flughafens, *Donbass* (2019) von Sergei Loznitsa oder *Post Traumatic Rhapsody* (2018) von Pawel Kogut.

Im Jahre 1930 wurde der erste Tonfilm in der Ukraine gezeigt, ebenfalls eine Dokumentation aus dem Donbass, *Symphonie des Donbass* von Dsiga Wertow. Ein Jahr später konnte das Publikum zum ersten Mal auch die Stimmen der Schauspieler hören, im ersten Tonfilm, dem Spielfilm *Front*.

Seit dem Jahre 1919, mit dem Verlust der Unabhängigkeit, monopolisierte der Sowjetstaat das Kino in der Ukraine. Gemäß der kommunistischen Ideologie sollte nun der enthusiastische »neue Mensch« gezeigt werden, der Sieg des Proletariats. Der bekannteste, in Odessa gedrehte Propagandafilm erschien 1925, Sergei Eisensteins *Panzerkreuzer Potemkin*. Wie auch in seinem Film *Oktober* drei Jahre später stellte Eisenstein die Revolution idealtypisch dar, als Erhebung der Massen und als kollektive Wut angesichts der Verbrechen der Vorgesetzten, der herrschenden Klasse. In Wirklichkeit jedoch waren es keine »Massen«, die Revolution gemacht hatten, sondern ein paar Hundert betrunkene Soldaten und Matrosen. Auch die berühmte Treppenszene, in der zaristische Soldaten auf der Treppe zum Hafen von Odessa in eine Menschenmenge feuern und dann ein Kinderwagen die Treppe hinunterrollt, ist frei erfunden. Tatsächlich waren Eisensteins Genossen, Auftraggeber und Finanziers, viel brutaler als die Zaren und ihre Richter und Offiziere. Aber der Kitsch über die Gleichheit aller Menschen ist geschickt gemacht und effektvoll montiert, deshalb findet vor allem der *Panzerkreuzer*-Film bis heute seine Liebhaber und Nachahmer.

Im Jahre 1926 wurde in Odessa das erste ukrainische Filmstudio eröffnet, das bald zu einem der größten der Welt werden sollte. Einer der ersten Regisseure dort war Oleksandr Dowschenko. Im Bürgerkrieg hatte er anfangs gegen die Bolschewiki gekämpft, dann hatte er im letzten Moment (1919) die Seiten gewechselt. In seinem Film *Arsenal* war der bolschewistische Hauptheld dann unsterblich, die feindlichen Kugeln prallten von ihm ab. In seinen späteren Filmen überwand Dowschenko das revolutionäre Pathos, sein wichtigstes Thema wurde immer mehr seine Heimat Ukraine. In der Filmerzählung *Brennende Ukraine* zeigt er die Schrecken des deutschen Besatzungsregimes. Stalin gefiel dieser Film aber nicht und verbot seine Aufführung. Dennoch erhielt Dowschenko auch Stalin-Preise für seine Filme. Er schrieb auch Romane und Erzählungen über die Ukraine, die aber erst nach seinem Tod 1956 erscheinen konnten. Seine Ehefrau Julija Solnzewa konnte sie jedoch in den 1960er-Jahren verfilmen und erhielt dafür bei den Filmfestspielen in Cannes den Preis für die Beste Regie. Und die Filmstudios in Kiew wurden 1957 nach Oleksandr Dowschenko benannt.

Erst während der sogenannten »Tauwetter-Periode« vom Tod Stalins bis zur Entmachtung Nikita Chruschtschows konnten wieder viele Filme mit ukrainischen Geschichten produziert werden. Es entstand das »ukrainische poetische Kino« mit Filmen wie *Schatten vergessener Ahnen* von Juri Iljenko (1965), *Steinkreuz* von Leonid Osyka (1968) oder *Treue* von Pjotr Todorowski (1966).

Die reaktionäre Politik in der Breschnew-Epoche unterdrückte dann wieder das kreative Verhältnis ukrainischer Filmemacher zur Heimat. Regisseure wie Sergei Parajanov und Juri Iljenko wurden jahrelang vom Kino und aus dem öffentlichen Leben ausgeschlossen. Das Meisterwerk *Langer Abschied* (1971) von Kira Muratova wurde verboten. Harmlose Stoffe konnten jedoch in guter Qualität verfilmt werden. Historische Abenteuerfilme wie *D'Artagnan und die drei Musketiere* (1978) von Georgi Yungvald-Khilkevich und *Robinson Crusoe* (1972) von Stanislaw Goworuchin waren auch international erfolgreich. *Das Leben und die erstaunlichen Abenteuer des Robinson Crusoe,* so der vollständige Titel der Literaturverfilmung vom Filmstudio Odessa kam 1974 in die Kinos der DDR, wurde 1976 erstmals vom DDR-Fernsehen ausgestrahlt und ein Jahr später auch von der ARD. Das Kino in der Ukraine suchte zu dieser Zeit nach eher »neutralen« politischen Genres, etwa populärwissenschaftlichen Filmen, unter ihnen wahre Meisterwerke des Genres wie *Die Sprache der Tiere* von Felix Sobolew. Ebenfalls unglaublich erfolgreich und auf Weltniveau waren ukrainische Zeichentrickfilme.

Während der Perestroika unter Gorbatschow erkämpfte man sich relative »Redefreiheit«. Es konnten nun endlich Filme produziert werden, die sich mit aktuellen sozialen Problemen befassten und auch international anerkannt wurden, etwa *Das asthenische Syndrom* (1989) von Kira Muratowa, *Die Geißel Gottes* (1988) von Oleg Fialko oder *Die Zone* (1989) von Juri Iljenko.

In den 1990er-Jahren wurden weniger Filme produziert. Private Fernsehsender erhielten Lizenzen, ausländische Serien waren beliebt, vor allem brasilianische und US-amerikanische Seifenopern.

Die Anzahl der in der Ukraine gedrehten Spielfilme sank von 45 im Jahr 1992 auf 4 im Jahr 2000. Etwa die Hälfte der Filme wurden in russischer Sprache gedreht, um sie auch auf dem größeren russischen Markt verkaufen zu können. Die Zahl der Kinobesucher sank von 52 Millionen im Jahr 1990 auf 5 Millionen im Jahr 1999.

Seit 2010 hat die Filmproduktion wieder zugenommen. Mit der Entwicklung neuer Technologien und der Kostensenkung ist die Anzahl der Kurzfilme erheblich gestiegen. Eine neue Generation von Filmemachern ist in das ukrainische Kino gekommen. Regisseurin Maryna Vroda etwa drehte den 15-minütigen Film *Cross* (2011), der bei den Filmfestspielen von Cannes mit der Goldenen Palme ausgezeichnet wurde.

Die Situation änderte sich dramatisch nach der »Revolution der Würde« 2014. Eine Zeit der Renaissance der ukrainischsprachigen Kultur begann. Ukrainische Filme waren nun auch kommerziell erfolgreich. Wenn im Jahr 2011 in ukrainischen Kinos nur ein einziger ukrainischer Film gezeigt wurde, so waren es 2017 bereits 47, die teilweise mit staatlicher Finanzierung produziert werden konnten. So wurde 2018 ein Rekordbetrag von 1 Milliarde Hrywnja für die Filmproduktion bereitgestellt. Im Jahr 2011 belief sich das Finanzierungsvolumen auf 95 Millionen Hrywnja, also weniger als ein Zehntel. Zum ersten Mal in der Geschichte gehörten ukrainischen Filme 2018 zu den Top 20 der Filme mit den höchsten Einnahmen im heimischen Filmvertrieb. Nach Ansicht des Chefs von Derzhkino, Philip Iljenko, sind die Aufstockung der staatlichen Mittel, die Ablehnung russischer Inhalte und die Unterstützung der Filmindustrie die Hauptgründe für den gegenwärtigen Erfolg des ukrainischen Kinos.

Der Film *The Tribe* von Miroslav Slaboshpitsky über einen gehörlosen Jungen wurde in 40 Ländern gezeigt und mit dem Europäische Filmpreis für den Besten Nachwuchsfilm ausgezeichnet. Und der ukrainische Regisseur Sergei Loznitsa gewann 2018 für den Film *Donbass* den Cannes-Preis für die beste Regiearbeit.

Das so alte ukrainische Kino mit seiner komplexen dramatischen Geschichte hat nun endlich große Möglichkeiten, weshalb man für die Zukunft gespannt sein darf, welche Filme erscheinen werden. Die Filmemacher sind gut ausgebildet, viele haben Zusatzstudien im

Ausland absolviert. Dramatische Stoffe gibt es angesichts des Krieges und der vielen unvorhersehbaren Ereignisse der letzten Jahre im Überfluss.

57. Grund

Weil Andrej Kurkow Präsidenten und Obdachlose mit der gleichen Würde ausstattet

Wer wissen möchte, wie Ukrainer in den letzten Jahrzehnten gelebt haben, kann sich das mit den Romanen des Schriftstellers Andrei Kurkow sehr gut vorstellen. Man überlebt irgendwie und kämpft sich durch in der post-sowjetischen Epoche, von Tag zu Tag, und fühlt sich oft wie eine Figur von Franz Kafka. Das nächste Dorf ist unerreichbar, ebenso das Schloss, in dem man gut bezahlte Aufträge bekommen könnte, oder das Gericht, von dem man zum Tode verurteilt wird. Die Mafia, böse Mächte, Zufall, wer will das schon so genau wissen? Die Richter urteilen nicht, sie lesen die Urteile nur vor.

Andrei Kurkows bekanntester Roman ist *Picknick auf dem Eis*, ein internationaler Bestseller. Die Hauptfigur Viktor verdient sich seinen Lebensunterhalt, indem er für eine große Tageszeitung Nachrufe über Berühmtheiten schreibt, die allerdings noch gar nicht gestorben sind. An und für sich ist es übrigens gar nicht ungewöhnlich, dass große Zeitungen solche Nachrufe schon bestellen, wenn die Betreffenden noch leben, jedoch schwer krank oder sehr betagt sind und ihr baldiges Ableben zu erwarten ist. Viktors Pech ist es, dass seine Berühmtheiten äußerst zählebig sind und seine brillanten Nachrufe deshalb nicht veröffentlicht werden, was ihn als ehrgeizigen Autor natürlich traurig stimmt. Bei einem Glas Wodka redet er sich einem Bekannten gegenüber den Schmerz von der Seele. Und siehe da, der Bekannte erweist sich als Gauner mit goldenem Herzen, der seinem Saufbruder offenbar bei der Veröffentlichung der Nachrufe helfen möchte, weshalb es doch zu allerlei Todesfällen kommt. Viktor lebt in seiner Wohnung zusammen mit einem Pinguin namens Mischa, den der Kiewer Zoo nicht mehr ernähren konnte und den Viktor aufgenommen hat und ernährt, und den er am Ende des Buches in eine natürlichere Umgebung bringt.

Abgesehen von den wohldosierten dramatischen Handlungen sind Andrei Kurkows Romane aber auch deshalb spannend, weil er seine Figuren genau betrachtet und weil man deshalb beim Lesen auch viel über sich selbst lernt. Alle Menschen haben Ängste und Geheimnisse, jedem kann jederzeit ein Ziegelstein oder eine Drohne auf den Kopf fallen oder ein Mörder begegnen.

Während *Picknick auf dem Eis* als soziale Studie in der Tradition der *Arme Leute* von Fjodor Dostojewski verortet werden kann, ist *Die letzte Liebe des Präsidenten* ein Roman über die Macht – über einen Präsidenten, der kein Tyrann ist, sondern traurig und schwach, Gefangener seiner Mitarbeiter. Selbst sein Lieblingssofa klaut man ihm, und kein Befehl kann bewirken, dass es gefunden und zurückgebracht wird. Der Präsident ist einsam und kann niemandem vertrauen. Doch nicht nur sind seine Möglichkeiten viel geringer, als normal sterbliche Menschen vermuten würden. Auch ihn hat »das Schicksal« schon hart bestraft. Er wurde Vater von Zwillingen, die kurz nach der Geburt starben. Danach läuft er durch eine innere Hölle, im Schock, im Wahn. Die geliebte Frau entfremdet sich ihm und liebt bald eine Prostituierte von der Straße mehr als ihn. Als Präsident muss er zudem mit einem fremden Herzen leben, das ihm eingepflanzt wurde, ohne dass man ihn um sein Einverständnis fragen konnte. Aber vielleicht haben seine Gegner ihm bei dieser Gelegenheit auch einen Chip in die Brust gesetzt, mit dem man ihn fernsteuern kann.

Für diesen Roman hat Kurkow eine sehr innovative Form gewählt; er hat drei Zeiten und Handlungsstränge miteinander verknüpft. Man sieht den Präsidenten in drei Lebensabschnitten, in seiner Jugend vom Mai 1975 bis zum Oktober 1992, Anfang der

2000er-Jahre als anpassungsbereiten Bürokraten und von 2013 bis 2015 als formell mächtigsten Menschen des Landes. Eine Chronik der Ukraine der letzten Jahrzehnte!

Andrei Kurkow lebt seit frühester Kindheit in Kiew, dort studierte er Fremdsprachen. Sieben Fremdsprachen kann er nach eigenen Angaben derzeit sprechen. Seine Romane schreibt er auf Russisch. In seinen Tagebüchern und Interviews hat er auch den Euromaidan in Kiew beschrieben. Die Protestierenden wollten vor allem neue, nachvollziehbare Regeln, meint er.

»Diese Regeln sollten in einen einfachen Satz passen. Wie die biblischen Gebote: Du sollst nicht töten, du sollst nicht stehlen usw.«

58. Grund

Weil Taras Schewtschenko die Ukraine liebte

»Wir treffen uns hinterm Rücken von Taras Grigorowitsch«, sagt meine Bekannte Lena am Telefon. Taras Grigorowitsch Schewtschenko gilt als der bedeutendste ukrainische Dichter und als Begründer der modernen ukrainischen Literatursprache. Sein Rücken, das ist der Rücken des Denkmals, das von dem ukrainischen Bildhauer und Filmregisseur Iwan Kawaleridze in den 1920er-Jahren gegenüber dem Heimatmuseum in Poltawa errichtet werden konnte, als die Bolschewiki kurze Zeit eine Politik der Ukrainisierung betrieben, um sich das Wohlwollen der Bevölkerung zu sichern. Das mehrere Meter hohe Denkmal besteht aus Stahlbeton und symbolisiert einen Grabhügel, auf dem die Figur des Dichters platziert ist. Auch heute noch wirkt das im konstruktivistischen Stil errichtete Monument erstaunlich zeitlos und modern. Und es ist ein beliebter Ort für Verabredungen.

In jeder Stadt der Ukraine wurden Straßen, Plätze, Theater und Museen nach dem Dichter benannt. In Kiew trägt die bekannteste

Universität seinen Namen, außerdem ein Boulevard, ein Park, ein Museum, ein Opernhaus. Jährlich wird auch ein Schewtschenko-Preis an verdiente Künstler verliehen, die höchste Auszeichnung der Ukraine in Kultur und Kunst. Taras Schewtschenko wurde 1814 als Leibeigener in einem Dorf in der Region Tscherkassy geboren. Sein Besitzer nahm den begabten jungen Mann als Diener und Hausmaler mit nach Sankt Petersburg. Dort lernte Taras bedeutende Künstler kennen. Sie wollten ihn freikaufen, doch sein Besitzer verlangte einen unverschämt hohen Preis von 2.500 Rubel. So veranstalteten Schewtschenkos Freunde im April 1838 eine Lotterie über diesen Betrag, bei der ein Gemälde von Karl Brjullow, eines Russen französischer Abstammung, der Hauptpreis war. Danach konnte Schewtschenko als relativ freier Mensch an der Kunstakademie studieren, kurz darauf erschien seine erste Gedichtsammlung *Kobsar*, die neben der Bibel das wichtigste Buch für viele Ukrainer werden sollte.

Weil er seine Gedichte aber auch auf Ukrainisch schrieb, die Leibeigenschaft und die Monarchie kritisierte, sich für eine unabhängige Ukraine einsetzte und die Zarin in einem Gedicht verspottete, bestrafte ihn 1847 Zar Nikolaus I. zu lebenslangem Dienst bei der Armee und verbot ihm das Schreiben. Doch er ignorierte das Schreibverbot. Nach einer Denunziation wurde er verhaftet und ans Kaspische Meer verbannt. Erst nach dem Tod des Zaren erreichten einflussreiche Freunde seine Begnadigung. Er durfte 1857 nach Sankt Petersburg zurückkehren, wurde aber weiterhin von der Polizei überwacht. Nach vielen Bittschreiben und Bettelgängen erhielt er die Erlaubnis, in seine geliebte Ukraine zu fahren. Dort wollte er sich ein Stück Land und ein Haus kaufen, aber er wurde nach einer erneuten Denunziation wieder verhaftet und zurück nach Sankt Petersburg geschickt.

Gestorben ist er 1861 am Morgen nach seinem 47. Geburtstag. Bei seiner Beerdigung erwiesen ihm auch russische Dichter wie Dostojewski, Turgenjew und Nekrassow die letzte Ehre. Gemäß seinem Testament wurde seine Asche in seine Heimat gebracht.

Außer seinen Gedichten und Erzählungen sind auch etwa 850 seiner Gemälde und Zeichnungen erhalten geblieben. Die Ukraine, von der er träumte, sollte das Land sein, »wo kein Herrscher herrscht, wo keine Ketten sind, wo keine Peitschen sind, wo die jungen Männer nicht zur Armee getrieben werden, wo die Frauen deswegen nicht weinen müssen, die Mütter«.

Für das ukrainische Nationalbewusstsein wurden seine Werke zu einer mächtigen Quelle der Inspiration. Als erster ukrainischer Dichter setzte er sich auch für die Freiheit der Frauen in der Gesellschaft ein. Lieder nach seinen Gedichten wurden auch während der Euro-Revolution in Kiew gesungen.

Eine Ironie der Geschichte ist, dass der damalige Präsident Janukowytsch den Geburtstag Taras Schewtschenkos am 9. März zum Tag der nationalen Einheit ernennen wollte. Doch einige Tage vorher, am 22. Februar 2014, erklärte das ukrainische Parlament ihn nach seiner Flucht für abgesetzt, und er wurde zur internationalen Fahndung ausgeschrieben. Daraufhin bat Janukowytsch den Präsidenten Russlands in einem Brief, russische Streitkämpfe in die Ukraine zu schicken, um dort »Recht und Ordnung« wiederherzustellen. Die Ukraine, von der Taras Grigorowitsch Schewtschenko geträumt hatte, war nicht sein Ziel gewesen.

59. Grund

Weil Ukrainer niemals aufgeben

Meldungen wie diese vom 16. September 2016 verblüffen mich immer wieder: »Die ukrainischen Behindertensportler sind weiterhin erfolgreich bei den Paralympics in Rio de Janeiro. Nach acht Wettkampftagen haben die Athletinnen und Athleten aus der Ukraine insgesamt 92 Medaillen gewonnen. Die Ukraine ist somit auf dem Platz drei im Medaillenspiegel – nach China und Großbritannien.«

Wieso sind ausgerechnet Ukrainer im Behindertensport so erfolgreich? Das sind doch auch teure Sportarten? Um solche Spitzenleistungen vollbringen zu können, muss es staatliche oder private Förderungen geben, effektiv helfende Organisationen, behindertengerechte Transportmittel und Infrastruktur, selbstlose Helfer, hochwertige Ausrüstungen – und natürlich Athletinnen und Athleten, die mit enormer Willenskraft extrem hart trainieren. All das vermutet man in der Ukraine eigentlich eher nicht. Die meisten öffentlichen Transportmittel sind trotz eindeutiger Gesetze noch immer für Rollstuhlfahrer ungeeignet, ebenso viele Zugänge zu Geschäften, obwohl sich in letzter Zeit in dieser Hinsicht einiges gebessert hat. Fußwege sind holprig und voller tiefer Löcher und im Winter vereist, sodass es ungemein schwer ist, dort mit dem Rolli zu fahren. Und das Bewundernswerte an den Sportlern ist ja, dass sie sich nicht mit ihren Schicksalen und Einschränkungen zufrieden geben, nicht im Selbstmitleid baden oder mit Alkohol ihre Schmerzen betäuben, sondern diszipliniert und fleißig leben und trainieren.

Die Ukraine hat bei Paralympischen Spielen seit ihrem Debüt in Atlanta im Jahre 1996 unglaubliche 257 Medaillen gewonnen. 84 mal Gold, 78-mal Silber, 95-mal Bronze. Besonders im Schwimmen sind ukrainische Sportler erfolgreich gewesen, allein in diesen Disziplinen gewannen sie 44 Gold-, 38 Silber- und 44 Bronzemedaillen. Der Schwimmer Maksym Veraksa ist in Einzelveranstaltungen der erfolgreichste paralympische Sportler der Ukraine mit sieben Goldmedaillen. Auch das Team der ukrainischen Männerfußballmannschaft feierte beeindruckende Erfolge und gewann bei den letzten vier Paralympischen Spielen jeweils eine Medaille, 2004 und 2008 sogar die Goldmedaille.

Ebenso sind ukrainische Sportler bei den Paralympischen Winterspielen sehr erfolgreich gewesen, 90 Medaillen gewannen sie da, davon 20 goldene. Die Sportlerin Olena Iurkovska ist die erfolgreichste Ukrainerin, sie holte 18 Medaillen im Langlauf und Biathlon, davon fünf goldene.

Der Krieg Russlands gegen die Ukraine wirkt sich auch auf den Sport aus. Im Jahre 2017 nahmen Ukrainer erstmals an den Invictus Games teil – Spiele für Sportler, die durch militärische Kampfhandlungen zu Invaliden geworden sind. Nach Angaben der Streitkräfte der Ukraine wurden seit Beginn des Krieges im Donbass fast 5000 ukrainische Soldaten verletzt. Sport kann die Rehabilitation verletzter Soldaten ermöglichen und erleichtern. 28 ukrainische Kriegsinvaliden reisten 2017 zu den Invictus Games nach Toronto und gewannen 14 Medaillen. An sieben von zwölf Disziplinen nahmen sie teil, im Laufen, Schwimmen, Bogenschießen, Radfahren, Ergometerrudern, Sitzvolleyball und Powerlifting, ein Dreikampf mit den Disziplinen Kniebeugen, Bankdrücken und Kreuzheben. Der erfolgreichste ukrainische Teilnehmer war der Soldat Pawlo Budajewskyi, der im Schwimmen vier Goldmedaillen gewann, das Finale im 50-Meter-Freistil, im 50-Meter-Rückenschwimmen, über 100 Meter Freistil und 50 Meter Brustschwimmen.

Auch abseits Olympischer Spiele oder internationaler Wettkämpfe erreichen behinderte ukrainische Sportler fantastische Leistungen. So schaffte der gelähmte Sportler Oleg Iwanenko einen unglaublichen Weltrekord, als er im Juni 2017 einen Ironman-Triathlon über eine Strecke von 228 Kilometern absolvierte und dabei 35 Stunden ohne Schlaf auskam. Unversehrte Teilnehmer des Ironman schwimmen vier Kilometer, fahren dann 182 Kilometer mit dem Fahrrad und laufen schließlich einen Marathon. Oleg Iwanenko kann nicht Fahrrad fahren und nicht laufen, deshalb fuhr er diese Entfernungen mit zwei Arten von Rollstühlen. In der Nacht machte er jeweils drei Stopps von je 15 Minuten.

»Ich habe viereinhalb Monate damit verbracht, mich auf den Triathlon vorzubereiten«, erzählte Oleg Iwanenko anschließend den Reportern. »Natürlich war es auf Dauer ein bisschen schwer, aber ich bin ein sturer Mann und zweifelte keinen Moment daran, dass ich mein Ziel erreichen würde. Der Körper überlebte, die Haut an den Händen – auch.«

Im Alter von 16 Jahren erlitt Oleg einen schweren Unfall beim Tauchen. Drei Viertel seines Körpers funktionieren nicht. Aber er studierte an einer Universität Jura und wurde zu einem erfolgreichen Notar, dem Inhaber einer Anwaltskanzlei.

Man sieht, es gibt Ukrainer, die niemals aufgeben und die enorme Willenskräfte entwickeln. Insofern stehen sie beispielhaft für die ukrainische Mentalität und Nation.

60. Grund

Weil die Ukrainer Fußballweltmeister sind

Sensation! Die Ukrainer sind zum ersten Mal Fußballweltmeister! Im Finale besiegen sie Südkorea mit 3:1. Titelverteidiger England hatte nicht einmal die Qualifikation geschafft, Deutschland auch nicht. Das ist kein Märchen aus der Zukunft, sondern wirklich und wahrhaftig passiert im Jahre 2019. Leider nicht bei den erwachsenen Männern, sondern bei den bis 20-Jährigen, bei der Jugend-WM. Aber dennoch ein Erfolg, über den man sich in der Ukraine sehr freute. »Wenn wir jetzt die stärkste Jugendmannschaft der Welt haben, warum sollen wir dann in einigen Jahren nicht auch »richtiger« Fußballweltmeister werden?« Man wird ja wohl noch träumen dürfen!

In anderen Sportarten waren Ukrainer schon oft erfolgreich, zum Beispiel im Schach. Da schaffte der geniale Ukrainer Wassyl Iwantschuk einen der verrücktesten Rekorde der Sportgeschichte. Er gewann in fünf unterschiedlichen Ländern nationale Mannschaftsmeisterschaften, in Schweden, in den Niederlanden, in Spanien zwei Mal, in Frankreich und in Belgien. Außerdem spielte er für russische, deutsche (SC Remagen und SG Trier), polnische, britische, chinesische Vereine. Und mit dem Team der Ukraine gewann er Weltmeisterschaften und Olympische Spiele, mit der Sowjetunion die Schacholympiade.

Wassyl Iwantschuk lebt auf einem Planeten, auf dem nur er lebt, sagen seine Schachfreunde. Er gilt als einer der kreativsten Spieler seiner Epoche. Viele trauten ihm zu, er werde Garri Kasparow als Weltmeister ablösen. Iwantschuk war Zweiter der Weltrangliste, von Juli 1991 und im Juli 1992. Viele der schwersten Einzelturniere konnte er gewinnen, darunter die Europameisterschaften.

Die berühmtesten ukrainischen Champions waren in den letzten Jahrzehnten sicherlich die Boxer und Brüder Wladimir und Vitali Klitschko, die mehrfach Weltmeister im Schwergewicht wurden. Dem älteren Bruder Witali half seine Popularität als Sportler, Bürgermeister von Kiew zu werden, nachdem er sich aktiv am Euromaidan in Kiew beteiligt hatte.

Ein Nationalheld in der Ukraine ist der Boxweltmeister und Olympiasieger (2012) Oleksandr Ussyk. Er hat bisher noch nie einen Profikampf verloren und ist der erste Boxer der Geschichte, der in seiner Gewichtsklasse Cruiser in allen vier Boxverbänden (WBO, WBC, WBA und IBF) Titelträger ist. Obwohl die heute von Russland annektierte Stadt Simferopol auf der Krim seine Heimatstadt ist, erklärte er nach der Annexion der Halbinsel, dass er niemals die russische Staatsbürgerschaft annehmen werde und weiterhin die Krim als einen Teil der Ukraine betrachte.

Der berühmteste und erfolgreichste ukrainische Leichtathlet war Serhij Bubka, der 1988 in Südkorea Olympiasieger im Stabhochspringen und sechsmal in Folge Weltmeister wurde und sagenhafte 35 Weltrekorde aufstellte. Als erster Mensch übersprang er sechs Meter, insgesamt schaffte er das 43 Mal. Nach dem Ende seiner Karriere arbeitete auch er als Politiker, von 2002 bis 2006 war er Abgeordneter im ukrainischen Parlament für die Partei der Regionen von Wiktor Janukowytsch. Er löste Janukowytsch sogar als Vorsitzenden ab – des Nationalen Olympischen Komitees der Ukraine. Als Bankdirektor arbeitete er ebenfalls, dabei war er nicht so erfolgreich wie im Sport, die vom ihm geleitete Kiewer Bank musste im Juli 2009 als Folge der Finanzkrise verstaatlicht werden.

61. Grund

Weil ein Saporoger Kosake der stärkste Mann der Welt war

Eines Tages kommt meine Frau von der Datscha und berichtet ganz aufgeregt, wen sie kennengelernt habe. Den Enkel eines berühmten Menschen, des wahrscheinlich stärksten Ukrainers aller Zeiten! Der einmal der stärkste Mensch der Welt gewesen war! Iwan Poddubny! Sie habe ihn gleich erkannt, sie kenne doch das Gesicht seines Großvaters von Briefmarken, und der Enkel sehe genauso aus, meinte meine Frau.

»Ich dachte, die Klitschko-Brüder seien die stärksten Ukrainer aller Zeiten?«

Ich muss gestehen, ich habe den Namen, den meine Frau nennt, bis dahin wohl noch nicht gehört. Doch er war der beste Ringer oder Wrestler seiner Zeit. Zwischen den Jahren 1905 und 1910 wurde er mehrmaliger Weltmeister. Und meine Frau erinnert sich korrekt, es gab in der Ukraine eine 40-Kopeken-Briefmarke mit der Aufschrift »Champion der Champions – Ukrainischer Krieger Iwan Piddubnyj 1871–1949«. In ukrainischer Schreibweise und Schrift, herausgegeben im Jahr 1996, also kurz nach der Unabhängigkeit. Auf den Plakaten und in den Zeitungsberichten von damals wurde allerdings die russische Schreibweise *Poddubny* entsprechend seinem Pass benutzt. Er selbst hatte in seinem Pass seine Nationalität von Russe zu Ukrainer geändert, aber das wurde nicht anerkannt.

Seine Vorfahren waren Saporoger Kosaken, sie sollen ebenfalls sehr stark gewesen sein. Iwan Poddubny begann seine Karriere im Jahr 1896 im Zirkus. Nachdem er sich drei Tage lang die Kämpfe berühmter Männer angesehen hatte, ging er selbst in den Ring und besiegte fast alle seine Gegner.

In der russischsprachigen Wikipedia wird geschrieben, warum Iwan Poddubny schon 1903 hätte Weltmeister werden können. Doch der Franzose Raoul le Boucher habe ihn um den Sieg betrogen. Dieser soll seinen Körper mit Öl eingeschmiert haben, sodass Poddubny ihn nicht greifen und nicht besiegen konnte. Und im Jahr darauf soll es zu einem Rückkampf in Sankt Petersburg gekommen sein, bei dem Poddubny sich rächen konnte.

»Ihr erster Kampf endete mit einem Sieg für den Franzosen, da le Boucher die unehrliche Methode benutzte, sich mit Öl einzuschmieren, um die Angriffe von Poddubny zu vermeiden. Dennoch vergaben die Ringrichter den Sieg an le Boucher. Die Begründung lautete ›Für schöne und geschickte Ausweichmanöver von scharfen Angriffen.‹

Diese Entscheidung rief die Wut der Öffentlichkeit hervor, und Poddubny war von den unehrlichen Urteilen so schockiert, dass er beschloss, den Profisport zu beenden. Die Unterstützung von Freunden und Kollegen bewog ihn jedoch, seine Meinung zu ändern und bei einem Turnier in St. Petersburg gegen le Boucher anzutreten. Dort zwang er den Franzosen zwanzig Minuten lang in eine erniedrigende Knie-Ellbogen-Position. Das Publikum tobte vor Begeisterung, bis die Richter Mitleid mit dem französischen Wrestler hatten und den Sieg Poddubny zusprachen.«[9]

Sogar ein sowjetischer Film wurde im Jahre 1958 über diesen Kampf gedreht, *Wrestler and Clown.*[10]

Auf einer russischsprachigen Wrestling-Seite wird sogar berichtet, dass le Boucher seinen Rivalen Poddubny ermorden lassen wollte. »Aber obwohl sie ihre ›Arbeit‹ nicht gemacht hatten, forderten die Banditen vom Auftraggeber die Bezahlung. Le Boucher weigerte sich zu zahlen, wofür er mit dem Gummiknüppel einen tödlichen Schlag auf den Kopf bekam. Der Öffentlichkeit wurde mitgeteilt, dass Raoul de Boucher an einer Meningitis gestorben sei.«

Seltsam ist nur, dass alle ukrainischen, französischen und deutschen Quellen und Box-Journale, die ich überprüfe, etwas anderes berichten. Poddubny und le Boucher sollen niemals gegeneinander gekämpft haben! Eine Ausnahme ist die deutsche Wikipedia, da stehen komischerweise beide Varianten. Über Poddubny wird berichtet (Stand 13.09.2019), er habe 1904 den Großen Preis von Sankt Petersburg vor Raul le Boucher gewonnen.[11] Über le Boucher heißt es, er habe 1906 trotz seines angekündigten Rücktritts den Weltmeister Iwan Poddubny zu einem Kampf herausgefordert, zu dem es aber nicht mehr kam.[12]Ein dramatischer Kampf zwischen beiden und ein Betrug durch le Boucher wird nirgendwo erwähnt.

Was stimmt denn nun? War alles nur eine Erfindung sowjetischer Medien, die heute von russischsprachigen Medien gern weitererzählt werden? Der ehrliche Sowjetbürger gegen den westlichen Betrüger, das hätte auch ein Jahr nach Stalins Tod gut ins Muster der sowjetischen Propaganda gepasst. Iwan Poddubny war schon 1949 gestorben, er konnte keinen Einspruch mehr gegen seine Heroisierung durch den Film erheben. Übereinstimmend berichten alle Quellen, dass Poddubny sich immer für Ehrlichkeit im Sport einsetzte. Sechs Mal gewann er die Weltmeisterschaften im Schwergewicht, von 1905 bis 1910. Auch in den USA absolvierte er erfolgreiche Tourneen.

1927 kehrte er in die Sowjetunion zurück und trat weiter im Zirkus auf. Während des Krieges lebte er in der russischen Stadt Jeisk und diente als Türsteher in einer Bar. Sogar die Deutschen respektierten seine Stärke. Nach dem Krieg verhörte ihn der sowjetische Geheimdienst NKWD, unter anderem, weil er in seinem Pass die Nationalität »Russisch« in »Ukrainisch« geändert hatte. Man vermutete auch, dass er über große Mengen Geld bei amerikanischen und europäischen Banken verfüge. Die Geheimdienstler versuchten, seine Kontonummern herauszufinden, sie sollen ihn angeblich auch mit dem Lötkolben gefoltert haben. Aber er soll immer nur gelacht und gesagt haben, das Geld sei gestohlen worden.

Am 8. August 1949 verstarb er. Manche Quellen berichten, der ehemals stärkste Mensch der Welt sei verhungert. 1945 war er noch zum sowjetischen »Verdienten Meister des Sports« ernannt worden.

Nach seinem Tod fand man in seinem Schlafzimmer einen unvollendeten Brief an den damaligen stellvertretenden Ministerpräsidenten der UdSSR, Kliment Woroschilow. »Kliment Jefremowitsch, ich bin fast 78 Jahre alt und erinnere mich an meine Dienste für das Land. Du hast mich Nationalheld genannt, und jetzt hast du es vergessen. Ich bitte um eines: Lasse mich in den Speisesaal der Militäreinheit, damit ich manchmal heiß esse.«[13]

Kapitel 5

Freiheit oder Tod

Politik und Revolutionen

62. Grund

Weil man die Revolution gesehen haben muss, um sie beurteilen zu können

Als die »Revolution der Würde« Ende November 2013 in Kiew begann, erstaunte mich anfangs nur, dass sie so spät ausbrach. Schon in den Jahren zuvor hatten Ukrainer mir auf meinen Radfahrten immer wieder prophezeit, es werde bald die nächste Revolution geben. Mehr als einmal wurden Trinksprüche aufgesagt, in denen »die Bande« an der Macht zum Teufel gewünscht wurde, besonders »Päderast« Präsident. Neutral oder »objektiv« konnte und wollte ich in solchen Momenten nicht sein, stets wünschte ich den künftigen Revolutionären Erfolg. Nur allzu verständlich war ihre Wut; viele ballten die Fäuste in den Taschen.

Ich selbst würde mir sowieso nicht so viel gefallen lassen wie Ukrainer, glaubte ich. Arbeiten für fast nichts? Erscheint mir absurd.

Verkäuferinnen schuften für einen Hungerlohn 16 Stunden am Tag, und 80-jährige Frauen bearbeiten Kartoffeläcker, weil ihre Renten allenfalls für Gas, Strom, Brot, Tee und Zucker reichen. Kinder können nicht studieren, weil ihre Eltern das Bestechungsgeld für die Professoren nicht bezahlen können. Doch wenn Studenten ihre von der Verfassung garantieren Rechte wahrnehmen und demonstrieren wollen, müssen sie zur Befragung zum Staatsanwalt, und ihre Stipendien werden gekürzt. Und die »Volksvertreter« bereichern sich und prügeln sich im Parlament, die Polizei betreibt Wegelagerei, Gerichtsentscheidungen kann man kaufen. Aber den Bürgermeister soll man auf der Straße höflich grüßen, obwohl man weiß, dass er den Bau seines Privatpalastes mit dem Essengeld der Schulkinder bezahlt hat.

Dass unter solchen Bedingungen eine revolutionäre Situation heranreift, versteht sich eigentlich von selbst. Man braucht dafür keine Ratschläge oder Anweisungen irgendwelcher Ausländer. Kein Geheimdienst kann Millionen Menschen zum Demonstrieren verführen. Eine revolutionäre Situation reift dann heran, wenn genug Menschen nicht mehr bereit sind, erniedrigende Verhältnisse zu ertragen. Wenn die Wut der Unterdrückten einen Siedepunkt erreicht hat, weil die Herrschenden permanent das Recht brechen.

Geradezu lächerlich wirkt da Kritik aus dem Ausland, beispielsweise des deutschen »Sozialisten« Gregor Gysi. In einer Rede im Deutschen Bundestag erklärte er allen Ernstes, die ukrainische Revolution habe »sogar« gegen ukrainische Gesetze verstoßen. Die vorhergehenden Gesetzesverstöße des Tyrannen erwähnte er nicht. Und was soll eine Revolution sonst tun, als gegen Gesetze zu verstoßen? Gysis ideologischer Großvater Karl Marx und die von ihm jährlich geehrten Sozialisten Rosa Luxemburg und Karl Liebknecht hätten diese Argumentation als kleinbürgerliche Skrupel verspottet. Karl Liebknecht hatte bekanntlich im November 1918 selbst eine sozialistische Revolution ausgerufen.

Noch schlimmer ist, dass Gregor Gysi auch die Hetze der russischen Propaganda übernahm und behauptete, in der Ukraine würden Juden verfolgt werden. In Wirklichkeit werden antisemitische und rechtsradikale Gewalttaten in Deutschland viel häufiger verübt als in der Ukraine. Nach den aktuellsten Zahlen der Rosa-Luxemburg-Stiftung, die bekanntlich Gysis Partei Die Linke zugeordnet werden kann, wurden in der Ukraine zuletzt etwa 200 rechtsextremistische Straf- und Gewalttaten jährlich registriert. In Deutschland sind es bis zu 24.000! Zur »Chronik des Schreckens« in der Ukraine zählen dabei laut Luxemburg-Stiftung auch relativ harmlose Vorfälle. »Vertreter der Gruppierung Freikorps« bedrängten in Charkiw ein Kamerateam des Senders NewsOne während ihrer Dreharbeiten auf einer Kundgebung. Die Rechtsextremen warfen dem Sender ›Separatismus-Propaganda‹ vor. – In Tscherkassy demontierten mutmaßlich Rechtsradikale ein Wahlplakat des Präsidentschaftskandidaten Oleksandr Wilkul wegen seiner vermeintlichen Unterstützung der Separatisten, was Vertreter des Nationalen Korps in den sozialen Netzwerken vermeldeten«.[14]

Gregor Gysi und viele andere Zeugen des Sofas behaupteten immer wieder, die ukrainischen Nationalisten beispielsweise der Freiheitspartei Swoboda seien Faschisten. Weil ich in der Ukraine noch nie Faschisten getroffen hatte, befragte ich auf dem Maidan auch Menschen nach ihren politischen Meinungen, die Swoboda- Fahnen schwenkten oder -Anstecker trugen. Alles, was ich hörte, war harmlos und berechtigt. Die Ukraine solle den Ukrainern gehören und nicht von Russland beherrscht werden. Korruption müsse bestraft werden. Janukowytsch habe sich bestechen lassen und die Ukrainer verraten. Auch die von mir gehörten Reden des angeblichen Faschisten und Vorsitzenden der Swoboda-Partei Oleh Tjahnybok waren harmlos, frei von Hetze oder Rassismus. Bei der Präsidentschaftswahl vom Mai 2014 erreichte er dennoch nur 1,16 Prozent der Stimmen. Und bei der Parlamentswahl 2014 scheiterte die Swoboda-Partei an der 5-Prozent-Hürde. Die Minister dieser Partei in der Übergangsregierung räumten brav und demokratisch ihre Posten. Gregor Gysi aber hatte behauptet, diese Minister seien Faschisten und »Faschisten sind noch nie freiwillig aus der Macht ausgeschieden, wenn sie einmal einen Teil davon erobert hatten.«[15]

Die Propaganda von der angeblich in der Ukraine regierenden faschistischen Junta wirkt heute lächerlicher und bösartiger als je zuvor. Inzwischen ist ein Jude, Wolodymyr Selenskyj, zum Präsidenten gewählt worden. Zuvor war ein anderer jüdischer Mensch, Wolodymyr Hrojsman, drei Jahre lang Ministerpräsident. Dass beide Juden sind, spielt in den kritischen Betrachtungen ihrer Arbeit oder in Wahlkämpfen überhaupt keine Rolle.

63. Grund

Weil Ukrainer sich nicht von Polizisten verprügeln lassen

An der »Revolution der Würde« waren viele Akteure beteiligt, ukrainische Studenten, Kosaken, Priester, Anarchisten, Nationalisten, Oligarchen, ehrliche und gewissenlose Politiker, russische »Spezialkräfte«, aber vor allem Hunderttausende namenlose und unbekannte Ukrainerinnen und Ukrainer. Von russischen »Sicherheitsdiensten« gelenkte Kräfte konnten ganz legal auftreten und dennoch im Hintergrund wirken, schließlich war der ukrainische Geheimdienst teilweise eine Unterfiliale aus Moskau. 20 Prozent seiner Mitarbeiter, so schätzt man heute, arbeiteten eigentlich für Geheimdienste aus Russland. Die EU und die USA unterstützten die Protestierenden nur diplomatisch und symbolisch, nicht mit bewaffneten Kräften. Unter anderem deshalb sind sie heute beliebter bei den Ukrainern als das frühere »Brudervolk« im Osten.

Schon Mitte Dezember 2013 war kompetenten Beobachtern vor Ort klar, dass es ein Kampf um Leben und Tod werden musste. Präsident Janukowytsch hatte mit der Prügelorgie der Berkut-Polizei gegen die Studenten ein beinahe heiliges Gesetz verletzt – Ukrainer schlagen keine Ukrainer. Ukrainer tragen ihre Konflikte friedlich aus, wie in der Orangenen Revolution einige Jahre zuvor, und im Gegensatz zu Russland. »Wenn der Präsident unsere Kinder verprügeln lässt, jagen wir ihn aus dem Amt«, das war allgemeiner Konsens im Land. Eine Straßenumfrage unter den Demonstranten ergab, dass 56 Prozent der Befragten auf dem Maidan protestierten, um für den Rücktritt von Regierung und Präsident zu demonstrieren. Nur 28 Prozent nannten als Grund die Ablehnung des EU-Abkommens durch Janukowytsch.[16]

Janukowytsch musste russische Verhältnisse einführen, wenn er sich an der Macht halten wollte. Das bestätigte sich im Januar 2014, als er Repressionsgesetze wortwörtlich aus Russland übernahm, nur im Gegensatz zu den Originalen mit höheren Strafmaßen. In Russland mag es normal sein, dass die Polizei die Knüppel tanzen lässt oder Oppositionelle und Journalisten unschuldig verurteilt oder gar ermordet werden. In der Ukraine hatte es nach dem Ende der Sowjetunion keine Kriege gegeben wie in Russland, es waren keine »separatistischen Hochburgen« in Schutt und Asche gebombt worden wie die tschetschenische Hauptstadt Grosny, und es mussten auch keine bewaffneten Einsätze gegen angebliche oder tatsächliche islamistische Terrorgruppen durchgeführt werden.

Djakuju tobi, boshe, schscho ya ne moskal (Дякую тобі, боже, що я не москаль), lautet ein jahrhundertealter Spruch in der Ukraine. Danke, Gott, dass ich kein Moskauer bin – nicht von Moskau regiert werde. Doch Janukowytsch konnte den Forderungen der Demonstranten nicht nachgeben. Er wusste, was ihm drohte, wenn er die Macht verlöre, mindestens eine mehrjährige Gefängnisstrafe. Denn er hatte eine weitere goldene Regel gebrochen – eine Krähe hackt der anderen nicht die Augen aus. Diebe beschuldigen sich nicht öffentlich des Diebstahls, das schadet der ganzen Branche. Auch deshalb waren die Machtwechsel in der Ukraine bisher weitgehend friedlich vollzogen worden. Die Gewinner hatten sich nicht an den unterlegenen Kandidaten gerächt. Janukowytsch aber hatte seine Konkurrentin

Julia Timoschenko ins Gefängnis stecken lassen wegen »Machtmissbrauchs«, weil sie mit dem Präsidenten Russlands einen für die Ukraine nachteiligen Gasvertrag ausgehandelt hatte. Gleichzeitig handelte er selbst mit dem damaligen russischen Präsidenten Medwedew einen Vertrag aus, welcher der russischen Schwarzmeerflotte weitere 25 Jahre das Recht einräumte, den ukrainischen Hafen von Sewastopol als Marinebasis zu nutzen. Ein ebenfalls für die Ukraine äußerst nachteiliger Vertrag. Wenn Julia Timoschenko frei und an die Macht kommen sollte, würde sie dafür sorgen, dass er dafür ebenfalls verurteilt werde. Janukowytsch hatte eine Spirale der Rache installiert.

Außerdem hat er die hohe symbolische Bedeutung des Wortes »Europa« unterschätzt, seinen geradezu mythischen Klang für ukrainische Ohren. Mir als Radfahrer erzählte man in allen Landesteilen, was in »Europa« alles besser sei, die Korruption geringer, das Gesundheitswesen gerechter, die Presse freier, die Umwelt sauberer. Niemand stellte Russland als kulturelles Vorbild hin, auch »die Russen« im Osten nicht.

Doch Janukowytsch fürchtete die Drohungen aus dem Kreml und wurde gelockt durch die Sirenengesänge von dort. 15 Milliarden Dollar Kredit wollte Russland der beinahe bankrotten Ukraine geben, eine Milliarde als Geschenk für die ehrenwerte Familie des Präsidenten, so hieß es. Sollte er nicht zustimmen, konnte man sein *kompromat* der Presse übergeben, die geheimdienstliche Sammlung kompromittierender Dokumente, beginnend mit den Gerichtsprotokollen über seine Jugendsünden. War er wirklich ein Toilettendieb gewesen, der pinkelnden Männern die Brieftaschen geklaut hatte? Wegen Diebstahl und Körperverletzung war er als Jugendlicher zweimal zu Gefängnisstrafen verurteilt worden – schon das eine Beleidigung für viele Ukrainer, ein Straftäter als Präsident. Sogar an einer Vergewaltigung soll er beteiligt gewesen sein.[17] Oder waren das nur Gerüchte? Dass er nichts zu befürchten habe, konnte eigentlich nicht sein angesichts seines Aufstiegs zum Gouverneur in einem der kriminellsten Gebiete der Ukraine. Nun drohte er als der erste

Politiker in die Geschichte einzugehen, dem es gelang, nicht nur eine, sondern sogar zwei Revolutionen gegen sich entfacht zu haben.

Für seine Gegner war der Einsatz aber mindestens ebenso hoch. Der harte Kern der Maidan-Verteidiger, das waren einige Tausend Männer, von denen jeder, sollte er verletzt werden oder etwa durch familiäre Pflichten verhindert sein, durch vier bis fünf weitere Männer ersetzt werden konnte. Die meisten dieser Männer waren bereit zu sterben, damit die Ukraine nicht wieder de facto unter Moskauer Herrschaft oder »Vormundschaft« geriete.

Natürlich haben nicht alle Ukrainer den Euromaidan unterstützt. Viele konnten ihre Arbeitsplätze nicht verlassen, Eisenbahner und alleinstehende Mütter, viele mussten das Vieh in den Ställen versorgen. Andere wollen immer bei den Siegern sein, und es war anfangs nicht abzusehen, wer gewinnen wird. Sowjet-Nostalgiker meckerten leise vor sich hin, sie waren aber nicht gefährlich, weil sie keine besseren Alternativen anzubieten hatten und deshalb unfähig waren und sind, sich zu organisieren und Initiativen zu starten. Man erkannte es auch an dem hilflosen Slogan der Janukowytsch-Unterstützer auf dem Gegen-Maidan, »Europa – Ja, Unordnung – Nein«.

Und das Geniale an der Organisationsform der »Revolution der Würde« war, dass sie amöbenartig agierte und keine zentrale Führung hatte. Aus Poltawa traf ich mehrere Einzelkämpfer, die sich dort einbrachten, wo es nötig war – eine jüdische Frau arbeitete in einer der Küchen, kochte wochenlang Suppen und schmierte Brote, ein Künstler schloss sich den Autoprotesten an und wurde von »Tituschki« böse verprügelt, und ein Freund meiner Frau arbeitete im besetzten Gewerkschaftshaus. Meine Nationalistenfreunde aus den Karpaten bauten meterhohe Katapulte, die leider nicht so gut funktionierten, wie sie sich das vorgestellt hatten, aber als PR-Gag doch großes Aufsehen erregten und es meiner Erinnerung nach auch in einen Bericht der *ARD-Tagesthemen* schafften.

Ein wenig erstaunte mich, dass Dima Bandurist nicht auf den Maidan kommen wollte, aber er hatte wohl recht mit seiner Einschätzung, dass er sich schlecht beherrschen könne, wenn es zu Rangeleien oder Prügeleien mit Polizisten käme. Außerdem wurde auf dem Maidan gar kein Alkohol getrunken und nicht gekifft, da hätte er sich vielleicht doch bald gelangweilt. Selbst ich war ein wenig über das Alkoholverbot enttäuscht, ich hatte mir eine Revolution fröhlicher und wilder vorgestellt. Aber ich musste ja auch nicht mein Leben riskieren, sondern war nur ein unschuldiger Tourist.

64. Grund

Weil Ukrainer keine Menschen zweiter Klasse sein wollen

Einer meiner Freunde aus Saratow (Russland) liebte es, mich erst mit dem Hitler- und dann mit dem Pioniergruß zu empfangen. »Heil Hitler« sagte er dabei glücklicherweise nie, nur »Immer bereit!«. Hätte er »Seid bereit!« gerufen, wäre er der Kommandierende gewesen. Wir tranken zusammen mit seinen Freunden meistens französischen Kognak, den sie in einem Geschäft gekauft hatten, zu dem nur Kriminelle und Beamte Zutritt hatten, wie sie beteuerten. Die Qualität sei also gesichert, dort werde keine gefälschte Ware verkauft. Über einen der Männer wurde behauptet, er sei der Boss der »Kopeken-Mafia«, er bekomme Prozente von den Bettlern vor den Kirchen, dafür organisiere er für sie die Kontakte zu den Behörden.

Je mehr wir tranken, desto düsterer wurden die Sprüche. Russland wähnten sie im ständigen Niedergang, nicht nur in materieller, sondern auch in geistiger und kultureller Hinsicht. Heidentum, Christentum, Atheismus (Kommunismus), Satanismus, so teilten sie die geschichtlichen Epochen Russlands ein. Mir warfen sie politische Korrektheit vor, also Blindheit, was mir bis dahin wohl noch nie passiert war, eher galt ich als Zyniker. Ihrer Meinung nach erkannte ich nicht, wie böse Russland war. Ich wies sie gern auf den meines Erachtens entscheidenden Unterschied zwischen ihnen und mir hin. Sie hatten nie eine Zukunft gehabt, keine reale. Ich hatte viel mehr Möglichkeiten als sie. Ich konnte meinen Interessen und Neigungen folgen und damit noch Geld verdienen. Denn ich hatte einen deutschen Pass und übte einen Beruf mit enormen Freiheiten und Rechten aus. In meinem Land bekamen Schriftsteller Stipendien, sogar Kritik am Staat wurde vom Staat unterstützt – sie erbleichten bei solchen Gedanken. Einer von ihnen hatte als junger Mann einige Jahre im Arbeitslager verbüßt, weil er Lenins Schrift *Staat und Revolution* kritisch interpretiert hatte, ein anderer war als Hochschullehrer entlassen worden, weil er den *SPIEGEL* gelesen hatte. Die Zukunft, die ihnen versprochen worden war, hatten sie immer gefürchtet. Und das Versprechen auf Freiheit und Demokratie hatte ihnen noch mehr Armut gebracht und neue Erniedrigungen. So mussten sie beispielsweise im privaten Garten des Direktors arbeiten, der ihnen dafür Nachtschichten attestierte. Ihre beste Zeit hatten sie in den 1970er-Jahren unter Leonid Breschnew gehabt, da konnten sie westlichen Rock 'n' Roll hören und auf Wolga-Inseln illegale Diskotheken organisieren. Einer der Männer hatte im Laufe seines Lebens 40 Liter Blut gespendet, um auf dem Schwarzmarkt Schallplatten aus dem Westen kaufen zu können. Mittlerweile gefiel ihnen deutsche Marschmusik, das sei die beste der Welt, Ausdruck deutscher Disziplin, meinten sie.

Sprüche wie »Wir sind alle Sklaven, wir brauchen die Knute und den Zaren, wir müssen von Deutschen regiert werden« hörte ich unendlich oft in Saufgesprächen unter Männern zwischen Don und Wolga. Viele fantastische Erlebnisse hatte ich dort. Mit dem Fahrrad bin ich nachts durch die Steppe geradelt, habe in einem geheimen Militärobjekt gelebt und die Rolle des Kapitäns auf einem Schiff der russischen Marine übernommen, oder in der Bibliothek von Saratow Vorträge über Franz Kafka und Victor Klemperer gehalten, mit Castaneda-Anhängern auf einer Wolga-Insel gekifft und natürlich auch in fröhlichen Gemeinschaften auf politische Korrektheit hingewiesen, wenn jemand mit Hitler-Gruß vor mir salutierte.

Wenn ich heute an Russland denke, laufen mir kalte Schauer über den Rücken. Was die Menschen dort mittlerweile akzeptieren, würde in der Ukraine den nächsten Maidan auslösen und in Deutschland zu etlichen Strafverfahren und zum Rückritt des Innenministers führen. Erst heute sah ich wieder so eine Szene – mehrere Polizisten verprügeln in Moskau auf dem Fußweg einen Spaziergänger, Dutzende Menschen stehen drum herum und filmen, statt den geprügelten Mann zu verteidigen. Das wäre ja Widerstand gegen die Staatsgewalt und würde mit mehreren Jahren Gefängnishaft bestraft werden. Der Spaziergänger soll an einer »nicht genehmigten« Demonstration teilgenommen haben, dabei garantiert die russische Verfassung Versammlungsfreiheit. Demonstrationen müssen nicht genehmigt, sondern nur angemeldet werden.

Wenn ich im russische Fernsehen Nachrichten oder Talkshows sehe, dann bin ich oft schockiert von der Hetze und Häme und den schamlosen Lügen, die da im Sekundentakt verbreitet werden. Es gibt nicht nur einen Schreihals Schirinowski in Russland, sondern viele, bloß erhält nicht jeder so viele Orden wie er. Er ist einer der höchstdekorierten Politiker des Landes. Drei Mal wurde er schon ausgezeichnet mit dem Verdienstorden für das Vaterland (2006, 2011, 2016), außerdem mit dem Alexander-Newski-Orden (2015), dem Orden der Ehre (2008) und der Stolypin-Medaille (2012). Wie macht man sich in Russland um das Vaterland verdient? Vielleicht, indem man den Einmarsch der russischen Armee in Nachbarländer fordert, die Okkupation und Aufteilung etwa der Ukraine zusammen mit Polen und Ungarn? Indem man im Parlament fordert, Berlin und Paris sollten bombardiert werden? Jedenfalls widerspricht dann kein Abgeordneter.

Das politische Russland sieht sich als Retter Europas, wie schon in früheren Jahrhunderten. Nur die Russen sind ihrem Selbstverständnis nach noch wahre europäische Krieger und die letzten Verteidiger des Christentums. Die westlichen Menschen sind demnach viel zu verweichlicht, um sich »gegen den Ansturm aus fremden Kulturen«

zu verteidigen. Bereits im Sommer 2007 wurde in der Zeitung des ehemaligen kommunistischen Jugendbandes *Komsomolskaja Prawda* in einem Leitartikel erörtert: »Regiert in Rom der Anti-Christ?«. Kaum waren sie Christen geworden, schon wollten die ehemaligen russischen Kommunisten alle anderen im Glauben überholen. Dabei ist die christliche Religiosität in Russland gar nicht so populär, »wie von Putin und seiner Kirche suggeriert«, schreibt die *FAZ* anlässlich eines Treffens des russischen Präsidenten mit dem Papst. »Nur wenige Russen gehen in die Kirche und noch weniger regelmäßig, zwischen einem halben und zwei Prozent sollen es sein. Dass dennoch ständig neue Kirchen errichtet werden, liegt auch daran, dass ihr Bau für reiche Stifter ein Weg ist, Loyalität zum Regime zu zeigen.«[18]

Im russischen Fernsehen wundert und empört man sich allen Ernstes, warum Russland in der Ukraine jeden Tag als Aggressor bezeichnet wird. Unzählige Beweise liegen vor, dass »Urlauber« aus Russland auf ukrainischem Territorium kämpften und starben, ausgerüstet mit den Waffen und der Technik der russischen Armee. Aber nein, man ruft »Es sind nicht Unsere«, »Wir sind nicht da!«. Wohl fast jeder Mensch in Russland weiß, dass in der Ukraine russische Truppen kämpfen und nicht etwa ukrainische Traktoristen gegen NATO-Truppen, um einen Genozid zu verhindern, wie Präsident Putin behauptete.

Laut Russlands Präsident Putin aber sind Ukrainer und Russen nach wie vor Brudervölker, doch leider hätten die Ukrainer eine Regierung gewählt, der man »auch Babys als Frühstück servieren würde, wenn sie danach verlangten und Hunger hätten«. Russischer Humor und Liebesgrüße aus Moskau zum Jahrestag der Hungersnot in der Ukraine. Vielen Ukrainern gilt die Bezeichnung Brudervolk inzwischen als schlimmste Beleidigung, lieber lassen sie sich von Russen abfällig als »Dill« bezeichnen. Das hat Putin erreicht.

Vor einiger Zeit erklärte mir ein ukrainischer Freund, der fast immer russisch spricht, warum Wladimir Putin und Russland keinen Kompromiss mit der Ukraine eingehen können.

»Wenn man sagen würde, Kinder, lasst uns den Krieg im Donbass und die Okkupation der Krim beenden und die besetzten Territorien zurückgeben, so würden Tschetschenen und Dagestaner und viele andere ebenfalls die Rechte für ihre Territorien einklagen. Und die Chinesen wollen halb Sibirien zurückhaben. Und der Kuban gehörte bis in die 1920er-Jahre zur Ukraine und Smolensk zu Litauen. Und die Kurilen gehören eigentlich zu Japan, und Kaliningrad ist eine deutsche Stadt. Wenn Russland auch nur einen Meter eroberten Territoriums an die rechtmäßigen historischen Besitzer zurückgibt, wird es die Rechnung für dreihundert Jahre Kolonialismus bekommen. In einem tschetschenischen Lied heißt es deshalb: ›Wir werden uns erst einigen, wenn ich dir die Kehle durchschneiden kann.‹ Davor haben die Russen natürlich Angst.«

300 Jahre, sagt der Freund, haben die Russen von Moskau aus andere Völker kolonisiert, deportiert, ausgerottet. Deshalb sei Putin-Russland in einer ausweglosen Lage. »Die russische Welt« ist immerzu von innen bedroht, deshalb tritt sie so aggressiv nach außen auf. Ukrainer wollen im Gegensatz zu Russen niemanden erziehen und unterwerfen. Sie neigen dazu, Autoritäten zu verlachen oder ihnen aus dem Weg zu gehen. Ein bisschen Anarchie als Preis für die Freiheit von staatlicher Gängelei wird gern akzeptiert. Der Freiheitsgedanke ist für die ukrainische Kultur der wichtigste, gespeist auch durch die kosakischen Traditionen.

Mittlerweile könnte ich es mit meinem Gewissen nicht mehr vereinbaren, nach Russland zu reisen. Sowieso gelten dort Gesetze, die Kritik an Handlungen der Regierung unter Strafe stellen und auch für Ausländer gelten, deshalb müsste ich dort um meine Sicherheit fürchten. Zu welchen makabren Scherzen außerdem russische Geheimdienste neigen, das ist mir allzu gut bekannt. Es tut mir in der Seele weh, dass sich die russische Gesellschaft in einen Kriegswahn hineingesteigert hat und in Rachegelüsten für den Untergang der Sowjetunion schwelgt. Meines Erachtens werden die Ukrainer sich noch viele Jahrzehnte lang gegen Russland verteidigen müssen. Man kann leider auch nicht erwarten, dass sich Russland von innen erneuert und humanisiert, dass es seine Kriegsschuld zugibt und die Krim zurückgibt, dass es Reparationen zahlt, wie das Deutschland nach dem Zweiten Weltkrieg getan hat, oder dass gar ein russischer Präsident in Kiew niederkniet und die Ukrainer um Verzeihung bittet, vergleichbar der demütigen Geste des deutschen Bundeskanzlers Willy Brandt in Warschau. Doch ich würde mich gern irren.

65. Grund

Weil Lieder die Revolution befeuern

Niemals werden wir Brüder sein! So beginnt ein Gedicht der ukrainischen Dichterin Anastasia Dmitruk, geschrieben im März 2014 nach der russischen Annexion der Krim. Vertont und gesungen von litauischen Musikern wurde es im Monat darauf im Internet in Form eines Video-Clips präsentiert, der innerhalb weniger Tage mehr als fünf Millionen Mal angesehen wurde.[19]

Das Lied sprach und spricht vielen Ukrainern aus dem Herzen. Obwohl Russen gar nicht erwähnt werden, weiß man auch so, wer gemeint ist. Denn nur die Russen beanspruchen, ein Brudervolk der Ukrainer zu sein. Nur sie sind nicht frei im Geist und haben sich zu Ältesten ernannt, nur sie sind viele, aber leider gesichtslos, nur sie sind alle schon in der Kindheit an die Kette gelegt worden, bei ihnen ist das Schweigen Gold. Wir, die Ukrainer aber, haben Molotowcocktails und heißes Blut in unseren Herzen, wir haben alle furchtlose Augen und sind auch ohne Waffen gefährlich. An sie, die nicht genannten Russen, werden neue Anweisungen erteilt, wir aber haben die Lichter der Rebellion. Sie haben den Zaren, wir die Demokratie. Niemals werden wir Brüder sein.[20]

Wenige Zeilen, und man begreift die fundamentalen, wohl unüberbrückbaren Unterschiede zwischen beiden Nationen und Mentalitäten. Anastasia Dmitruk hat das Gedicht übrigens zuerst in Russisch geschrieben, so können es die Nicht-Brüder auch verstehen. Vadim Dubovsky, ein berühmter Interpret ukrainischer Romanzen, setzte die Meinung von Anastasia Dmitruk noch mit den Worten fort: »Wir waren nie Brüder.«

Traurig, dass solch ein Lied geschrieben werden musste, schön aber, dass es Ukrainern die Kraft gibt, sich ihrer Würde und ihrer Liebe zur Freiheit zu vergewissern. Doch auch in Russland leben noch einige wenige aufrechte, kluge, moralisch denkende Menschen. Dies zeigt etwa die russische Rockgruppe »Fernseher« mit ihrem Lied *Verzeihe uns!*. Der Autor des Textes und der Musik ist Michail Borsykin. Ein Jahr nach dem ukrainischen Lied *Niemals werden wir Brüder* präsentierte er eine musikalische Antwort aus russischer Sicht.

»Verzeihe uns, Ukraine – Es gibt keine Entschuldigung dafür, den Feind im Bruder zu sehen, dies sind Jahre der Schande, dies ist der Zusammenbruch der russischen Welt, wir wissen nicht, was wir tun, verzeihe uns die Krim und den Donbass, alle Proteste waren vergeblich, wir haben einen Ghul (leichenfressendes Fabelwesen) im Kreml gefüttert, wir stehlen und lügen, Sklaven waren wir, also werden wir als Sklaven sterben. Sie haben die himmlischen Hunderte, wir haben Sklavenrache.« Himmlische Hundert, damit sind die mehr als 100 Toten der Euro-Revolution in Kiew gemeint.

Wie man einen Ghul aus dem Amt jagt, da könnten Ukrainer die Russen beraten. Auch Spott kann für Mut sorgen, könnten sie ihnen erzählen, insbesondere in Form eines spöttischen Liedes und wenn es Zehntausende Menschen singen, wie auf dem Maidan in Kiew.

»Witja, ciao!«, sangen die Demonstranten, nach dem berühmten italienischen Partisanenlied *Bella, ciao*. Witja ist eine Koseform von Wiktor, dem Vornamen des Präsidenten Janukowytsch. Dazu wurde ebenjener Herr in einem Film in komischen und lächerlichen Situationen gezeigt, in seiner ganzen unsympathischem Mimik oder wie er rückwärts Treppen hoch läuft, wie ihm der Wind einen hohen Ehrenkranz auf den Kopf weht und er auf den Kranz fällt, wie Putin von ihm nicht mal ein Pfefferminzbonbon annimmt. Dazwischen sieht man immer wieder Fotos von Demonstranten, auch brutal von der Polizei misshandelte.

»Auf Wiedersehen! Komm nicht zurück! Witja ciao, Witja ciao, Witja ciao-ciao-ciao!«, so beginnt das Lied mit dem Text der ukrainischen Autorin Irina Semljana. »Weder die Staatsanwälte noch Wowa Putin werden dich beschützen! Steh auf, Ukraine! Weckt die Leute auf! Witja ciao, Witja ciao, Witja ciao-ciao-ciao! Es wird schwierig für uns! Das wissen wir alle. Witja ciao, Witja ciao, Witja ciao-ciao-ciao! Aber für die Freiheit der Heimat werden wir bis zum Ende kämpfen!«[21]

Man kann fröhlich tanzen zu diesem Lied, deshalb wurde es nachts oft gespielt, damit man Spaß bei der Revolution hat. Man konnte die Angst mit ihm verlachen. Dein Schloss wird ein Museum sein, prophezeit das Lied. Wenig später war es so weit, Witjas Residenz wurde ein »Volksmuseum der Korruption«.

66. Grund

Weil Ukrainer sich verteidigen können

Im ersten Kriegssommer 2014 radelte ich mit dem Fahrrad Richtung Front, bis kurz vor Slowjansk und Kramatorsk. In dieser Gegend war ich schon oft gewesen. Ich wollte so gut wie möglich mit eigenen Augen sehen, wer dort gegen wen kämpfte. Waren es wirklich US-amerikanische Söldner, wie russische Medien behaupteten? Führte die NATO einen Angriffskrieg gegen Traktoristen aus dem Donbass, wie der russische Präsident behauptete und mein Freund Wasja glaubte? Bereitete die russische Armee einen großen Angriff vor? Wollte Putin Kiew erobern? Schließlich hatte er sich vom Russischen Oberhaus das Recht verleihen lassen, die Armee in der Ukraine einzusetzen. Wie viele Ukrainer würden diese Armee jubelnd als Befreier begrüßen, wie viele gegen sie kämpfen? In den Karpaten hatte mir ein Freund gesagt, wenn die Russen hierherkommen, werden selbst die Großmütter sie mit Bratpfannen erschlagen. Aber Slowjansk und Kramatorsk befinden sich weit im Osten, im Oblast Charkiw, wenige Panzerstunden von der Grenze zu Russland entfernt. Verwandtschaftliche und freundschaftliche Beziehungen zwischen den Menschen beider Länder waren dort ganz normal.

Aus den umkämpften Städten kamen Flüchtlinge über die Front, manche sogar mit dem Taxi. Ein Taxifahrer bot mir an, mich mit ins besetzte Slowjansk zu nehmen. Aber im Internet war auf einer russischen Nachrichten-Seite schon ein diffamierender Artikel über mich erschienen, ich war als Maidan-Kämpfer tituliert worden und konnte mir gut vorstellen, wie »herzlich« mich die Genossen aus Russland begrüßen würden. Dass sie es waren, die dort Regie führten und einen Bürgerkrieg inszenierten, dafür gab es bald viele Anzeichen. Der Gouverneur des Oblast Donezk, Serhij Taruta, schätzte Ende Mai, dass nur 20 Prozent Einheimische unter den sogenannten Separatisten seien. Der große Rest waren russische »Urlauber«, Panzerfahrer aus dem russischen Fernen Osten, tschetschenische Kadyrow-Kämpfer. Unter den Einheimischen waren auch Schwerkriminelle, wie mir Polizist Jura aus Blysnjuky erzählte. Ein verurteilter Mörder aus ihrer Gegend war in einem der Fernsehberichte aus den besetzten Gebieten erkannt worden, dort trat er als Freiheitskämpfer auf. Leider entschieden sich auch verführte Idealisten, aufseiten der russischen Aggressoren gegen ihre eigenen Landsleute zu kämpfen. Eine Freundin aus Saratow schrieb mir, dass ihre Cousins aus der ukrainischen Stadt Mariupol diesen Weg gegangen seien. »Alle Russen denken das Gleiche«, schrieb sie mir, nämlich, dass in der Ukraine Faschisten regierten und russischsprachige Menschen getötet werden sollen. Aber wenn alle das Gleiche denken, denkt natürlich niemand, alle haben nur Watte in den Köpfen.

Die ukrainischen Truppen waren zu Beginn des Krieges in einem erbärmlichen Zustand. Nur etwa 5.000 Soldaten waren im ganzen

Dima, Bandura-Spieler, Keramiker, Möbel- und Kaminbauer, Schauspieler und Nationalist.

Stadtfest, tausende Menschen in Wyschywankas und Trachten.

Oben: Moderner Weihnachtsbaum in Poltawa.
Unten: Beliebtes Ausflugsziel mit herrlichem Panoramablick – Belaja Besedka, Weiße Laube, 1909 erbaut.

Euromaidan in Kiew. Unten: Mein Lieblingsfoto vom Maidan. Die Ukraine reicht der EU die Hand und streckt Russland die Zunge heraus. Auf dem großen Monitor zwei Priester, Übertragung von der Bühne. Über der Uhr die Reklame einer Bank.

Links unten: Wappen der Ukraine (Foto: Oleksii Kriachko). **Rechts unten:** Gegendemonstranten von Janukowytschs Partei der Regionen. »Europa – Ja! Unordnung (Saustall) – Nein!« lautet die Losung auf der Bühne.

Oben: Helden der Arbeit, Denkmal auf einem Feld.
Unten: Wasja aus Kapitel 6 als Held der Arbeit.

Oben: Mosaik zum Dorf »Geld«. Freunde vor Mosaik am Feierabend. Unten: Offizielles Autokennzeichen »Mafia«. Nur im Inland gültig! Ich sah auch schon »Märchen« und »Gold«.

Tausende Buswartehäuschen wurden zu Sowjetzeiten mit Mosaiken verziert, damit man schöner warten konnte.

Straßenverkäuferinnen. Viele Menschen sind Selbstversorger und verkaufen die Früchte der Gärten oder selbstgemachte Puppen. Ukrainer lieben Naturprodukte! **Unten rechts:** Farbige ukrainische Pasta, hergestellt mit Mohrrüben, Rote Beete und anderen natürlichen Zutaten.

Oben: Foto: André Wettstein

Fotos von Oleksii Kriachko. Ukrainische Delikatessen: Speck, Borschtsch, Blütentee, Teigtaschen mit Zwiebeln, Speck und Smetana, die saure Sahne. Sie gehört zu (fast) jedem Essen.

Oben: Reisen bildet, der Autor lernt melken. **Unten:** Radfahren als Sinnbild für das Leben: Es geht nur vorwärts, auch wenn Schlammlawinen die Straße versperren.

Oben: Der Autor trifft Hexen und wütende Katzen.
Unten: Zeit zum Gebet mit meiner Frau in einer Kirche in den Karpaten.

Meine Frau Katerina in der Tracht der Huzulen.

Land einsatzbereit. Die Technik war veraltet, es mangelte an Munition und Ausrüstung. Seit Jahren war die Armee vernachlässigt worden. Kaum jemand konnte begründen, wozu man eine Armee brauchte. Wer sollte die Ukraine schon angreifen und warum? Niemand hatte für solch einen Krieg trainiert. Einer der ukrainischen Verteidigungsminister, Dmytro Salamatin, hatte bis zum Jahr 2004 sogar die russische Staatsbürgerschaft besessen.

Ich hatte in Blysnjuky mein Basislager aufgeschlagen und redete mit Offizieren, Soldaten und mit den Verantwortlichen aus der Siedlung, so dem Bürgermeister Gennadi Stepanowitsch. Ich kannte ihn aus früheren Jahren als freundlichen, gelassenen, gebildeten Menschen; er hatte sogar in Heidelberg Philosophie studiert. Nun hörte ich zum ersten Mal, dass er auch gehässig reden konnte, nämlich über Russen, die gegen sein Land und seine Siedlung Krieg führten. Er hatte früher in der Sowjetarmee hinterm Ural gedient, nun schimpfte er über die primitiven Verhältnisse dort, über das russische Lumpenproletariat. Ukrainische Gärten sind gepflegt, russische nicht, so auf dem Erregungsniveau schimpfte er. Schon hatten er und seine Helfer die Verpflegung der Soldaten organisiert. Örtliche Geschäftsleute spendeten. Man beklagte den ersten Toten, ein junger Mann aus der Siedlung war an der Front erschossen worden.

Die Frage nach der Schuld konnte man bald auf einen Satz reduzieren. Wer ist schuld, wenn russische Staatsbürger mit russischen Waffen in russischen Uniformen in der Ukraine Ukrainer töten?

Doch auch ohne schlagkräftige Armee lernten die Ukrainer sich zu verteidigen. Im ganzen Land meldeten sich Freiwillige an die Front, bildeten Bataillone und kämpften gegen die russischen Invasoren. Deren Anführer, etwa der russische Geheimdienst-Oberst Igor Girkin, beklagten bald öffentlich, dass nur wenige Ukrainer mit ihnen kämpfen wollten. Oberst Girkin hatte eigentlich nur »im Hintergrund« wirken wollen. Doch die Einheimischen entsprachen nicht dem Wunsch- und Wahnbild der russischen Propaganda. Nicht einmal 1.000 Männer in der gesamten Region fühlten sich so stark unterdrückt, dass sie ihr Leben riskieren wollten, schimpfte er. Darunter, wie gesagt, auch verurteilte Mörder. Girkin selbst hatte schon mehrere Kriege mitgemacht, den Ersten und den Zweiten Tschetschenien- und den Bosnienkrieg. Er soll für zahlreiche Kriegsverbrechen mitverantwortlich sein und beispielsweise am Višegrad-Massaker teilgenommen haben, bei dem 3000 bosnische Zivilisten ermordet wurden. Nach eigenen Aussagen war er auch an der Annexion der Krim beteiligt, auch dort beklagte er die mangelnde Unterstützung durch Einheimische. Nach dem Abschuss des zivilen Flugzeugs der Malaysia Airlines mit 298 Passieren, darunter 80 Kindern, schrieb er auf einer ihm zugeordneten Seite, dies sei eine Warnung für die Regierung in Kiew gewesen. Dafür bekam er von oben wohl eine Rüge und löschte das Schuldbekenntnis wieder.

Gegen solche Kriegsverbrecher und Banditen müssen die Ukrainer nun schon seit mehr als fünf Jahren kämpfen. Doch inzwischen ist die ukrainische Armee stark; es müssten verdammt viele Russen sterben, sollte Putin den groß angelegten Krieg gegen die Ukraine wagen. Und die Ukraine wird glücklicherweise in ihrem gerechten Kampf, ihr eigenes Territorium zu schützen, derzeit von vielen Ländern unterstützt.

67. Grund

Weil Ukrainer trotz Krieg und Krisen ihren Humor nicht verlieren

Es ist die Sensation der Neujahrsnacht. Der Komödiant und Manager Wladimir Selenskyj tritt als Kandidat zur Wahl des Präsidenten an. Er hat die Rolle eines ehrlichen ukrainischen Präsidenten schon oft überzeugend gespielt, in der Fernsehserie *Der Diener des Volkes.* Da radelt er mit dem Velo durch Kiew zu seinem Amtssitz und kündigt seinem einzigen Leibwächter. Dieser ist darüber sehr traurig, unter anderem, weil er seine Familie nicht mehr ernähren kann. Weil der Präsident aber ein gutes Herz hat, stellt er den Leibwächter wieder ein, nachdem ihn dessen Frau darum bat.

Der Diener des Volkes ist eine Märchenfigur, von der viele Ukrainer träumen. Ein Mann, der so bescheiden ist, dass er gar nicht Präsident werden wollte. Er arbeitet als Geschichtslehrer und lebt noch in der Wohnung seiner Eltern. Einer seiner Schüler hat ihn heimlich bei einer Wutrede gefilmt, in der er über die Korruption schimpfte, über die Verkommenheit der Gesellschaft, die aus der Geschichte nichts lernen wolle. Im Internet wird der Mitschnitt schnell ein Hit, die Schüler organisieren für ihren Lehrer die Kampagnen.

In sein Amt eingeführt und instruiert, wie er sich zu verhalten habe, wird er aber von einem Vertreter der Oligarchen. Die Mächte hinter den Kulissen versuchen den begeisterten Reformer zu zähmen. Das wirkt alles so realistisch, dass viele Zuschauer möglicherweise glauben, Wolodymyr Selenskyj könnte die Rolle des ehrlichen Präsidenten nicht nur spielen, sondern das Amt wirklich ausüben.

Aber ist der Mensch Selenskyj überhaupt identisch mit der Filmfigur, teilt er deren Überzeugungen? Die Dialoge im Film hat schließlich nicht er geschrieben, sondern ein Team von Drehbuchautoren. Seine fehlende Erfahrung in der Politik bezeichnete Selenskyj in seiner Show *Quartal 95* scherzhaft als seinen größten Vorteil. Die Sendung gilt als die kommerziell erfolgreichste der Ukraine, sie wird regelmäßig von mehreren Millionen Ukrainern gesehen. Politikberater empfählen ihren Kunden, in einer der Shows erwähnt zu werden, egal in welcher Rolle, um auf diese Weise sofort in der ganzen Ukraine bekannt zu werden, verriet die Journalistin Sonja Koschkina bei Lewyi Bereg. Mit Selenskyj als Präsident hätte man wenigstens fünf Jahre lang etwas zu lachen statt mit Poroschenko etwas zum Weinen, spotten Ukrainer. Selenskyjs gute Umfragewerte sind auch eine Folge der Schwächen der anderen Kandidaten.

Der amtierende Präsident Poroschenko ist zwar ein erfolgreicher Außenpolitiker. Er hat die Unabhängigkeit der ukrainischen Kirche auf den Weg gebracht, den visafreien Verkehr mit der EU und die Verteidigung des Landes erfolgreich organisiert. Trotz des Krieges konnte sogar Wirtschaftswachstum erreicht werden. Doch die soziale Lage der meisten Ukrainer hat sich in seiner Amtszeit nicht verbessert, sondern eher verschlechtert.

Die in den Umfragen leicht führende frühere Ministerpräsidentin Julia Timoschenko verspricht wie stets in ihrer Karriere das Blaue vom Himmel, beispielsweise stabile Gaspreise. Viele bezweifeln jedoch, dass es vernünftig wäre, ihr die Führung des Landes zu übertragen. Immer wieder fällt sie durch radikale Äußerungen auf. In ihrem Wahlprogramm verspricht sie etwa, durch eine Stärkung der ukrainischen Streitkräfte die von Russland okkupierten Gebiete wieder unter ukrainische Kontrolle zu bringen.

Obwohl oder weil er kein Politiker ist, ist Selenskyj von allen Kandidaten wahrscheinlich am glaubwürdigsten. Zumindest der witzigste. Millionen Menschen lieben ihn beziehungsweise die Kunstfiguren, die er auf der Bühne und vor der Kamera darstellt. Er ist der Traum aller Schwiegermütter mit seinem bubenhaften Lächeln, niemand weckt mehr positive Emotionen. Vielleicht könnte Selenskyj ja sogar Putin zum Lachen bringen und so zur Entspannung beitragen? Dass er kleiner ist als Putin, dürfte dem komplexbeladenen und eitlen Russen jedenfalls gefallen.

Aber nur die Kunst ist bekanntlich heiter, das Leben dagegen ist ernst, zumal in Zeiten des Krieges. Deshalb ist es ein hohes Wagnis, einen Nicht-Politiker zum Präsidenten zu wählen. Doch der Souverän entscheidet.

68. Grund

Weil jeder Präsident werden kann

Es ist ein Wahlkampf, wie es ihn zumindest in der Ukraine noch nie gegeben hat. Schlimme Langeweile war erwartet worden, böse Alternativlosigkeit, ein Zweikampf zwischen dem amtierenden Präsidenten Petro Poroschenko und der ewigen Möchtegern-Präsidentin Julia Timoschenko. Doch als der Filmstar und Comedian Wolodymyr Selenskyj seine Kandidatur erklärte, da war die politische Klasse geschockt und empört, auch die meisten Intellektuellen und viele leidenschaftliche Patrioten. Sollte das ein Witz sein? Kann denn jeder Präsident werden? Braucht man für diesen Job nicht jahrelange Erfahrungen, zumal in Zeiten des Krieges? Kann sich das Land solch ein radikales Experiment leisten, einen Neuling und Witzbold zu wählen?

Auf Selenskyjs ersten Wahlplakaten stand dann auch bloß die Information »Ich scherze nicht!«. Im Gegensatz zu allen anderen anfangs 41 Kandidaten ließ er auf seinen Plakaten nicht einmal sein Gesicht abbilden, ja, selbst seinen Namen nur so klein drucken, dass man diesen ohne Sehhilfen gar nicht lesen konnte. Der Diener des Volkes blieb quasi namenlos, und den Show-Star kannte ohnehin jeder. Die Grundfarbe auf den meisten seiner Plakate war ein stumpfes, bescheidenes Grün. Sein Hauptkonkurrent Petro Poroschenko hatte depressiv machende Farben gewählt, in der unteren Hälfte furchteinflößendes Violett, das man als Widerschein eines Feuers deuten konnte, in der oberen Hälfte schmutziges Blau wie vor einem Gewitter. Poroschenko warb auf seinen Plakaten mit dem Demokratie-verachtenden Slogan »Viele Kandidaten, ein Präsident«. Es war der gleiche Spruch, den auch Wladimir Putin schon in Russland benutzt hatte. Warum sollte man aber überhaupt wählen, wenn es nur einen geeigneten Mann für dieses Amt gab?

Ein weiterer von Poroschenko häufig benutzter Slogan lautete »Armee, Sprache, Glaube«. Das sei »die Formel moderner ukrainischer Identität«, erklärte er. »Die Armee verteidigt unser Land, die ukrainische Sprache verteidigt unser Herz und die Kirche verteidigt unsere Seele«.[22]

Aber die meisten Ukrainer wollten nicht verteidigen, sondern angreifen, mindestens im Kampf gegen die Korruption. »It's the economy, stupid!«, mit diesem Spruch hatte Bill Clinton 1992 den Wahlkampf gegen Georg W. Bush gewonnen, und an diesen Satz hätte auch Poroschenko denken sollen. Der Laie Selenskyj hatte das erkannt und erklärt, dass die beiden schlimmsten Feinde der Ukraine der Krieg und die Korruption seien. Korruption ist ein Verbrechen, sie tötet Menschen, die Medikamente nicht bezahlen können, oder sogar Soldaten, die an der Front erfrieren oder von der Front heimkehren und an den Missständen im Land verzweifeln und den Freitod wählen.

Poroschenko konnte mit seinem Appell an den Glauben weder Atheisten überzeugen, noch die Gläubigen anderer Konfessionen oder die des Moskauer Patriarchats der orthodoxen Kirche. Und dass mit der ukrainischen Sprache die ukrainische Identität verteidigt werden sollte, vernachlässigte die Tatsache, dass für die Mehrheit der Ukrainer die Sprachenfrage keine existenzielle Bedeutung hat, sondern auf der Liste der wichtigsten Lebensprobleme weit hinten steht.

Dass Poroschenko gegen seinen Konkurrenten Selenskyj auch noch »schwarze PR« betrieb und ihn als Helfershelfer Wladimir Putins brandmarkte, dürfte ebenfalls »ein Schuss in den Ofen« gewesen sein. Selenskyjs Muttersprache ist zwar Russisch, aber dass er ein Patriot der Ukraine ist, hatte er unter anderem mit Konzerten für die Soldaten an der Front und mit Spenden für die Armee bewiesen. Den russischen Präsidenten Putin wolle er erst nach Rückgabe der annektierten Krim und der besetzten Gebiete im Donbass treffen, erklärte er, also wohl niemals.

Viele der Kritiker Selenskyjs nahmen diesem übel, dass er vor einigen Jahren in einer seiner Shows die Ukraine quasi als Prostituierte verspottet hatte, als »eine Frau aus einem deutschen Film für Erwachsene«, die sich jedem Freier hingibt, von jedem Geld nimmt, aber selbst keiner geregelten Arbeit nachgeht. Außerdem wurde er immer wieder als Marionette des Oligarchen Ihor Kolomojskyj dargestellt, weil er dessen Geschäftspartner war und seine Shows auf dessen Fernsehkanal gezeigt wurden. Aber weil Poroschenko selbst ein Oligarch ist, hatte dieser Vorwurf stets einen schalen Beigeschmack.

Objektiv und nüchtern betrachtet hatten die Ukrainer also letztlich die Wahl zwischen zwei Kandidaten, die beide stark umstritten waren. Poroschenko war seit 20 Jahren Politiker, er hatte sowohl für die »Blauen« als auch für »Orange« gearbeitet, sowohl für die klischeehaft als Russland- oder Europa-freundlichen Parteien, er war auch Wirtschaftsminister unter dem später gestürzten Präsidenten Janukowytsch gewesen. Der Neuling Selenskyj hingegen bezeichnete es mit einigem Recht als seinen Vorteil, kein Politiker zu sein, da er deshalb auch keine Erfahrung mit Korruption in der Politik hatte.

Schlimmer noch als die beiden Kandidaten stritten sich viele der Wählerinnen und Wähler, insbesondere in den sozialen Medien, so auf Facebook. Die Selenskyj-Kritiker fürchteten apokalyptische Szenarien, gar »das Ende des Ukraine«, einen Kompromiss-Frieden mit Russland, eine Rückkehr zur sowjetischen Ukraine, eine Revanche Russlands, wie Vertreter der Poroschenko-Partei in offiziellen Presseerklärungen erklärten. Die Verteidiger Selenskyjs wurden beschimpft, virtuell bespuckt. Ich selbst musste erleben, dass zwei meiner engsten Freunde mich zu einem nützlichen Idioten Russlands erklärten, der anti-ukrainische Propaganda betreibe, weil ich Beiträge teilte, in denen Poroschenko als Unterstützer der Korruption dargestellt wurde, was leider der Wahrheit entsprach.

So blieb am Ende dieses fast viermonatigen Wahlkampfs die bittere Erkenntnis, dass die ukrainische Bevölkerung heute zerstrittener ist als je zuvor. Immer wieder hatten ausländische Beobachter erklärt, die Ukraine sei ein gespaltenes Land, die russischsprachigen und die ukrainischsprachigen Menschen gehörten gänzlich anderen Kulturen an. Doch nie war es zu einem Kulturkampf gekommen, weil die »Spaltung« immer eine soziale gewesen war, eine unüberwindbare Trennung zwischen Armen und Reichen. Doch nachdem Poroschenko und seine Mitstreiter die Selenskyj-Wähler als Feinde der Ukraine verunglimpft haben, ist die Stimmung im Land vergiftet. Erst jetzt könnten die Ukrainer in eine Tragödie abgleiten, die ihnen nur ihre ärgsten Feinde wünschen.

69. Grund

Weil Ukrainer leidenschaftlich debattieren können

Es war ein kluger Schachzug von Wolodymyr Selenskyj, den amtierenden Präsidenten Poroschenko zu dem vom Gesetz vorgeschriebenen Fernsehduell in das Kiewer Olympia-Stadion einzuladen. So viele Menschen wie möglich sollten den Wettstreit der Argumente erleben können! Etwa 20.000 waren dann gekommen, es war ein Volksfest und Spektakel! Die beiden Kandidaten begrüßten sich anfangs höflich, lobten die Veranstaltung als Beweis einer modernen Demokratie. Es waren dann zwar eher zwei Monologe zu hören, als ein Dialog, aber angesichts des Show-Charakters der Veranstaltung war das nicht verwunderlich. Glücklicherweise standen die Kontrahenten auf einer Bühne, nicht auf zwei getrennten, wie im Vorfeld angekündigt worden war.

Ich sah die Veranstaltung zusammen mit meiner Frau am heimischen Computer und war von beiden Kämpfern beeindruckt. Besonders gut gefiel mir immer wieder, wie sie sich mit *Pan* anredeten, einem der schönsten ukrainischen Worte. Selenskyj sagte am Anfang geschickterweise, dass er vor fünf Jahren selbst Poroschenko gewählt habe. Aber dies sei ein Fehler gewesen, seine Hoffnungen seien enttäuscht worden, wie die vieler anderer Wähler. »Die Ukraine ist heute das ärmste Land unter dem reichsten Präsidenten.«

Auch Poroschenko imponierte mir. Zweifellos war er der bisher beste Präsident, den die Ukraine je hatte. Aber man soll Politiker ja nicht nur an ihren Worten, sondern vor allem an ihren Taten messen. Die meisten seiner Argumente fand ich eher schwach und oft demagogisch. »Wir werden niemandem erlauben, unseren Staat zu ruinieren, den wir lieben. Sie werden keinen Erfolg haben, Mr. Wolodymyr.« Doch niemand hatte die Absicht geäußert, den Staat zu zerstören. Und als souveräner Staatsmann sollte er einem künftigen Präsidenten Erfolg wünschen, nicht hämisch sein Scheitern voraussagen. Immerhin hat Poroschenko eingeräumt, dass Selenskyj nicht »davon träumt, die Ukraine an Russland zu übergeben«. Viele seiner Vertreter und Mitarbeiter im Block Poroschenko konnten sich zu dieser Einsicht noch nicht durchringen und behaupten nach wie vor das Gegenteil, beispielsweise in meinem Wohnort Poltawa in offiziellen Presseerklärungen. Den aussichtsreichsten politischen Konkurrenten aber als Feind, als Kollaborateur des Feindes darzustellen, ist gefährlich und Gift für die Gesellschaft.

Der körperlich viel kleinere Selenskyj hatte seinen peinlichsten Moment, als er am Schluss der Debatte das Siegeszeichen machte und eine triumphale Mimik zeigte. Dass parallel dazu Poroschenko und seine Freunde schon die Nationalhymne sangen, verstärkte natürlich den Eindruck der Peinlichkeit und wurde von seinen Kritikern gnadenlos ausgeschlachtet; die entsprechenden Filmchen kursierten dann auf Facebook. Dass Poroschenko hier die Aufgabe des Moderators übernommen hatte und die Hymne ohne Absprache sang, wurde in diesen Filmchen natürlich nicht gezeigt.

Die meisten der Argumente und Fragen Selenskyjs jedoch waren gnadenlos scharfsinnig und substanziell. Beispiele: »Die Armee ist in erster Linie eine Leistung von ukrainischen Soldaten, ukrainischen Freiwilligen und dem ukrainischen Volk.« Oder: »Warum haben Sie das Gesetz über illegale Bereicherung abgeschafft?« Oder: »Was den Tomos betrifft (Unabhängigkeit der ukrainischen Kirche vom Moskauer Patriarchat), so ist dies ein Sieg für die Ukraine, aber es scheint mir vor allem ein Sieg für Patriarch Filaret zu sein, der für die ukrainische Kirche gekämpft hat, bevor Sie Präsident wurden.

Selbst als Sie noch Mitglied des Moskauer Patriarchats waren.« Ein meisterhafter Konter! Der schärfste Satz aber lautete: »Ich bin nicht Ihr Opponent, ich bin Ihr Urteil!« Sicher, er sei kein Politiker, sondern ein einfacher Mensch. Aber er sei gekommen, um das korrupte politische System zu zerbrechen. Auch Poroschenko hatte natürlich recht mit seinem Hinweis, in welchem Zustand er das Land 2014 übernommen hatte. Der Staat beinahe bankrott, keine Goldreserven, keine Armee und keine Waffen. Der emotionalste Moment in diesem Duell war sicherlich die Aufforderung Selenskyjs zum Niederknien »vor jeder Mutter, deren Sohn nie von der Front zurückgekehrt, vor jedem Kind nieder, dessen Vater nicht nach Hause gekommen ist …«

Dass Poroschenko beim Niederknien dem Publikum dabei den Rücken zeigte, wirkte für einen Moment etwas ungeschickt. Aber er kniete vor der Flagge der Ukraine, das war ebenfalls stark und ergreifend. Selenskyj war einen Moment lang offenbar irritiert, ob die Hinwendung zur Flagge nicht besser sei als die zum Publikum.

Alles in allem war es eine großartige Show, ein Fest der Demokratie. Weit niveauvoller, als ich befürchtet hatte. Für die internationale Reputation der Ukraine ein großartiger Erfolg. In Russland werden viele Menschen schockiert gewesen sein, dass derart frei diskutiert werden kann. Undenkbar, Putin und den Oppositionellen Nawalny so nebeneinander zu sehen. Die Ukraine als quasi faschistischen Staat zu dämonisieren wirkt nach diesem Rede-Duell noch lächerlicher als je zuvor.

70. Grund

Weil Demokraten keine Feinde sind

Die Prognosen bewahrheiteten sich, die Sensation war perfekt. Wolodymyr Selenskyj wurde im Alter von 41 Jahren zum jüngsten Präsidenten der Ukraine gewählt und erreichte einen Stimmenanteil von 73 Prozent und damit den höchsten Sieg, den es jemals bei Präsidentschaftswahlen in der Ukraine gegeben hatte. Der Verlierer Poroschenko, für den nur 15 Prozent der Wähler gestimmt hatten, erkannte die Niederlage an und gratulierte seinem Nachfolger. Die schwarze PR gegen Selenskyj hatte ihm nicht geholfen, die Menschen hatten es satt, mit patriotischen Floskeln abgespeist zu werden. Viele erkannten, wie gefährlich es war, die Wähler des politischen Konkurrenten als Verräter oder Feinde zu beschimpfen.

Meine Frau und mit ihr alle ihre Verwandten freuten sich über diesen Sieg des Schauspielers Wolodymyr Selenskyj. Meine Frau hatte Wolodymyr einmal auf der Krim getroffen, und er war ihr sympathisch gewesen. Sie schätzte ihn als ehrlich und aufrichtig ein. In Poltawa stimmten sogar 82 Prozent der Menschen, die an der Wahl teilnahmen, für ihn. Viele Poroschenko-Wähler jedoch waren entsetzt. Nur sie seien wahre Ukrainer, behauptete viele. Ich schrieb deshalb für das Online-Journal *Ukraine verstehen* einen Kommentar und warnte vor der Gefahr, die große Mehrheit der Selenskyj-Wähler als Feinde zu brandmarken:

Der Wahlkampf war hart und endete mit einer Sensation. Das Ausland ist verblüfft über den hohen Sieg Wolodymyr Selenskyjs. Jetzt sollten die Ukrainer den Image-Gewinn nutzen und den neuen Präsidenten Wolodymyr Selenskyjs in seinem versprochenen Kampf gegen die Korruption unterstützen.

Ich verstehe, wenn jemand traurig ist, weil ein Kandidat die Wahl verloren hat, den man sich als Präsident gewünscht hat. Ich verstehe auch, wenn jemand verzweifelt ist, weil man dem Sieger nicht zutraut, dass er dem Amt gewachsen ist. Ich habe auch Verständnis dafür, dass man über einen Neuling und Anfänger spottet – zumal wenn dieser selbst ein beruflicher Spötter ist.

Was ich jedoch angesichts der Wahl in der Ukraine nicht begreife und wofür ich auch kein Verständnis habe, ist, dass man den Sieger und seine Wähler als Feinde bezeichnet, als »nützliche Idioten Moskaus« und als Verräter. In meiner derzeitigen Wahlheimat Poltawa haben 82,5 Prozent der Wähler Wolodymyr Selenskyj gewählt, nur 15,5 Prozent Petro Poroschenko. Und diese 82 Prozent sollen ihre Heimat und ihr Land, also sich selbst verraten haben? Die sollen so blöd sein und sich für eine Rückkehr zur sowjetischen Diktatur entschieden haben, wie heute ein durchaus gebildeter Mensch aus Poltawa schrieb – in eine Zeit also, in der es weder freie Wahlen, noch eine freie Presse gab, geschweige denn eine aktive Zivilgesellschaft, eine patriotische, kampferprobte Armee, ein breites Spektrum an Parteien etc.?

Man muss leider sagen, dass Petro Poroschenko und seine Vertreter in den Regionen mit bösartiger, »schwarzer« PR viel zu der vergifteten Stimmung zwischen den Wählern beider Kandidaten beigetragen haben. Noch am Tag vor der Wahl wurden massenhaft Zeitungen und Werbezettel verteilt, auf denen Selenskyj als Kokser dargestellt wurde. Für den Fall seines Sieges wurde der »katastrophale Zusammenbruch« der Landeswährung prophezeit, das Ende des visafreien Verkehrs nach Europa und die Besetzung der Ukraine durch »grüne Männchen« wie auf der Krim. Noch heute kleben Zettel an Häuserwänden mit der Aufforderung »Збережи Украiну!, Behalte die Ukraine!«, dahinter ein rot durchgestrichenes »Зе!«, Selenskyjs Markenzeichen. In allen historischen Beispielen, die mir geläufig sind, haben Populisten Parlaments- oder Präsidentschaftswahlen nur mit knappen, meistens nur relativen Mehrheiten gewonnen. Donald Trump erhielt in den USA 46 Prozent der Stimmen von 24 Prozent der Wahlberechtigten, Jair Bolsonaro in Brasilien 55 Prozent der Stimmen, Rodrigo Duterte auf den Philippinen nur 39 Prozent, die Fünf-Sterne-Bewegung in Italien 33 Prozent. Eine rechtspopulistische Partei wie die AfD in Deutschland kam mit 12,6 Prozent der Stimmen in den Bundestag. Es würde zwar nicht helfen, die Wähler dieser Parteien oder Präsidenten als Idioten zu bezeichnen, aber ich hätte Verständnis dafür.

Aber angesichts von 72 Prozent der Wählerstimmen und in manchen Wahlbezirken weit über 80 Prozent erscheint es mir peinlich, verrückt und grotesk, dass die Wahlverlierer in diesen Ergebnissen eine Katastrophe sehen und als Erklärung Verrat und Feindschaft gegen das eigene Volk anbieten.

Vielleicht kommt man mit der Vermutung weiter, dass die meisten armen Ukrainer Selenskyj gewählt haben, die meisten vermögenden Ukrainer oder solche mit gut bezahlten Jobs aber Poroschenko? Logisch wäre es. Erstere haben die Hoffnung, besser zu leben, Letztere die Angst, etwas zu verlieren oder gar von den goldenen Fleischtöpfen vertrieben zu werden. Hier in Poltawa jedenfalls hörte ich oft, dass die Menschen nicht glauben, dass sich unter Poroschenko ihre soziale Situation verbessern könnte. Und die politische Klasse und die korrupten Beamten des Landes müssen sich mehr vor Selenskyj fürchten als vor Poroschenko. Selenskyj hat nicht auf Angst gesetzt, sondern positive Botschaften verbreitet. Er hat ein Ende der Epoche der Armut und der Korruption versprochen. Das ist zweifellos Populismus in reinster Form und gänzlich unrealistisch. Aber ein Anfang muss gemacht werden, denn mit Renten von umgerechnet 50 Euro kann man kaum überleben. Vom Glauben und von der Sprache, Poroschenkos Wahlkampfthemen, wird man nicht satt.

Kann Wolodymyr Selenskyj es sich leisten, seine Wähler zu betrügen, wie seine Vorgänger es oft getan haben? Meines Erachtens nicht, denn das wäre Selbstmord, und er würde sein Lebenswerk als Künstler zerstören. Er kann scheitern aufgrund seines Unvermögens oder zu starker Widerstände der alten Kräfte. Das jedoch sollten selbst seine heftigsten Kritiker ihm nicht wünschen. Stattdessen sollten sie ihre Ressentiments überwinden, wie es Poroschenko am Wahlabend vormachte, als er seinem Bezwinger zum Sieg gratulierte und ihm Hilfe versprach. So ist es fair und unter Demokraten üblich. *Ex unitate vires*, Einigkeit macht stark. Für den gemeinsamen Feind aller Ukrainer war die demokratische Wahl schon eine herbe Niederlage. Dieser Triumph sollte nicht verschenkt werden, indem sich Ukrainer gegenseitig des Verrats bezichtigen. Und wie in Demokratien üblich könnte man dem neuen ukrainischen Präsidenten auch eine Schonfrist von 100 Tagen einräumen und ihn dann an seinen Taten messen und nicht nach scherzhaften Sketchen aus der Vergangenheit beurteilen.

71. Grund

Weil man Feinde schnell erkennt

Der Krieg in der Ukraine ist auch einer der Ideologien und der Propaganda. Und er teilt nicht nur das Land, sondern auch Familien. Mein Feind ist der Vater meiner Frau. Den Plan, den Enkel für die russische Sache zu gewinnen, hat er aber ohne mich gemacht.

Unser siebenjähriger Sohn will in den Ferien seine Großeltern im Dorf besuchen. Dagegen ist eigentlich nichts einzuwenden. Aber es ist Krieg, und der Großvater sieht nur Fernsehsendungen aus Russland, meistens politische Talkshows. Weil er schwerhörig ist, muss er den Fernseher so laut einstellen, dass bei geöffneten Fenstern auch die Nachbarn alles hören. Sie nennen ihn *Watnik* – einer, der Watte im Kopf hat und von den blutigen Floskeln der Propaganda zum Zombie gemacht wurde. Wir aber wollen nicht, dass unser Sohn ein *Watnik* wird.

Die Bezeichnung *Watnik* ist in der Ukraine erst mit dem Krieg populär geworden. Ursprünglich wurden mit diesem Wort die Träger sowjetischer Wattejacken bezeichnet. Soldaten, Gefängnisinsassen oder Arbeiter, die in der Kälte arbeiten müssen. Heute wird dieses Wort für Menschen benutzt, die auf die russische Propaganda hereinfallen, die nicht zwischen Krieg und Frieden und nicht zwischen Ursache und Wirkung unterscheiden können. Umgekehrt nennen die *Watniki* ukrainische Patrioten *Ukrop*, Dill.

Unser Großvater bestreitet allerdings, ein *Watnik* zu sein. Er habe sich immer als Ukrainer gefühlt, er würde niemals seine Heimat verraten. Aber warum bezeichnet er Putin dann als Genie? Warum faselt er von Konzentrationslagern in der Ukraine? Und warum bezeichnen ihn seine Nachbarn als *Watnik*?

Der Großvater hat früher in der Sowjetunion wichtigen Posten bekleidet, er hatte viel Macht. Einige Jahre war er Chef-Architekt einer berühmten Stadt in der Westukraine. Er galt als Erfinder einer Bohrmaschine, deren deutsches Original er angeblich verbessert hatte. Mir erzählte er, dass »Freunde vom KGB« ihm damals mit Fotos bewiesen hätten, dass seine (erste) Frau ihn mit einem anderen Mann betrogen habe. Welcher gehörnte Ehemann bekam wohl Hilfe vom KGB? Da muss man schon sehr privilegiert gewesen sein. Jetzt lebt er als alter Mann im Dorf, die Rente ist klein, die Privilegien sind weg; er kann nur noch seiner Frau Befehle erteilen. Natürlich ist er wütend, dass seine frühere Welt untergegangen ist.

Mich wollte er bei unserem zweiten Treffen töten. Wir tranken zusammen Kognak, und ich bat ihn um ein Interview. »Sie können den Deutschen frei Ihre Meinung sagen«, lockte ich ihn. »Erzählen Sie mir doch bitte, warum eine Diktatur besser ist als eine Demokratie. Oder warum Putin ein Genie ist.« Anfangs antwortete er auf meine Fragen, dann schrie er, ich solle das Diktafon ausschalten. Ich wolle ihn betrügen, ich sei wie alle Deutschen.

»Seltsam nur, dass ein Deutscher Ihren Enkel ernährt, dass er das Schulgeld bezahlt und Spielzeug und Bücher für Ihren Enkel kauft«, antwortete ihm meine Frau, mehr aufs Konkrete bedacht. Denn der biologische Vater unseres Sohnes zahlt nur hin und wieder Alimente, umgerechnet 15 Euro im Monat. Und als er einmal richtig großzügig war, lud er seinen Sohn zum Geburtstag zu einer Portion Kartoffeln ins Restaurant ein.

Weil wir nicht wollen, dass unser Sohn unter den politischen Streitereien der Erwachsenen leidet, entschieden wir, ihn auch in diesen Ferien zu den Großeltern fahren zu lassen. Dort kann er Kaninchen streicheln und auf Ziegen reiten, Pfirsiche und Kirschen von den Bäumen pflücken, im Fluss baden. Meine Frau lobte die gute Luft auf dem Land und meinte beschwichtigend, wenigstens sei doch die Großmutter keine *Watniza*. Und den Großvater wollte sie streng darauf hinweisen, dass er mit unserem Sohn nicht über Politik reden solle. Als sie unseren Sohn nach zwei Wochen wieder abholte, schrie der Großvater gleich zur Begrüßung, sie habe seinen Enkel falsch erzogen. »Er glaubt an Gott! Es gibt keinen Gott und keine Ukraine!« Sogar, dass unser Sohn gern in die Kirche geht und dort sehr geduldig die Predigten hört, empörte den alten Atheisten. Meine Frau hatte Fleisch mitgebracht, und der Großvater begann, es allein aufzuessen, ohne Enkel und Schwiegertochter einzuladen.

»Nur männliche Erwachsene essen in unserer Familie Fleisch, das ist unsere Tradition!« So war meine Frau schon vor sieben Jahren von ihm belehrt worden, als sie während ihrer Schwangerschaft zusammen mit ihrem ersten Mann zu Besuch war.

Diese Familientradition erinnert mich an die ersten *Watniki*, die ich in meinem Leben sah, eine sowjetische Brigade im Februar 1985 im damaligen Leningrad. Etwa ein Dutzend Frauen, gekleidet in die grauen und hellblauen Wattejacken, arbeiteten mit Brechstangen, schweren Hämmern, Schaufeln und Schubkarren an Straßenbahnschienen. An ihrer Spitze stand breitbeinig ein Mann, der Kommandos erteilte und die Frauen zur Eile antrieb.

Vor dem Krieg im Donbass und der Annexion der Krim durch Russland war es nicht besonders wichtig, welche politische Meinung jemand äußerte. Unterschiede blieben abstrakt und folgenlos, sie waren keine reale Bedrohung. Heute kann sogar ein stummes Zeichen Gefahr ausstrahlen. Ich wollte zu einer Behörde gehen, da zeigte meine Frau auf mein T-Shirt mit singenden, saufenden Kosaken auf Brust und Rücken und sagte: »Vor solchen Kosaken wie dir haben die Korruptionäre Angst.« Richtig, korrupte Beamte fürchten die Symbole der Kosaken. Mit ihnen schmücken sich Patrioten und Nationalisten, das erinnert an Maidan und Revolte, an Basisdemokratie und Wahl der Anführer.

Auch langjährige Freundschaften werden vom Gift des Misstrauens zerfressen. Die meisten Ukrainer lehnen es beispielsweise ab, auf die okkupierte Krim zu fahren. Heimkehrer berichten, dass sie krankenhausreif geschlagen wurden, als sie dort ukrainisch sprachen. Wer reist da also freiwillig auf die okkupierte Halbinsel? Will jemand eine kranke Mutter pflegen oder als Kellner arbeiten und die Menschen bedienen, die im Donbass auf die eigenen Nachbarn und Schulfreunde aus Poltawa schießen? Gehören die Betreffenden nur zur großen Fraktion der Unentschiedenen, denen alles egal ist? Oder sind es lauernde Feinde, die im Falle einer Aggression Russlands als Saboteure und Agenten tätig werden? Muss man sie fürchten, oder soll man versuchen, sie zu überzeugen, dass Frieden besser ist als Krieg?

Darüber wird in Poltawa oft diskutiert, meistens friedlich. Der Schriftsteller Witali Sapeka hat allerdings neulich einem Watnik ein Bier über den Kopf gegossen, als dieser nicht überzeugend erklären konnte, weshalb er nicht an der Front dient. Für Witali war es keine Frage, dass er seine Heimat verteidigen muss. Drei Jahre lang hat er in der ATO-Zone gedient und mittlerweile Romane und Erzählungen über den Krieg geschrieben, auf Russisch, nicht auf Ukrainisch. Laut russischer Propaganda müsste er sich aufgrund seiner Muttersprache unterdrückt fühlen. Aber in der Praxis wird auch in der ukrainischen Armee Russisch als Kommandosprache benutzt. Unterdrückt die ukrainische Armee also sich selbst? Diese Behauptung ergibt einfach keinen Sinn.

Noch hässlicher als Witali reagierte ein Artillerist vom Regiment Asow, als seine langjährige Freundin Mascha behauptete, dass es keine ukrainische Kultur gebe. Ihre Begründung lautete, die Ukraine habe keine eigene Literatur hervorgebracht. Wo keine Literatur war, da solle auch kein Staat sein, meint sie.

Der Artillerist schlug auf den Tisch und schrie Mascha im Restaurant in der Fußgängerzone an. Mascha war schockiert, so hatte sie den Freund aus Jugendtagen noch nie erlebt. Sie will doch nur eine schöne, heile Welt, alle slawischen Völker sollen in einem Staat leben, außer den Polen, weil die katholisch sind, und außer den Serben und

Sorben, weil sie die nicht kennt. Aber in Russland will sie auf keinen Fall wohnen, dort hat sie ihre ersten sechs Lebensjahre verbracht und angeblich nur schlechte Erinnerungen an diese Zeit. Am liebsten würde sie in Griechenland leben, auch wenn auf den russischen Kulturimperialismus dort weniger Verlass ist.

Der Artillerist von Asow hat sogar die ersten 18 Lebensjahre in Russland verbracht, nicht bloß sechs Jahre. Nun hat man ihm Orden und Medaillen verliehen, weil er die Stadt Mariupol vor der russischen Artillerie geschützt hat. Seine Freundin Mascha meint, im Donbass sei die russischsprachige Bevölkerung unterdrückt worden, das sei der Grund für den Krieg. Sie war allerdings nie selber in dieser drei- bis vierhundert Kilometer entfernten Region. Auf meine Frage, warum die weitaus meisten Flüchtlinge aus dem Donbass in die Ukraine geflohen seien und nicht nach Russland, obwohl sie hier angeblich wegen ihrer Sprache unterdrückt würden, findet Mascha keine Antwort.

Meiner Frau und mir ist vor allem wichtig, dass unser Sohn lernt, selbstständig zu denken. Dabei ist er auf einem guten Weg. Er hat dem Großvater gleich widersprochen und gesagt, dass er an Gott und die Ukraine glaube und dies auch weiterhin tun werde.

Kapitel 6

Heiße Reisetipps

Tourismus

72. Grund

Weil Ukraïner die Ukraine erforschen

Auf meinen Fahrradreisen fragten mich Ukrainer immer wieder, wie Ukrainer in anderen Regionen leben. Manche hatten fantastische Vorstellungen von etwas weiter entfernten Gebieten. »Stimmt es wirklich, dass sie dort ärmer (oder reicher) sind als wir?« Nein, es stimmt nicht, es ist im Grunde überall das gleiche Elend. Aber es ist bedauerlich, wie schlecht viele Ukrainer die Ukraine kennen. Das erkannten nach dem Euromaidan auch die Produzenten des Journals *Ukraïner* (mit einem Doppelpunkt über dem I!). Deshalb gründeten junge Autoren, Regisseure und Fotografen ein mehrsprachiges Journal, in dem sie die Ukraine erkunden wie ein exotisches Land. Etwa 100 Freiwillige aus der Ukraine, Polen, Tschechien, Deutschland, Österreich, der Schweiz, den USA, Kanada und Georgien arbeiten für die Projekte.

Die Teams von *Ukraïner* erforschen auf zwei- bis dreiwöchigen Expeditionen eines der unbekanntesten Länder der Erde, ihr eigenes. Millionen Ukrainer sind in den letzten Jahrzehnten ausgewandert oder hatten nie Gelegenheit, alle oder auch nur einige Regionen ihrer Heimat zu erkunden. Viele reisen im Urlaub in den Westen und in ferne Länder. »In der Ukraine ist der Service schlecht, hier ist es langweilig, wir erreichen nie europäischen Standard, meckern dann die Heimkehrer.«[23] Doch die Forscher von *Ukraïner* erzählen ihren staunenden Landsleuten, dass es »eine kleine Menge von Ausländern (gibt), die trotzdem hierherkommen und die Ukraine ganz anders beschreiben, als es unsere Medien machen. Die Ukraine scheint etwas Unerwartetes, Interessantes, Unberechenbares und ein buntes Bild für die anderen zu sein«.

Wie man es von guten Reportagen erwartet, werden im *Ukraïner* ungewöhnliche Menschen an ungewöhnlichen Orten vorgestellt, mit Texten, Fotos und Videos. Beispielsweise ein Tierpfleger in einem Bärenheim in der Reportage *Bären vor Menschen retten*. In dem Bärenheim leben traumatisierte Braunbären in Freigehegen, wo sie »rehabilitiert« werden. Obwohl die Tiere auf der Liste der geschützten Arten stehen, werden in der Ukraine noch immer schätzungsweise 200 Bären in Gefangenschaft gehalten, in mobilen Zoos oder Zirkussen, oft unter schrecklichen Bedingungen, auch als »Trainingsobjekt« für Hunde.[24] Solche traumatisierten Bären können nicht in die Wildnis ausgesetzt werden. Manche sind abhängig von Menschen, dass sie nicht einmal Eicheln selbstständig suchen und fressen. Sondern nur, wenn sie ihnen von Pflegern zugeworfen werden.

In der Reportage *Michel – der beste Freund der Büffel* wird ein Deutscher porträtiert, der in den Karpaten Büffel züchtet. Er ist 33 Jahre alt, kommt aus Kiel und studierte Forstwissenschaften an der Universität Freiburg. Wie genau er in die Ukraine gekommen ist, wird leider nicht erzählt. Lapidar heißt es nur, er sei »der Longo Maï Kooperative beigetreten und half in der Siedlung Nyschne«. Er wollte »die ökologischen Bedingungen unserer Vorfahren, die in Deutschland nicht mehr existierten, in der Ukraine finden«. In dieser Gegend hatte es Anfang des 20. Jahrhunderts in den drei umliegenden Dörfern mehrere Tausend Büffel gegeben. Aber die Kommunisten beschlagnahmten all die Büffel zugunsten der Kolchose. Doch als vergemeinschaftete Tiere wollten die Büffel keine Milch geben.

Michel erzählt den Reportern auf Ukrainisch, dass man mit karpatischen Büffeln befreundet sein muss, damit sie Milch geben. »Eine Büffelkuh wird nie Milch produzieren, solange ihr keine Freunde seid. Man muss mit ihr sprechen. Sie ist keine dumme Kuh oder Ziege! Der karpatische Büffel ist der ukrainische Elefant. Er merkt sich alles, er hat seinen eigenen Charakter.«

Inzwischen besitzt Michel mindestens die Hälfte der Büffel in den Karpaten. Außerdem züchtet er Pferde. Er hat auch eine huzulische Kuh und ein karpatisches Wollschwein namens Saschko, »das sich wie ein Hund verhält«.

Viele der Reportagen handeln von Menschen, die in der Natur tätig sind, etwa ein Leuchtturmwärter im Nationalen Naturpark »Tuslyer Limane« oder Fährmänner auf dem Dnister, dem zweitgrößten Fluss des Landes. Oder *Die Zeidler. Die Leute des Waldes*, wie der Titel der gleichnamigen Reportage lautet. Die Zeidler sammeln in den nördlichen Wäldern der Ukraine Honig von Wildbienen. Teams von *Ukraïner* besuchten einen Segel-Club bei Cherson am rechten Ufer des Dnipro im Süden der Ukraine, fuhren mit der »Karpatenstraßenbahn«, einer Bergschmalspurbahn, und sie erkundeten die Teetraditionen in den Karpaten. Von A wie Ausbildung über E wie Eisenbahn, Essen, Export oder M wie Museen und Musik bis zu U wie Unternehmer reicht das Spektrum der Themen.

Die Teams berichten vom »Tomatental« im Süden von Bessarabien, 16 Kilometer von der Donau entfernt, wo in der Siedlung Utkonossiwka Tomaten mit einem Gewicht von bis zu 450 Gramm wachsen. Am meisten wird dort die Sorte »Primadonna« angebaut, eine süße Tomate, in der ganzen Ukraine beliebt. Die Einwohner von Utkonossiwka sehen sich als Moldauer, die in der Ukraine leben. »Die moldauische Sprache ist unsere Muttersprache, und die Ukraine – ist der Staat, das ist die Heimat.« Die moldauische Sprache ist eigentlich Rumänisch, aber Psst, das hören die moldauischen Patrioten nicht so gern.

In der Bukowina, dem Buchenland zwischen Ostgalizien und Siebenbürgen, das halb zur Ukraine und halb zu Rumänien gehört, feiern die »Ukraïner« zusammen mit den Einheimischen ein ganz besonderes Fest – Krasna Malanka, Silvester nach dem Julianischen Kalender. Dort wird nicht einfach nur getrunken und getanzt, sondern es ist ein Masken- und Kostümfest. Kinder tragen dann weiße Kostüme, die reichlich mit Perlen bestickt sind, und unverheiratete Männer dürfen »Bären« spielen. Die Kostüme der Bären sind aus Stroh und können bis zu 50 Kilogramm wiegen. Sie haben bis sechs Meter lange »Flügel«. Es gibt Figuren wie Opa und Oma, Ziege, Arzt, Zigeunerin mit »Baby«, Jude, manchmal auch Reiter auf echten oder nachgemachten Pferden. Man zieht von Haus zu Haus und gratuliert »dem Herrn jedes Hauses zum neuen Jahr« und wünscht alles Gute für die Zukunft. Den Damen offenbar nicht?

In die Poltawschschyna, also die Gegend von Poltawa, haben die »Ukraïner« schon acht Expeditionen unternommen und Töpfer, Teppichweber, Musikinstrumentenbauer und Holzschnitzer besucht. Weiter im Nordosten, in der Sloboshanschtschyna, die an Russland grenzt, trafen die »Ukraïner« den Leiter des Roma-Vereins »Tschatschimo«. Der Verein leistet Rechtsschutzarbeit, organisiert Ausbildungsprojekte, Schulungen für Eltern und Literaturübersetzungen in Romani. Noch immer treffen sie auf Misstrauen bei den staatlichen Behörden und haben Schwierigkeiten, Arbeitsplätze zu finden.

Weiter im Süden, in Pawlograd in der Saporischja, trafen die »Ukraïner« türkisch-muslimische Krym-Roma. Sie haben einen Kulturverein gegründet, nehmen an den Sitzungen des Stadtrates teil und feiern am 8. April den Internationalen Roma-Tag gemeinsam mit den Pawlograder Bürgern. Konflikte werden mit dem Stadtrat einvernehmlich geklärt. Man kümmert sich um die Aus- und Weiterbildung, besonders der Kinder. Nach Cherson, in die Tawrija, fuhren die »Ukraïner«, um über das Zirkusstudio Jin Roh (»Superkraft«) zu berichten, ein Zirkus ohne Tiere und Clowns, der schon in 50 Ländern gastierte. Es ist eines der größten Zirkuskollektive der Ukraine mit mehr als 100 Akrobaten, Tänzern und Künstlern.

Noch immer haben die »Ukraïner« nicht alle Gegenden bereist, es gibt in der Ukraine noch viel zu entdecken. Hoffen wir auf weitere spannende Expeditionen! Die Internetseite des Journals findet man unter dieser Adresse: https://ukrainer.net/de/

73. Grund

Weil Tscherniwzi noch immer das Alexandrien Europas ist

Beim Radfahren in der Ukraine habe ich viele Orte gesehen, an denen ich mich gern niedergelassen hätte. Schon auf meiner ersten Tour hätte ich beinahe ein Haus an einem See gekauft, 140 Kilometer südlich von Poltawa. Besser gesagt, einen Rohbau, der nur wenig kosten sollte. Zum Dorf »Hoffnung« gehörte dieser Ort, an dem nur eine Familie lebte. Ein idealer Ort zum Schreiben! Viel besser als der von Franz Kafka erträumte stille Keller.

Die Familie meines Gastgebers Wiktor hatte sich dort erst vor wenigen Jahren angesiedelt. Etwa 50 Sorten Nutzpflanzen hatten sie inzwischen angepflanzt, Melonen, Kartoffeln, Kräuter, Obstbäume, Rüben, Beerensträucher. Allerlei Tiere mussten gefüttert und konnten gegessen werden, darunter auch vietnamesische Hängebauchschweine, die ich vorher nur in Tierparks gesehen hatte.

Wiktor war für ein großes Gebiet der verantwortliche Tierarzt, er hatte auch eine Jagdlizenz. Wir saßen abends am See, und Wiktor machte Reklame für seine Ranch. Das Dorf Hoffnung lang einige

Kilometer entfernt, dort könnte man die Lebensmittel kaufen, die man nicht selbst produzierte. Aber schon die Fische im See würden ausreichen, uns zu ernähren, falls wir einschneien sollten. Und da waren ja noch die Schweine, Hühner und Gänse. Die mussten allerdings gut geschützt werden. Am Morgen meiner Abfahrt brachte ein Bauer auf einem Auto einige tote Ziegen, die in der Nacht von Wölfen gerissen worden waren. Wiktor als Tierarzt protokollierte den Schaden, damit die Bauern Entschädigungen bekamen.

Viele solcher stillen, »romantischen« Orte gibt es in der Ukraine; oft wurde mir angeboten, mich an ihnen niederzulassen. Ein Deutscher, mit dem man quatschen und trinken kann, ein »Teufelskerl«, der mit dem Fahrrad durchs Land radelt, gilt offenbar nicht als der langweiligste Zeitgenosse. Auch in etlichen Städten war die Verführung groß, dort zu bleiben. Die lange zu Österreich-Ungarn gehörende Stadt Kolomyja in den Vor-Karpaten ist einer meiner Favoriten. Der Fluss Dnister mit seinen Canyons fließt dort vorbei, eine der schönsten Landschaften der Ukraine. Auch Tscherniwzi ist nicht weit, die ebenfalls früher zu Österreich-Ungarn gehörende Hauptstadt der Bukowina. Eine Stadt mit so schönen Beinamen wie »Klein-Wien«, »Alexandrien Europas« oder »Jerusalem am Pruth«.

Bereits im 12. Jahrhundert war dort am linksufrigen Pruth eine Siedlung der Kiewer Rus. Der Fürst der Rurikiden, Jaroslaw Osmomysl, regierte dort. 400 Jahre lang gehörte die spätere Stadt dann zum Fürstentum Moldau. Ab 1774 wurde sie von Österreich besetzt. Als Österreich-Ungarn 1918 als Staat zerfiel, kämpften Rumänien und Polen um die Stadt und die Regionen Bukowina und Galizien. Nach kurzer polnischer Herrschaft wurde der Anschluss an Rumänien vollzogen. Doch 1940 besetzten sowjetische Truppen die Stadt – so hatten es Deutschland und die Sowjetunion im Molotow-Ribbentrop-Pakt beschlossen. Ab 1941 fiel die Stadt wieder an Rumänien, das mit dem Deutschen Reich paktierte. Im März 1944 übernahmen wieder die Sowjets die Macht, und Czernowitz wurde in die Ukrainische Sowjetische Republik eingegliedert.

Im 19. und in der ersten Hälfte des 20. Jahrhunderts war Tscherniwzi eine überwiegend deutschsprachige Stadt, in der viele Nationalitäten lebten. Knapp ein Drittel der Bevölkerung waren Juden. Doch Jiddisch war nicht als eigenständige Sprache anerkannt, sondern wurde in amtlichen Papieren als Deutsch angegeben. Auch viele gebildete Juden wie Kaufleute und Professoren nutzten Deutsch als Umgangssprache. Der österreichische Schriftsteller und Journalist Karl Emil Franzos (1848–1904) behauptete im Herbst 1875 in seinem Bericht *Von Wien nach Czernowitz* zur Einweihung der Franz-Josephs-Universität sogar: »Der deutsche Geist, dieser gütigste und mächtigste Zauberer unter der Sonne, er – und er allein – hat dies blühende Stücklein Europa hingestellt, mitten in die halbasiatische Kulturwüste!«

Warum eigentlich nicht der österreichische Geist? Karl Emil Franzos stammte selbst aus einer jüdischen Familie, er hatte in Tscherniwzi an einem österreichischen Gymnasium gelernt und übersetzte auch ukrainische Volkslieder ins Deutsche. Immerhin war »der deutsche Geist« an der Franz-Josephs-Universität so tolerant und fortschrittlich, auch die ukrainische und die rumänische Sprache und Literatur zu lehren und zu erforschen. Die damalige österreichische Regierung förderte das Ukrainische sogar an den Grundschulen. Im Jahre 1914 arbeiteten mehr als 2.500 ukrainischsprachige Schulen sowie 16 staatliche und private Hochschulen.[25] Im angrenzenden Russischen Reich war die ukrainische Sprache bekanntlich zahlreichen Verboten ausgesetzt.

Heute gehören Gebäude der früheren Franz-Josephs-Universität zum UNESCO-Weltkulturerbe. Und statt nach Franz Josef ist die Universität jetzt nach Jurij Fedkowytsch benannt. Jurij Fedkowytsch (1834–1888) hat die Eröffnung der Universität noch erlebt, er war ein ukrainischer Dichter, der sich für die Popularisierung der ukrainischen Sprache engagierte. Außerdem übersetzte er Werke aus der Weltliteratur und deutscher Klassiker wie Goethe, Schiller und Heine ins Ukrainische.

Heute gehört Tscherniwzi zu den schönsten Städten der Ukraine, zusammen mit Kiew, Odessa und Lemberg (ukrainisch Lwiw). Der aus Tscherniwzi stammende frühere ukrainische Ministerpräsident Jazeniuk erzählte in einem Interview, wie ihn die Stadt prägte.

»Meine Vorstellung von der Welt – bevor ich mich auf die sehr harte Politik einließ – wurde von der Familie, Freunden der Eltern, der Umwelt, der Stadt Czernowitz, der Intelligenz, der Universität und den Ausländern geprägt, die damals kamen, noch zu sowjetische Zeiten. Es gab ein Austauschprogramm zwischen ukrainischen und kanadischen Universitäten. Dort wurde tatsächlich mein Weltbild geformt. Wir hatten die beste Universität, die beste Architektur und unglaublich schöne Menschen. Dies war eine große Familie aus vielen Nationen, Nationalitäten. Und all diese Leute fanden gegenseitiges Verständnis. Hier wurde mein Bild von der Welt geprägt. Ich habe geglaubt, dass alle Menschen offen, aufrichtig und freundlich sind, dass jeder seine eigenen Überzeugungen hat und dass diese Überzeugungen positiv sind.«[26]

74. Grund

Weil Lwiw zu sich selbst gefunden hat

Lwiw ist eine Stadt, die man nur lieben kann. Zumindest im Zentrum fühlen sich wohl alle Besucher verzaubert, die zum ersten Mal hierherkommen. »Eine der schönsten Städte Europas – Das kleine Paris oder das Wien des Ostens«, so schwärmen die Reiseveranstalter. Meisterwerke der Renaissance-Architektur wollen bestaunt werden, der Barock der St.-Georg-Kathedrale oder die gotische Bögen der Lateinischen Kathedrale Mariae Himmelfahrt, deren Bau der polnische König Kasimir der Große im Jahr 1370 in Auftrag gegeben hatte. Man kann kaum glauben, dass solche alten Gebäude die Wirren der Zeiten überstanden haben. Noch Anfang des letzten

Jahrhunderts war Lwiw unter dem Namen Lemberg eine österreichisch-ungarische Stadt, die viertgrößte Stadt im Habsburgerreich und außerdem Hauptstadt des Königreichs Galizien-Lodomerien. 1918 wurde in ihr dann die Westukrainische Volksrepublik gegründet. Doch schon im November 1918 besetzten polnische Truppen die Stadt und als »Lwow« kam sie 21 Jahre unter polnischer Herrschaft. Dann vereinbarten Hitler und Stalin 1939 in einem Pakt, Polen aufzuteilen, und Lwow wurde von der Roten Armee besetzt und in die Ukrainische Sowjetrepublik eingegliedert. Knapp zwei Jahre hielt der Teufelspakt, dann marschierten im Juni 1941 deutsche Truppen in die Stadt ein und ermordeten während ihrer Herrschaftszeit mehr als 100.000 jüdische Menschen, fast die gesamte jüdische Bevölkerung Galiziens. Vorher hatten die Mordkommandos des sowjetischen NKWD etwa 4000 politische Häftlinge getötet, vor allem Aktivisten des ukrainischen Widerstands. Nach dem Einmarsch der Deutschen proklamierten ukrainische Nationalisten in Lwiw mal wieder die Unabhängigkeit der Ukraine, wie schon 1918. Daraufhin verhaftete die SS die nationalistischen Führer Jaroslaw Stezko und Stepan Bandera und brachte sie als »Schutzhäftlinge« ins KZ Sachsenhausen.

Ab 1944 wurde Lwow dann wieder von den Sowjets besetzt. Glücklicher- und erstaunlicherweise wurde in all den Kämpfen das Zentrum der Stadt kaum zerstört. Aber die Bausubstanz zerfiel über die Jahrzehnte hinweg in der sowjetischen Misswirtschaft auch ohne kriegerische Ursachen.

Mit der Unabhängigkeit der Ukraine im Jahre 1991 wurde die Stadt dann mit dem jetzigen ukrainischen Namen Lwiw hoffentlich zum letzten Mal umgetauft. Seitdem hat sich Lwiw rasant entwickelt und wurde von Jahr zu Jahr schöner und moderner. 1998 wurde dem Stadtkern von der UNESCO der Status »Weltkulturerbe« verliehen. Mittlerweile ist Lwiw nicht nur eine touristische Perle mit vielen faszinierenden Cafés und Restaurants, Museen, Denkmälern, Hotels, Theatern und Friedhöfen, sondern auch ein Industriezentrum mit großen Messen und ein »weltweit prominenter Software-Entwicklungsstandort«.[27] Niedrige Löhne, viele gut ausgebildete Menschen, Nähe zum Westen, das sind die Hauptgründe für die wirtschaftliche Entwicklung. Berlin ist nur 800 Kilometer entfernt, Warschau nur 400, Wien knapp unter 600.

75. Grund

Weil man in Lwiw das Genießen lernt

Wilfried Jonas aus Hannover reist oft nach Lwiw, es ist seine ukrainische Lieblingsstadt. Wir verbrachten dort zusammen einen Abend, tranken Bier und schwatzten über Gott und die Welt. Anlässlich dieses Buches bat ich ihn, mir und den Lesern interessante Cafés und Plätze zu empfehlen, da er Lwiw viel besser kennt als ich.

Wilfried Jonas: »Wenn ich nach Lwiw reise, entdecke ich jedes Mal neue Perspektiven. Ich setze mich gern in ein Restaurant oder in ein Café und genieße das Flair der Stadt. Diese zehn Orte sind mir besonders wichtig.

1. Kaffee-Galerie »Stück« – Кав'ярня-галерея »Штука«

Wer ins »Stück« geht, macht eine Zeitreise in die Habsburger Geschichte. Das Lokal wurde benannt nach einem bekannten Künstlercafé aus den 1920er-Jahren. Die Pralinenschachtel von Stollwerck, die für zwei Heller einen süßen Genuss verspricht, kündet von längst vergangenen Tagen. Es fällt leicht, sich in diese vergangene Zeit zurückzuversetzen, wenn die Kellnerin Halina dem Gast mit einem süßen Lächeln einen süßen Kokoshino serviert. Oder wenn eine der vielen Kulturveranstaltungen hier stattfindet. An manchen Abenden spielen hier regionale Musiker. Das »Stück« ist Ausgangspunkt vieler historischer Führungen, über die auch auf der Internetseite informiert wird.

2. Die blaue Flasche – Під Синьою Фляжкою

Es ist nahezu unmöglich, als Tourist dieses Lokal zu finden, obwohl es mitten in der Stadt liegt. Man geht durch einen Torbogen von der Ruska wul. durch einen langen Hinterhof, bis man an eine Tür gelangt. Eine mit Ölfarbe auf ein Holzschild gemalte blaue Flasche erinnert an eine Zeit, als es Gaststätten in Lwiw verboten war, Alkohol auszuschenken. Eine blaue Flasche im Fenster symbolisierte, dass hier der Durstige das bekam, was ihm die Obrigkeit verwehren wollte. Alkohol ist längst wieder erlaubt, und die Blaue Flasche lockt den Besucher heute mit Likör und gutem Kaffee.

3. Virmenka – Вірменка

1979 gegründet, war dieses Café Anlaufstelle für die Hippies in der gesamten Sowjetunion. Im Haus schräg gegenüber hatte sich der sowjetische Geheimdienst KGB niedergelassen, um die Hippie-Szene zu observieren. Der Stammgast Alik, von dem die Bilder im Café stammen, kann bei einem armenischen Kaffee vieles aus dieser Zeit berichten. Alik wurde 2017 in San Francisco auf der Veranstaltung zum 50. Jahrestag als russischer Hippie vorgestellt und beglückte die Teilnehmer mit einem Vortrag über das ukrainische Freiheitssymbol Tryzub (Dreizack), das für den Traum der Hippies nach Freiheit steht.

4. Atlas – Атляс

Direkt am Rynok (Markt) findet man das Atlas, welches im Jahre 1871 eröffnet wurde und seitdem eine wechselvolle Geschichte aufzuweisen hat. Unter anderem in Jurij Vynnychuks Roman *Im Schatten der Mohnblüte* wird ihm ein humorvolles Kapitel gewidmet. Im Sommer ist es ein idealer Platz, um stundenlang dem Treiben auf dem Markt zuzuschauen, wenn nicht gerade wieder eine Bühne den Blick auf den Adonis-Brunnen versperrt. Lwiw bietet über 100 Festivals im Jahr. Selbst so bekannte Jazzmusiker wie Herbie Hancock oder Chick Corea treten gerne auf diesen Festivals auf, weil sie vom Flair dieser Stadt begeistert sind.

5. Speisesaal der Ideen – Трапезна Ідей

Im Keller des zwischen 1600 und 1630 erbauten Bernhard-Klosters wird bei Speis und Trank die Vergangenheit des Klosterlebens wieder lebendig. »Iss und trink, weil es keine Freude nach dem Tod gibt«. So steht es in dem nahezu unübersetzbaren Speiseplan dieses Restaurants. Die angebotenen Gerichte tragen Namen aus der Zeit und aus der Region, aus der die Rezepte stammen. Da in Galizien viele Völker lebten, liest man unter anderem Polnisch, Belarussisch, Ukrainisch und sogar Georgisch. Bruder Bohdan aus Yaworiw oder Tante Kas'ka aus Demnya, die die Gerichte empfehlen, sind die Köche. In den Katakomben hinter dem Restaurant befinden sich wechselnde Gemäldeausstellungen. Dem ersten Abt St. John aus Dukla hätte dieses Restaurant bestimmt gefallen. Er sagte 1460: »Gutes Essen ist eine Einheit von Körper und Seele.«

6. Nikifor-Denkmal

Nikifor war ein obdachloser Maler, der in Krynica-Zdrój täglich malte und seine Bilder für einen Spottpreis verkaufte. Seine Bilder wurden nach dem Zweiten Weltkrieg weltberühmt, aber er hatte keinerlei Interesse, seine Lebensweise zu ändern. Manchmal reiben Kinder und Erwachsene ihre Finger an der Bronzeskulptur des Malers, damit es ihnen Glück bringe. Der Lemke Nikifor empfiehlt mit lachendem Gesicht das Glück der Genügsamkeit.

7. Kunstzentrum Dzyga – Арт центр Дзиґа

Wer durch die Virmenka schlendert und seinen Blick in die Sackgasse wendet, sieht auf einem Dach eine Leiter, die in den Himmel ragt und an der Spitze eine irritierende Linkskurve aufweist. Hier findet man einen langen Flur, in dem sich seit 1997 eine Galerie mit moderner Kunst im spätmittelalterlichen Ambiente befindet. Anschließend kann man im Dzyga seine Eindrücke beim Kaffee verarbeiten. Der im Mai 2019 verstorbene Gründer des Dzyga, Markian Ivashchyn, war 1990 einer der Hauptakteure der Revolution auf Granit, die den

Weg zur Unabhängigkeit der Ukraine 1991 voranging. Im Dzyga begann auch die Karriere vieler ukrainischer Musiker.

8. Libraria – Lesi Ukrainka 14

Das Libraria ist eine Cocktail-Bar, in der mehrmals in der Woche Jazzbands spielen. Von der Virmenka-Straße aus führt ein Weg an der Armenischen Kirche vorbei zum Libraria, die sich in der 3. Etage eines Hinterhauses befindet. Dank der berühmten sowjetischen Verfilmung von Alexandre Dumas Roman werden sich viele in die Zeit zurückversetzt fühlen, als drei Musketiere gegen die Soldaten des Kardinals kämpften. Hier wurde in den 1970er-Jahren fast eine Viertelstunde des Films gedreht. Hinter dem kleinen Platz geht man durch einen Torbogen in einen Hinterhof. Alle Wände der Cocktail-Bar sind bis zur Decke mit Regalen voller alter Bücher aus dem wissenschaftlichen Bereich vollgestopft. Ein besonderer Ort, um in die Welt des Jazz einzutauchen.

9. Lytschakiwski-Friedhof – Личаківський цвинтар

Wer die Geschichte der Stadt kennenlernen will, sollte diesen Friedhof besuchen. Hier wurden viele berühmte Ukrainer bestattet, so der Schriftsteller Iwan Franko, die reiche Familie Bachevski, der Sänger der Gruppe Braty Hadiukiny, auch der im Donbass im Krieg gegen Russland gefallene Opernsänger Vasyl Slipak, der auf den Opernbühnen im Westen große Erfolge feierte. Ebenso der Sänger und Komponist des berühmten Liebesliedes *Chervona ruta,* Wolodymyr Iwasjuk, von dem man sagt, er sei vom KGB ermordet worden.

Während ich am Grab des Piloten vorbeigehe, auf dessen Grab ein verwitterter Holzpropeller steht, oder an der Ruhestätte des während des Maidans ermordeten Journalisten Juri Werbizki, stelle ich mir vor, dass die Toten sich unterhalten. Vielleicht verstehen sie sich besser als die Lebenden. Nur die linke Hand von Jimi Hendrix fand ich nicht. Laut Andrei Kurkow soll sie hier beerdigt worden sein. Die Hippies kennen die Stelle des Grabes.

10. Marsfeld
Direkt neben dem Lytschakiwski-Friedhof liegt das Marsfeld. Hier ist das interessant, was nicht zu sehen ist. Bis zum Ende des 2. Weltkrieges diente der Friedhof als Grabstätte für die gefallenen Soldaten des 1. Weltkrieges. Anschließend wurde dort ein Denkmal in Form einer langen Treppe errichtet. Auf den Steinen stehen Namen von gefallenen Soldaten. Neben manchen Namen steht das Geburts- und das Todesjahr, andere Namen sind ohne Jahreszahlen zu sehen. Ohne Jahreszahl bedeutet, der Soldat fiel nach 1945.«

Vielen Dank, Wilfried! Nach Lwiw oder Lemberg – der Name ist noch immer gebräuchlich – kann man von Deutschland aus leicht reisen und auch für wenig Geld hinfliegen. Es lohnt sich ganz sicher!

76. Grund

Weil auch Huzulen Ukrainer sind

Ehrlich gesagt, ich war ziemlich erstaunt, als ich nach der Maidan-Revolution in die Vorkarpaten radelte, um dort einen Freund zu besuchen, der bei den Kämpfen in Kiew schwer verletzt worden war. Nach etwa 25.000 geradelten Kilometern in der Ukraine glaubte ich eigentlich, alle Gebiete gut zu kennen, mit Ausnahme der Krim, auf der ich nie gewesen war. Aber eine der schönsten Landschaften entdeckte ich jetzt erst, die ukrainischen Vorkarpaten. Ich war zwar schon über die Karpaten geradelt, parallel zur Grenze zu Rumänien die Strecke Tscherniwzi – Kossiw – Chust – Mukatschewo, aber den östlichen Teil vor den höchsten Bergen kannte ich nicht.

Als ich nun hinter Tscherniwzi Richtung Norden nach Kolomyja radelte, da staunte ich von Kilometer zu Kilometer mehr. Wenn die Schilder und die Reklame nicht in Ukrainisch geschrieben gewesen wären, hätte ich geglaubt, in Polen zu sein. Und spätestens in und westlich von Kolomyja hätte ich geschworen, mich in Bayern oder in Österreich zu befinden. Tatsächlich gehörte diese Gegend ja früher zur österreichisch-ungarischen Monarchie, und Kirchen und viele repräsentative Bauten und Museen aus dieser Zeit sind noch erhalten und gut gepflegt worden. Aber auch viele der neueren Privathäuser waren und sind zum Verlieben schön. Gärten voller Blumen, die Zäune geschmackvoll gestrichen, lange Balkone aus Holzbalken, keine verrotteten Ziegeldächer, überall Heiligenbilder und Jesus-Kreuze, Klausen zum Verharren und Beten. Dass hier fleißige, moralisch strenge, gläubige Christen leben, erkennt man an vielen Zeichen. Mein Freund Mykola erzählte mir später, dass im gesamten Landkreis nur zwei Frauen Zigaretten rauchen. Das glaubte ich sofort. Mykola, mein Freund vom Maidan, schenkte mir später das Programm der Nationalisten, in dem gefordert wurde, dass Ukrainer nicht rauchen sollten, auch nicht die Männer. Aber die Verwirklichung dieses Ziels steht noch in den Sternen.

Als ich die Häuser und die Landschaft sah, da verstand ich aber auch sehr gut, weshalb aus dieser Gegend viele Menschen an den Maidan-Protesten in Kiew teilgenommen hatten und weshalb mit Ausbruch des Kriegs viele von ihnen sich freiwillig an die Front meldeten, obwohl die doch 1.000 Kilometer entfernt und sie nicht unmittelbar betroffen waren. Um Gottes willen nicht wieder unter russische Herrschaft oder auch nur Vorwundschaft und Abhängigkeit gelangen! Die Älteren können sich noch gut erinnern und haben oft erzählt, wie es war, als »die Moskoli« hier Razzien machten, als willkürlich verhaftet, deportiert und erschossen wurde, weil man ukrainisch sprach oder huzulische Lieder über die Freiheit in den Bergen und beim Wandern sang. Allerdings mussten die Moskauer Geheimdiensttruppen hier furchtbare Verluste hinnehmen. Der Partisanen- und Untergrundkrieg gegen die Besatzer wurde hier noch lange nach Endes des Zweiten Weltkriegs geführt, noch in den 1950er-Jahren in der »sozialistischen« Ukraine. Wobei die Ukrainische Aufständische Armee von 1945 bis 1946 sogar fast die Hälfte des Gebiets der heutigen Ukraine kontrolliert haben soll. Je stärker die

Rote Besatzungsarmee und die sowjetische Geheimdienste wurden, desto mehr zogen sich die ukrainischen Kämpfer in den Untergrund zurück. Sie wussten ganz genau, wie Stalin den Massenmord durch Hunger in der östlichen Ukraine organisiert hatte, und sie wollten nicht das Gleiche erleben. Selbst in den friedlicheren letzten Jahrzehnten der Sowjetunion galt hier allenfalls ein Stillhalteabkommen mit den Kommunisten aus Moskau; nie fand die marxistisch-leninistische Lehre einen Weg in ihre Herzen. Die schönen Worte von der Brüderlichkeit aller Menschen war ja doch nur ein Alibi für Massenmorde und rechtliche Willkür, und das verstand man hier sehr gut.

Ganz sicher waren hier nicht 70 Prozent der Männer Alkoholiker und auch nicht 70 Prozent arbeitslos, wie man es mir in Welyka Nowosilka im Donbass erzählt hatte. Der Fairness halber muss man allerdings erwähnen, dass die Menschen hier natürlich heute auch deshalb reicher waren, weil sie leicht in die angrenzenden Länder Polen, Slowakei und Ungarn fahren, dort arbeiten und höhere Löhne kassieren konnten. Außerdem ist die Landschaft ungemein beeindruckend, die Berge flößen Respekt ein, die Wälder und Bergwiesen sind paradiesisch schön. Wer solch eine Heimat hat, der wird bestimmt nicht sagen, er wolle zur russischen Welt gehören, weil dort die Windeln billiger sind, wie es mir ein Polizist in Blysnjuky erklärt hatte. Und er wird auch nicht wie Jura in Blysnjuky behaupten: »Wir haben keine Kultur.«

Nein, die Kultur der Huzulen, die hier mehrheitlich wohnen, ist sehr alt. Sie verteidigten ihre Heimat schon gegen die mongolischen Truppen unter Dschingis Khan in der Schlacht bei Muhi im Jahre 1241. Von den Mongolen klauten sie offenbar auch Pferde, denn die Huzulenpferde stammen von den mongolischen ab. Sie gelten als »nervenstark, instinktsicher und ausdauernd«.[28] Es gibt sogar eine internationale Organisation, die Hucul International Federation (HIF), die sich nur um die Züchtung reinrassiger Huzulenpferde kümmert. Man schätzt deren hohe Fruchtbarkeit und Einsatzfähigkeit bis ins hohe Alter. Sie können 30 Jahre alt werden, ziehen gutmütig den Wagen oder Holz aus dem Wald (wie ich selbst sehen konnte) und eignen sich ebenso als Wanderreitpferde und führen sogar gern antrainierte Kunststücke auf. Die kunsthandwerklichen Fähigkeiten der Huzulen kann man jeden Samstag auf dem Huzulen-Basar von Kossiw bestaunen, der inoffiziellen Hauptstadt der Huzulen. Dort werden Holzschnitzereien und Töpferwaren angeboten oder traditionelle Musikinstrumente, etwa die Trembita, vergleichbar dem Alpenhorn, oder das Hackbrett Cymbaly.

Großer Unsinn ist es aber, die Huzulen in romantisierender Weise als »halbnomadisches Volk« zu bezeichnen, das angeblich »von Forstwirtschaft und Schafzucht« lebe, wie dies in dem arte-Dokumentarfilm *Vergessene Völker, Die Huzulen in der Ukraine* aus dem Jahr 2013 geschieht. Ein kleiner Teil der Bevölkerung lebt von der Landwirtschaft, aber die übergroße Mehrheit der Huzulen ist in modernen Berufen tätig, ob als Kraftfahrer, Lehrer, Manager oder IT-Spezialist. Und »halbnomadisch« leben nur sehr wenige Schäfer, die im Sommer die Herden auf den Bergwiesen beschützen. Und sehr viele der Männer arbeiten in den westlicheren Ländern und verdienen dort gutes Geld, meistens als Bauarbeiter und Handwerker. Weil das aber nichts Besonderes ist, wird es in verklärenden Filmen nicht gezeigt, sondern stattdessen, wie Huzulen Käse machen oder Flöten schnitzen.[29]

Ich selbst hatte das große Glück, an einer huzulischen Hochzeit als einer von 400 Gästen teilnehmen zu dürfen. Ein Sohn eines Nachbarn von Mykola heiratete. Die eigentliche Feier fand in zwei Zelten in den Bergen statt, und das war ungemein beeindruckend und zählt zu den schönsten Erlebnissen meines Lebens. Solch einen gigantischen Chor hatte ich vorher und habe ich danach nie wieder gehört. Stundenlang sangen die 400 Freunde, Nachbarn und Verwandten. In einem der Zelte wurde getanzt, darunter auch der Kreistanz Kolomyjka, der nach der Stadt Kolomyja benannt ist. Ich traf Freunde vom Maidan wieder und trug natürlich eine Wyschywanka und fühlte mich beinahe selbst wie ein Huzule.

Weil in Odessa die Unterwelt unergründlich ist

Insgesamt besteht die Ukraine aus 24 Oblasten, wörtlich Gebieten, vergleichbar den Bundesländern in der Bundesrepublik Deutschland. Der Fläche nach der größte Oblast ist der Odesska oblast im Südwesten mit 33.310 km² und damit etwa so groß wie Nordrhein-Westfalen (34.112 km²). Der Oblast grenzt im Süden an Rumänien, im Westen an Moldawien und an die international nicht anerkannte, aber von Russland unterstützte Pridnestrowische Moldauische Republik.

Die gleichnamige Hauptstadt Odessa war lange Zeit ein »Piratennest« und dann die internationalste ukrainische Stadt, in der neben Ukrainern vor allem Italiener und Juden lebten. Eine Stadt, in der es sich, wie Isaak Babel es formulierte, »leicht und hell leben« ließ. Odessa war so russisch wie New York amerikanisch, ein Gewimmel vieler Völker. Ein Drittel der Bewohner waren im Jahre 1840 Italiener, ein weiteres Drittel gab als Muttersprache Jiddisch an. Die Italiener brachten ihre Opern mit, selbst die Droschkenkutscher sangen italienische Arien. Große Orchester spielten in Bierhallen, ukrainische, russische und jüdische Folklore vermischten sich, die Schmuggler sangen ihre Gaunerlieder in mehreren Sprachen. Das Gaunertum galt hier traditionell als Ausdruck von Freiheit gegenüber dem Staat. Die aus Odessa stammenden sogenannten *Blatnyje pesni* (блатные песни), Gaunerlieder oder offiziell Odessaer Chansons genannt, hatten schon in der Sowjetunion eine wichtige gesellschaftskritische Funktion. *Blat* bezeichnet im Russischen den Jargon der Diebe, vergleichbar dem deutschen Rotwelsch. Die *Blat*-Lieder handeln von Gaunern und ihren Abenteuern, von der Zeit im Gefängnis und im Lager, von Vergänglichkeit, von der Sehnsucht nach Freiheit und Heimat. Schon Fjodor Michailowitsch Dostojewski zitiert in seinen *Aufzeichnungen aus dem Totenhaus*, aus dem sibirischen Straflager, diese

Lieder. Unter Stalin galten sie ab Mitte der 1930er-Jahren als verboten, obwohl das Verbot nie offiziell ausgesprochen wurde und obwohl »Der Verdiente Mörder des Volkes«, wie Bertolt Brecht ihn nannte, diese Lieder selbst gern sang oder singen ließ, sogar auf einem offiziellen Empfang im Kreml für Nordpolarflieger. Leonid Utjossow, der damals berühmteste Entertainer des Landes, sang dort beispielsweise das Lied *Aus einem Odessaer Knast*, das auf Heines *Zwei Grenadiere* zurückgeht. Nachdem Stalin die Hände erhoben hatte, begannen alle Gäste zu klatschen. »Die Piloten sprangen in ihren Springerstiefeln auf die Tische und fingen an zu stampfen«, so erzählt es Utjossow in seinen Erinnerungen. Listige Liebhaber *Blatnyje pesni* sangen sie trotz der Verbote weiterhin und pressten sie sogar ohne staatliche Genehmigungen auf Schallplatten auf Röntgenbilder, um sie auf dem schwarzen Markt zu verkaufen. In Ermangelung von Vinyl schnitten sie die Röntgenbilder kreisrund, so wurde die »Musik auf Rippen« oder auch »Knochenmusik« geboren. Später erleichterten Tonbänder den privat organisierten Vertrieb der *Blat*-Lieder.

Der Musikjournalist Uli Hufen hat die Geschichte dieser Lieder in seinem Buch *Das Regime und die Dandys: Russische Gauner-Chansons von Lenin bis Putin* ausführlich beschrieben. Zum Blatnjak-Forscher wurde Uli Hufen an dem Tag, an dem er das erste Mal die Stimme von Arkadi Sewerny hörte, dem sowjetischen Bob Dylan. »Es war ein Moment wie der, als ich zum ersten Mal bewusst Soul hörte«, erzählt Uli Hufen mir. Während die Sowjetunion in westliche Geschichtsbücher oft als trostloses Land uniformer Menschen eingegangen ist, schildert Uli Hufen ein fantastisches Musik- und Konzertleben, in dem die Grenzen zur Halb- und Unterwelt fließend waren. Man pfiff auf die Macht und lebte nach den eigenen Regeln. Je gesetzloser die Regierung selbst handelte, desto populärer wurden die Lieder der Kriminellen, der »Unpolitischen«. Die beliebtesten Jazzorchester des Landes spielten Gauner-Chansons, in denen die Einsamkeit, die Freiheitsliebe, der Rausch und der Kampf gegen die Polizei gefeiert wurden.

Der Chansonnier Arkadi Sewerny sang am liebsten »Lagerlieder, Selbstmordlieder, Sauflieder aller Art und nicht zuletzt auch Lieder, die die Monarchie, das zaristische Russland und den Widerstand des Weißen Russlands gegen die Roten Bolschewiki glorifizierten«, erzählt Hufen von seinen *Blatnjak*-Recherchen, bei denen er Zeitzeugen in Odessa, Sankt Petersburg und Moskau befragte. Arkadi Sewerny stieg zum Star der sowjetischen Subkultur auf, er verdiente in den 70er-Jahren pro Konzert das Vierfache eines durchschnittlichen Monatsgehalts. In den Plattenaufnahmen stilisierte er sich zur Legende und erzählte, »er sei gerade von einer Tour im Westen zurückgekehrt, er habe in Paris *Der Pate* gesehen, er habe mit einem Orchester aus der BRD gespielt, in Vietnam als Bomberpilot gedient«. So entstand die Kunstfigur eines freien Mannes, die all die Sehnsüchte der Zuhörer in sich aufnehmen konnte, die durch die zahlreichen Verbote erst geweckt worden waren. Wegen Geschäftemacherei, nicht wegen der Musik, wurden *Blat*-Produzenten und *Blat*-Musiker in der Sowjetunion öfter zu Gefängnisstrafen verurteilt. Doch Arkardi Servernis Produzent sagte über seine Zeit im Lager lapidar: »Echte Leute mit Charakter kann das Gefängnis nicht brechen. Ich habe im Gefängnis gelernt, Gitarre zu spielen. Ich hatte gute Lehrer, ich hatte viel Zeit, und ich lernte sehr viele Lieder. Ich bin nicht sauer. Die haben nur ihre Arbeit getan. Wir haben zwar nichts direkt Politisches gemacht, aber es lief natürlich gegen sie. Wir haben die Gegenkultur geschaffen!«

Auch heute gilt Odessa womöglich als die korrupteste Stadt der Ukraine, besonders der Hafen ist Quelle der Kriminalität. Aber für Touristen ist die Stadt kaum gefährlicher als andere. Man kann dort »die Unterwelt« besuchen, ohne Verbrecher zu treffen, nämlich in den Katakomben, die eine Länge von 2.500 Kilometern haben sollen. Der einzige offizielle Eingang befindet sich einige Kilometer vom Zentrum von Odessa entfernt, nämlich im Museum der »Heldenhaften Partisanen« im Dorf Nerubajske. Die Partisanen nutzten die Katakomben als Verstecke im Kampf gegen die Deutschen. Die meisten Katakomben waren allerdings entstanden, weil man Sand abbaute und als Baumaterial nutzte. Viele waren und sind auch natürliche Hohlräume.

78. Grund

Weil die Krim zur Ukraine gehört

Früher konnte die Krim von allen genutzt werden, von Russen und Ukrainern, von vielen Touristen aus dem Ausland, vor allem aus dem westlichen. Die meisten meiner ukrainischen Freunde und Bekannten fuhren nahezu jedes Jahr auf der Krim. Es war der freieste Ort der früheren Sowjetunion, ausgenommen die drei glücklichen baltischen Staaten. Auf der Krim tankte man die Seele auf. Wildes Zelten, kiffen, allein auf einem Berg meditieren mit Blick aufs Meer und Delfine, das war immer möglich seit der Unabhängigkeit der Ukraine. Das Kiffen ist zwar laut Gesetz dummerweise zwar auch in der Ukraine verboten, aber Polizisten kraxeln nicht in den Bergen oder an wilden Stränden herum.

Berühmt war das Jazz-Festival »Koktebel«, da tanzten Zehntausende Menschen fünf Tage und fünf Nächte lang. Stars aus den USA, Frankreich, Russland, der Ukraine spielten zusammen. Meine Frau war dort jedes Jahr. Sie war auch auf der Krim, als die »Grünen Männchen« erschienen, Russlands Soldaten ohne Hoheitszeichen.

Hätten die Bewohner der Krim eine freie Wahl gehabt, hätten sie wohl die Schweiz oder Schweden gewählt, nicht Russland, kommentierte eine Freundin aus Russland das angeblich korrekte Referendum im Frühjahr 2014. Leider fehlte auf dem Wahlzettel die wichtigste Option – der Verbleib in der Ukraine in der jetzigen Form als Autonome Republik, ausgestattet mit besonderen Privilegien gegenüber allen anderen Regionen der Ukraine, mit mehr Selbstbestimmung und Hoheitsrechten in Finanzen, Verwaltung und Recht.

Manche Verteidiger des Diebstahls der Krim durch Russland verweisen gern darauf, dass die Krim doch früher auch zu Russland gehört habe; Russland habe einen historischen Anspruch auf die Krim. Richtig, Russland hat die Krim früher schon geklaut, besetzt, okkupiert, verwaltet, die einheimische Bevölkerung getötet und vertrieben. Das erste Mal im Jahre 1783. Bis dahin gehörte die Krim 300 Jahre lang zum Omanischen Reich. Die Türkei hätte demnach viel längere Anspruchsrechte als Russland. Bei der ersten sich bietenden Gelegenheit im Jahre 1917 beschlossen die Krimtataren nach der langen Besatzungszeit, eine »Volksrepublik Krim« auszurufen. Doch diesen Anspruch auf staatliche Unabhängigkeit beendete die aus Moskau herbeibefohlene Rote Armee, und 1921 wurde die Krim als »Autonome Sozialistische Sowjetrepublik« in die Sowjetunion eingegliedert, natürlich ohne demokratische Wahlen.

Und diese zwei Gewaltakte aus den Jahren 1783 und 1921 sollen »Russlands historisches Recht« auf die Krim begründen? Wer drei Mal klaut, geht straffrei aus? Kiew war noch länger als die Krim Teil des russischen Imperiums, seit 1654. Dürfen die Russen also auch in Kiew einmarschieren, weil sie historische Ansprüche haben? Und wie ist es umgekehrt mit den ukrainischen Ansprüchen an Russland, beispielsweise an den im Osten okkupierten Kuban? Und sollen die Deutschen in Kaliningrad einmarschieren?

Am 1. Dezember 1991 hatte die Bevölkerung der Krim die Gelegenheit, demokratisch über ihre Staatlichkeit abzustimmen. Und die Mehrheit, 54 Prozent, stimmte für die Unabhängigkeit der Ukraine von der Sowjetunion und für einen Verbleib der Krim in der Ukraine. Die Entscheidung war auch logisch und vernünftig, denn mit der Ukraine war man über das Festland verbunden, von dort kamen Strom und Wasser.

Viele Krimtataren, von Stalins NKWD vertrieben und deportiert, kehrten danach in ihre alte Heimat zurück. Ihre Häuser bekamen sie leider nicht wieder. Dort lebten jetzt meistens sowjetische Offiziere und deren Angehörige und Nachfahren. Für sowjetische Offiziere und Funktionäre war die Krim als Wohnort für die Rente das Erstrebenswerteste, was man sich vorstellen konnte. Goldene Riviera! Mildes, subtropisches Klima, kaum Heizkosten. Hunderte Dichter hatten Hymnen auf die Krim geschrieben. Es war das sowjetische Florida, bloß ohne Krokodile und Kobras.

Doch auch zwischen sowjetischen Offizieren und Krimtataren kam es nicht zu blutigen nationalen Konflikten. Bei den letzten freien Wahlen auf der Krim erhielt die Russland-freundliche Partei, die für eine Angliederung der Krim an Russland plädierte, vier Prozent der Wählerstimmen. Nicht einmal Janukowytsch hatte diese Idee geäußert, weil er sonst jede Wahl verloren hätte. Schon, dass er den Pachtvertrag mit Russland für die Militärhäfen von Sewastopol um 25 Jahren verlängert hatte, hatte in der ukrainischen Öffentlichkeit und der Bevölkerung für heftige Proteste und Kritik gesorgt.

Heute sind von den großen früheren Touristengruppen nur die Russen geblieben. Viele Ukrainer können nicht mehr auf die Krim fahren, weil sie in der ukrainischen Armee gedient haben, weil sie in kriegswichtigen Verwaltungen arbeiten oder als freiwillige Helfer bei gemeinnützigen Organisationen. Sie könnten als Geiseln genommen werden. Dutzende Ukrainer wurden auf russischem Gebiet in den letzten Jahren zu Unrecht inhaftiert und verurteilt.

Amnesty International schätzt beispielsweise ein, dass die Menschenrechtslage auf der Krim besorgniserregend sei. Versammlungs-, Vereinigungs- und Meinungsfreiheit sowie die Freiheit der Medien seien eingeschränkt. »Die Repressalien reichen von Drohungen und der Verweisung aus dem Land bis zum ›Verschwinden lassen‹ oder langjährigen Haftstrafen.«[30]

So wurde beispielsweise am 22. September 2017 der Journalist Mykola Semena von einem Gericht auf der Krim zu zweieinhalb Jahren Haft wegen Verletzung der territorialen Integrität Russlands verurteilt. »Er hatte in einem Artikel erörtert, warum er die Annexion der Krim ablehnt, und sich für eine Blockade der besetzten Krim ausgesprochen. Laut russischem Strafgesetzbuch ist es strafbar, öffentlich zu Handlungen aufzurufen, die auf die Verletzung der territorialen Integrität Russlands gerichtet sind.« Aufrufe zur Verletzung der territorialen Integrität *anderer* Länder sind in Russland natürlich nicht strafbar, sonst müssten die meisten russischen Politiker verurteilt werden, einschließlich des Präsidenten. Dabei kann Mykola Semena sich noch glücklich schätzen, dass er nicht gleich ermordet wurde, so wie es Reschat Ametow passierte, einem Krimtataren, der 2014 zum ersten Opfer der putinschen Okkupation der Krim wurde. Mykola Semena wurde von Putins »höflichen Soldaten« bestialisch gefoltert und durch einen Stich ins Auge getötet.[31]

Wird die Krim jemals wieder zur Ukraine gehören und wieder das freie Land werden, das es vor der russischen Okkupation war? An und für sich sollte es daran keinen Zweifel geben. Die drei baltischen Staaten waren 51 Jahre lang okkupiert worden, erst dann konnte historisches Unrecht korrigiert werden. Vielleicht wird es im Fall der Krim ebenso lange dauern, bis die Menschen und die Regierungen in Russland unter dem Druck der Verhältnisse erkennen, dass man ein »Brudervolk« nicht beklaut und dass man sich mit solch einem Verhalten keine Freunde schafft.

79. Grund

Weil Kiew für Touristen immer interessanter wird

Nach den martialischen Bildern der Maidan-Revolution, der Okkupation der Krim und dem Beginn des Krieges im Osten des Landes reisten zunächst viel weniger ausländische Touristen in die Ukraine als vor diesen dramatischen Ereignissen. Im Jahr 2014 kamen beispielsweise nur noch 2,4 Millionen Russen, statt wie früher mehr als 10 Millionen.[32]

Ich selbst ließ mich nicht abschrecken und wurde dafür mehrmals belohnt. Besonders zu Herzen ging mir, als mir in einem Hotel die

Dame von der Rezeption das Geld für die Übernachtung zurückbrachte, mit einem schönen Gruß vom Chef und der Bemerkung: »Menschen wie Sie müssen bei uns nicht bezahlen!«

Viele Ukrainer machten mir Komplimente, weil ich nicht als Zeuge des Sofas über Land und Leute schrieb, sondern auch 2014 wie jedes Jahr mit dem Fahrrad durch das Land fuhr. Doch meines Erachtens erreicht man die Fähigkeit zum Urteilen nur über die empirische Anschauung, über die sinnliche Wahrnehmung, wie Immanuel Kant es gelehrt hat. Viel zu oft hatte ich in Deutschland erlebt, dass sich Menschen einbildeten, die Ereignisse in der Ukraine beurteilen zu können, ohne je in dem Land gewesen zu sein. So betrogen sie sich selbst. Das aber wollte ich nicht, es ist mir zu billig.

Inzwischen haben es die Ukrainer geschafft, viele wichtige Reformen durchzuführen, viele Infrastrukturprojekte zu bewältigen, trotz des Krieges und trotz der permanenten Drohungen Russlands, den Krieg auf das ganze Land auszuweiten. Neue Flughäfen wurden eröffnet, wie etwa in Poltawa, und immer mehr Fluggesellschaften bieten preiswerte Flüge in die Ukraine an. So kann man inzwischen für wenig Geld von Deutschland aus nonstop in ukrainische Städte wie etwa Lwiw, Kiew oder Dnipro fliegen. Besonders die faszinierende Hauptstadt Kiew wird gern besucht. Nach Auskunft des früheren Boxweltmeisters und heutigen Bürgermeisters von Kiew, Vitali Klitschko, kamen im Jahre 2018 etwa zwei Millionen Touristen in diese Stadt. Für die nahe Zukunft werden doppelt so viele erwartet.[33]

In die gesamte Ukraine reisten im Jahr 2017 etwa 14 Millionen Menschen, darunter viele Transitreisende, jedoch auch vier Millionen ausländische Touristen. Etwas kurios: Etwa 50.000 Ausländer kamen, um sich medizinisch behandeln zu lassen, etwa von Zahnärzten, weil die Preise so moderat sind und die Qualität der Behandlung genauso gut ist wie etwa in Deutschland. Eine Keramikkrone kann man sich in der Ukraine für einen Preis von 40 Euro einsetzen lassen, während man in Deutschland dafür durchaus das Zehnfache oder mehr bezahlen müsste.

»Tatsächlich fiel es mir nicht schwer, unter den drei damals großen Sowjetstädten die schönste auszuwählen«, schrieb der *SPIEGEL*-Reporter Christian Neef über seinen ersten Besuch in der ukrainischen Hauptstadt. »Moskau war die Metropole, natürlich – aber laut, grob und architektonisch von der Sowjetzeit misshandelt. St. Petersburg, das ehemalige Leningrad, hatte sein historisches Antlitz erhalten, wirkte aber irgendwie museal. Kiew dagegen, von allen drei Städten die grünste Stadt, war frisch, jung und dynamisch.« Das sei auch bis heute so geblieben, stellt er fest, als er im Jahre 2017 zum Eurovision Song Contest kommt. »Es ist der kritische Geist dieser Stadt, der sie so sympathisch macht. Immer gab es hier Meinungsvielfalt, immer eine offene Presse, als es die in Moskau längst schon nicht mehr gab, keine russische Stadt wirkt so europäisch wie Kiew.«[34]

Dass es in der Ukraine sogar zur Zeit des despotischen Präsidenten Wiktor Janukowytsch eine freie, offene Presse gab, war im Ausland kaum bekannt. Ich selbst wurde zu dieser Zeit beispielsweise von Deutschlandradio Kultur interviewt, und der Redakteur wollte von mir wissen, weshalb bei Fernsehübertragungen von der Fußballeuropameisterschaft keine Bilder von der inhaftierten ehemaligen Ministerpräsidentin Julia Timoschenko gezeigt wurden. Zwei Grünen-Politiker aus Deutschland hatten bei einem der Spiele ein großes Banner mit der Aufschrift »Gerechtigkeit für Julia Timoschenko« aufgerollt, und das konnte man im Fernsehen nicht sehen. Leider reagierte ich in diesem Interview nicht schnell genug. Ich hätte antworten müssen, dass in der Ukraine kein Bilderverbot herrscht, nicht einmal politische Zensur, dass aber die Bildregie bei der UEFA liegt, nicht in der Verantwortung der Ukrainer. Und laut UEFA-Regeln sollen Fußballspiele nicht zu politischen Protesten benutzt werden. In den ukrainischen Zeitungen aber waren nahezu täglich Fotos von Julia Timoschenko zu sehen und Berichte über ihre Gesundheit zu lesen. Und am Chreschtschatyk, der zentralen sechsspurigen Hauptverkehrsstraße der ukrainischen Hauptstadt Kiew, demonstrierten während der ganzen Zeit von Timoschenkos Inhaftierung einige

Großmütter in Zelten für deren Freilassung. Ein solch repressives, brutales und paranoides Regime wie in Russland unter Wladimir Putin hat es in der Ukraine seit ihrer Unabhängigkeit noch nie gegeben. Ich wurde beispielsweise in Kiew noch nie von der Polizei kontrolliert, in Moskau aber bei jedem Besuch. Und jedes Mal wollten die russischen Polizisten dann Geld von mir haben für ausgedachte Gründe. Zwar habe ich ihnen nie etwas gezahlt, aber mindestens lästig waren solche Bettelversuche der russischen Staatsdiener.

In Kiew und in der Ukraine können Touristen dagegen ungestört umherspazieren. Besonders nach der kürzlich erfolgten Polizeireform sind die meistens sehr jungen Polizisten zu Ausländern sehr höflich, in Kiew und anderen touristischen Zentren können sie normalerweise zudem englisch sprechen.

Jedoch kann es auch passieren, dass man als Ausländer beispielsweise von Taxifahrern betrogen wird, besonders, wenn man kein Ukrainisch oder Russisch spricht. Wenn man die Landessprachen einigermaßen beherrscht, kann man diese Versuche aber auch abwenden, wie wir im nächsten Kapitel erfahren werden.

80. Grund

Weil man in Kiew auch umsonst Taxi fahren kann

Der Taxifahrer vorm Bahnhof antwortet auf meine Frage nach dem Preis bis zum Sportpalast: »Alles nach dem Gesetz. Alles wird gezählt.« Und er zeigt auf rote Zahlen auf der Apparatur hinter dem Lenkrad. Gut, rattert es durch mein Gehirn, neue Kultur in Kiew, kein Betrug mehr möglich, keine gemauschelten Preise. Außerdem telefoniere ich nebenbei, bin abgelenkt und frage deshalb nicht noch einmal nach dem genauen Preis.

Wir fahren einige Meter, da beginnt der Taxifahrer zu schimpfen: »Sehen Sie die neue Polizei, wie sie dem Abgeordneten helfen?«

Er muss einem Polizeiauto Vorfahrt gewähren. Dahinter fährt ein teurer Jeep, offenbar vermutet der Taxifahrer darin den Abgeordneten. »Niemand arbeitet in diesem Land ehrlich«, schimpft der Fahrer weiter. Er bekomme eine Rente von 1.200 Hrywnja, umgerechnet 40 Euro, wie könne man damit überleben? Das kann man natürlich nicht.

»Warum war ich bloß auf dem Maidan, wenn nichts besser geworden ist?«, frage ich.

»Ich war auch auf dem Maidan, wir waren alle auf dem Maidan. Die Bande musste weg!« Er vermutet aufgrund meines Akzentes, ich sei Bulgare. Als ich ihn über meine Herkunft aufkläre, stimmt er ein Loblied auf Deutschland an.

»Bei Ihnen wird das Gesetz geachtet, richtig? Gesetz ist Gesetz, immer und überall. Die Deutschen sind ein kultiviertes Volk. Einer meiner Freunde lebt in Deutschland, ein anderer in Polen, einer in Spanien, alle sind zufrieden.«

Sein Telefon klingelt. Er begrüßt einen Kolja, nennt ihn Bruder. Kolja ruft offenbar aus Moskau an. Der Taxifahrer erklärt ihm, dass er bei dessen früheren Anrufen beschäftigt gewesen sei, er müsse ja arbeiten. Er bedankt sich für Koljas Einladung nach Moskau, nennt ihn wieder Bruder und Freund.

Nach dem Gespräch erzählt er mir, er habe vor 40 Jahren mit Kolja zusammen als Matrose auf einem Schiff gedient. Auch ein Kasache und ein Tatare gehörten noch zu diesem Freundschaftsbund. Niemand habe früher nach der Nationalität gefragt.

»Alles entwickelt sich falsch. Früher kostete der Dollar acht Hrywnja, jetzt siebenundzwanzig.«

»Dieser Kurs, das ist doch nur ein Parameter«, sage ich. »Gibt es noch andere Faktoren? Der Krieg kostet auch Geld. Glauben Sie, dass es ohne den Maidan heute besser wäre?«

Er schimpft wieder über die Parasiten und Oligarchen. Er sei kein Politologe, doch Betrug könne er erkennen. Nach etwa 15 Minuten sind wir am Ziel, die Hälfte der Zeit haben wir im Stau verbracht. Ich hatte mehrmals auf die angezeigten Zahlen gesehen, aber welche den

Preis darstellen sollte, begriff ich nicht. 26,5 war die höchste Zahl, sollte das der Grundpreis sein, umgerechnet knapp ein Euro? Ein bisschen wenig, oder?

Ich halte ihm 100 Hrywnja hin.

Er sagt, der Preis betrage 180 Hrywnja.

»Einhundertachtzig? Warum?«

Er zeigt auf eine kleine rote Zahl, 18,2. Wir seien 18 Kilometer gefahren, jeder Kilometer koste zehn Hrywnja. Er zeigt mir eine Tabelle, eingeschweißt in eine Folie, mit den Stadt- und Nachttarifen von Kiew. Da ich Kiew ja auch als Radfahrer kenne, weiß ich allerdings, dass die Angabe »18 Kilometer« kompletter Blödsinn ist. Nach 18 Kilometern wären wir schon außerhalb der Stadt gewesen.

»Es ist offenbar ein geografisches Phänomen«, sage ich. »Lassen Sie uns einen Passanten oder einen Polizisten fragen, wie viele Kilometer es von hier, vom Sportpalast, bis zum Bahnhof sind.«

Er behauptet weiterhin, wir seien 18 Kilometer gefahren, und schlägt vor, zum Bahnhof zu fahren und dort nach der Entfernung zu fragen. Er will sich tatsächlich wieder in den Verkehr einreihen. Ich muss lachen.

»Hier ist mein Ziel, halten Sie! Wissen Sie, ich bin auch ein deutscher Journalist, ich könnte eine Reportage über die verrückten Entfernungen in Kiew schreiben, und Sie helfen mir dabei. Wie man in Kiew in wenigen Minuten achtzehn Kilometer zurücklegt.«

Vielleicht ist es wie mit der Entfernung zwischen Erde und Mond, die ändert sich ja auch ständig? Er stoppt, wirft mir die 100 Hrywnja auf den Schoß und schreit: »Verlassen Sie mein Auto! Nehmen Sie Ihr Geld!« Er öffnet mir sogar die Beifahrertür.

Das ist auch keine schlechte Lösung, denke ich. Als ich auf Fußweg stehe, schreit er: »Alle Deutschen sind geizig! Aber Sie sind ein Faschist!«

Meinetwegen. Vielleicht hätte ich ihm sogar 180 Hrywnja gegeben, aber ich fühlte mich in meiner Ehre als Radfahrer gekränkt. Das konnte er natürlich nicht wissen. Außerdem hatte er den Fehler begangen, gleich am Anfang zu behaupten, niemand arbeite ehrlich. Wenn alle Menschen Lügner sind, dann natürlich er auch. Außerdem kenne ich Ukrainer, die ehrlich arbeiten, und die hat er beleidigt.

Später sehe ich nach, wie weit es vom Bahnhof zum Sportpalast ist. Die Entfernung beträgt knapp vier Kilometer.

81. Grund

Weil schon Jaroslaw der Weise Kiew liebte

Für Touristen ist es also wahrscheinlich besser, nicht mit dem Taxi, sondern mit der Metro oder mit Bussen durch die Stadt zu fahren. Und preiswerter ist es natürlich auch. Ohnehin sollte man als Kiew-Besucher mit der Metro gefahren sein, um die Stationen mit ihren Mosaiken zu sehen, beispielsweise das »Goldene Tor«, das zu den 15 schönsten Metro-Stationen der Welt gehören soll, wie eine Umfrage des australischen Reisemagazins *Bootsnall* ergab. Und immer wieder ist es aufregend, mit den Rolltreppen tief unter die Erde zu fahren, zur Station Arsenalna beispielsweise, die 105 Meter unter der Oberfläche liegt. Das gesamte Streckennetz der Kiewer Metro hat übrigens eine Länge von knapp 68 Kilometern und umfasst 52 Stationen. Im November 1960 wurde die erste Strecke zwischen dem Hauptbahnhof und der Station Dnipro eröffnet.

Im Zentrum von Kiew kann man viele berühmte Sehenswürdigkeiten aber auch zu Fuß besuchen. Man fährt beispielsweise mit der Metro vom Hauptbahnhof zu den Stationen Teatralna, Chreschtschatyk oder Arsenalna und läuft über den Platz der Unabhängigkeit, den Maidan Nesaleschnosti, kurz als Majdan bezeichnet, über das Goldene Tor zur Sophienkathedrale. Das Goldene Tor wurde schon Anfang des 11. Jahrhunderts auf Befehl des Kiewer Großfürsten Jaroslaw des Weisen erbaut. 1982 wurde in diesem alten Stadttor ein Museum anlässlich des 1500-jährigen Bestehens von

Kiew eröffnet. Um das Tor herum und in den Seitenstraßen sind viele Cafés und Restaurants mit unterschiedlichen nationalen Küchen, japanischen, französischen und auch preiswerten ukrainischen Speisegaststätten. Von dort erreicht man nach wenigen Minuten Fußweg die wohl meistfotografierte Sehenswürdigkeit von Kiew, die Sophienkathedrale, deren Bau, ebenfalls auf Befehl Jaroslaw des Weisen, im Jahre 1037 begonnen wurde. Sie wurde nach dem Vorbild der Hagia Sophia in Konstantinopel errichtet. Seit dem Jahr 2019 darf man in der Kathedrale auch fotografieren, beispielsweise die Mosaike (260 Quadratmeter) oder die Fresken und Wandmalereien. Die Kathedrale gehört seit 1990 zum Weltkulturerbe der UNESCO. Für Ukrainer ist sie in neuerer Zeit besonders wichtig, weil in ihr am 7. Januar 2019 in Anwesenheit des ukrainischen Präsidenten Petro Poroschenko der Tomos überreicht wurde, die Urkunde über die Eigenständigkeit der ukrainischen orthodoxen Kirche.

Gleich neben der Sophienkathedrale liegt das St. Michaelskloster, das zu Sowjetzeiten im Jahre 1936 gesprengt und erst nach dem Ende der Sowjetunion wieder neu errichtet und im Jahre 1999 eingeweiht wurde. Von dort sollte man meines Erachtens unbedingt zum Andreassteig gehen, einer der ältesten Straßen Kiews, auf der vor allen an den Wochenenden viele ukrainische Künstler und Kunsthandwerker ihre Waren zum Kauf anbieten und wo man beispielsweise das Michail-Bulgakow-Museum besuchen kann.

Von dort aus kann man ebenfalls bequem zu Fuß zum Tschernobyl-Museum gehen, um über die Gefahren und Risiken moderner Technik und auch menschlichen Leichtsinns nachzudenken. Der Reaktorunfall von Tschernobyl passierte, weil am 25. April 1986 ein vollständiger Stromausfall geprobt wurde. Dabei wurde typisch sowjetisch gearbeitet und gegen mehrere Sicherheitsvorschriften verstoßen. Infolge der Explosion des Reaktors wurde eine Radioaktivität von mehreren Trillionen Becquerel freigesetzt und mit dem Wind auch bis nach Westeuropa getrieben. Die Darstellung der Katastrophe im Tschernobyl-Museum ist äußerst modern, es werden audio-visuelle Informationsmittel genutzt, man erfährt viel über die Ursachen und den Ablauf der dramatischen Ereignisse und über die Schicksale betroffener Arbeiter und Liquidatoren, auch über das Handeln beziehungsweise Nichthandeln der damaligen Verantwortlichen.

Ebenfalls ein Museum, für dessen Besuch man gute Nerven braucht und das sehr zum Nachdenken anregt, ist das Nationale Museum für die Geschichte der Ukraine im Zweiten Weltkrieg. Bis 2015 hieß es »Ukrainisches Staatsmuseum des Großen Vaterländischen Krieges von 1941–1945«. Es informiert aber nicht nur über diesen Krieg, sondern über alle Kriege, an denen Ukrainer im 20. und 21. Jahrhundert beteiligt waren, so über die kommunistischen Kolonialkriege in Angola oder Afghanistan, und ebenfalls über den leider immer noch andauernden Krieg Russlands gegen die Ukraine im Donbass. Es ist eines der größten Museen in der Ukraine, sein Bestand ist in 16 Sälen mit einer Gesamtfläche von fünf Quadratkilometern untergebracht.

Man kann es sehr leicht finden, weil neben dem Museum die Mutter-Heimat-Statue steht. Das Schild dieser Figur trägt noch immer das Wappen der Sowjetunion, weil es zu teuer und aufwendig wäre, es abzumontieren oder zu ersetzen, wie mir eine Mitarbeiterin des Museums erzählte. Ich selbst durfte auch durch den Arm hinter dem Schild auf die kleine, vergitterte Aussichtsplattform klettern, was »normalen« Besuchern nicht erlaubt wird. Man muss dafür an einem Sicherungsseil durch einen engen Schacht klettern. Ich hatte einen Bekannten begleitet, der drei Jahre lang an der Front gedient und dem Museum Exponate von dort mitgebracht hatte, deshalb gewährte man uns dieses Privileg. Natürlich ist der Ausblick von dort oben in knapp 100 Meter Höhe fantastisch. Aber um ehrlich zu sein, ein bisschen mulmig war mir doch zumute.

82. Grund

Weil man in Kiew einen deutschen Stammtisch besuchen kann

Ein Geheimtipp für deutschsprachige Besucher in Kiew ist der Deutsche Mittwochsstammtisch. Eigentlich ist die Bezeichnung Deutscher Stammtisch etwas irreführend. Korrekt wäre: Deutschsprachiger Stammtisch. Denn dort treffen sich Menschen, die an diesem Abend ausschließlich deutsch sprechen, sowohl Ukrainer, als auch deutsche Muttersprachler, als auch Menschen aus anderen Ländern. Der Administrator des Stammtischs ist ein Luxemburger Staatsbürger, Daniel M. Porcedda, der schon seit 1998 in Kiew lebt und mit einer Ukrainerin verheiratet ist. Unterstützt wird er von einem Schweizer Weltbürger, André Wettstein, der ebenfalls mit einer Ukrainerin verheiratet ist.

Ich war mit diesen beiden Herren schon eine Weile auf Facebook befreundet, bevor ich sie beim Stammtisch persönlich kennenlernte. André holte mich freundlicherweise vom Bahnhof ab, obwohl ich ihm versichert hatte, dass ich das Ziel im Zentrum auch allein finden würde. In der Metro gab er mir einen Tipp, der mir tatsächlich neu war. »Beide Füße längs des Wagens stellen, etwas gespreizt für das Ausbalancieren von Unebenheiten und Geschwindigkeitsänderungen. So ähnlich wie auf dem Snowboard.« Ich fuhr natürlich nicht zum ersten Mal mit einer U-Bahn oder Metro, aber noch nie war mir in den Sinn gekommen, dass man längs zum Wagen sicherer steht als quer. So hatte sich der Besuch des Stammtischs schon gelohnt, bevor ich angekommen war.

Das Stammlokal des Deutschen Mittwochsstammtisches ist das Art-Café Dom Bergonie in der Puschkinska Straße 17, unweit der Deutschen Botschaft. Das Lokal wurde bereits im Jahre 1868 gegründet und ist ein Anbau des renommierten Theatergebäudes »Das Russische Drama«. Oft sehen die Stammtischbesucher durstige Schauspieler und Theatermitarbeiter, die während einer Vorführpause an der Bar schnell ein Gläschen zur Erfrischung trinken. Die Theaterleute müssen dafür nicht einmal das Gebäude verlassen, denn es gibt einen direkten Zugang vom Theater ins Lokal.

Das Angebot an Speisen und Getränken lässt kaum Wünsche offen. Wiener oder Kalbsschnitzel, klassischen ukrainischen Borschtsch, gegrillte Makrele, Salate, gefüllte Pfannkuchen, Eiscreme, wohl für fast jeden Geschmack ist etwas dabei. Ukrainische und ausländische Biere werden angeboten, auch weiße und rote Weine aus Georgien, Italien und Frankreich. Die Serviererinnen sprechen englisch, und es gibt kostenloses WLAN.

Daniel M. Porcedda und André Wettstein erzählten mir, dass zu einem ihrer Mittwochsstammtische schon Gäste aus acht verschiedenen Ländern kamen. Selbstverständlich haben sich alle in Deutsch verständigt. Vorgegebene Themen gibt es für diese Abende keine. Jeder redet mit jedem, man tauscht die Plätze, da oftmals mehrere Gespräche gleichzeitig stattfinden. Oft wird über aktuelle politische Ereignisse diskutiert, aber auch über Kochrezepte, Ferienpläne, Tipps und Tricks im ukrainischen Alltag.

Der Stammtisch ist in den letzten Jahren niemals ausgefallen. Im Durchschnitt sind um die 20 Menschen anwesend, an bitterkalten Tagen sind es weniger. Der Besucherrekord liegt bei 37 Stammtischteilnehmern! Es kommen Studentinnen, Angestellte, Selbstständige, Diplomaten, Ingenieure, Ärzte, Anwälte, Flugzeugbauer, Künstler und Rentner. Immer wieder werden Gäste am Stammtisch begrüßt, die einfach mal nur für ein paar Tage Kiew touristisch erkunden, oder Geschäftsreisende, die den Mittwochabend gern in deutschsprachiger Runde genießen wollen. »Aber ukrainische Gäste sind meist in der Mehrheit, wenn auch oft nur knapp«, berichtet Daniel M. Porcedda.

Daniel ist auch der Administrator einer gleichnamigen Facebook-Gruppe, die bereits mehr als 1.000 Mitglieder aus den verschiedensten Ländern hat. Das Interesse an regelmäßigen deutschsprachigen Treffen in Kiew ist also offensichtlich groß. Aus Facebook-technischen Gründen müssen aber immer wieder mal Streichungen vorgenommen werden, um die festgesetzte Mitgliederzahl nicht zu überschreiten, da ansonsten die Einladungen zu den Veranstaltungen nicht an alle Gruppenmitglieder übermittelt werden können.

Daniel M. Porcedda weist darauf hin, dass der Deutsche Mittwochsstammtisch kein Deutschkurs ist. Wer zum Stammtisch kommen möchte, sollte deutschsprachigen Gesprächen mühelos folgen und sich daran beteiligen können. Aber das Schönste an einem Stammtischen ist natürlich, dass man interessante Menschen näher kennenlernt. Beispielsweise André Wettstein. Weil er in der Ukraine als Finanzberater arbeitet, wollte ich von ihm wissen, wie er die heutige wirtschaftliche Lage der Ukraine einschätzt. Stell dir vor, ich sei ein reicher Typ und will eine Milliarde Dollar hier investieren, sagte ich ihm. Würdest du mir zu- oder abraten? In welchen Branchen sollte ich investieren, in welchen nicht? Mir zuliebe schrieb er seine Einschätzung auf.

Kapitel 7

Trotz des Krieges

Die Wirtschaft boomt

83. Grund

Weil das Land ein riesiges Potenzial hat – und immer haben wird

Von Andre Wettstein

Charles de Gaulle sagte bei einem Staatsbesuch in Brasilien: »Das Land hat ein riesiges Potenzial – und wird es immer haben.« Dem ehemaligen französischen Staatsoberhaupt war es dazumal verwehrt, eine unabhängige Ukraine zu besuchen, doch wir dürfen vermuten, dass er für dieses Land die Aussage wiederholt hätte.

Anstatt hier mit zahlreichen Statistiken aufzufahren, möchte ich nur einen Vergleich ziehen. Der Umfang der Exporte der Ukraine hatte im Jahre 2018 einen Wert von 47 Milliarden Dollar. So viel exportiert die Schweiz alleine mit Uhren in etwas mehr als zwei Jahren.[35]

Ich bin Schweizer mit betriebswirtschaftlicher Ausbildung und lebe schon seit geraumer Zeit in der Ukraine. Damals, im Jahre 2006, als ich endgültig in die Ukraine zog, schwante mir ein wirtschaftliches Szenario à la Polen vor. Die Ernüchterung trat vor allem ab dem Zeitpunkt der weltweiten Wirtschaftskrise 2008 ein. Die Direktinvestitionen aus dem Ausland kamen zum Erliegen. Die Ereignisse im Winter 2013/14, die Maidan-Revolution und die Aggressionen Russlands, trieben die Hrywnja auf einen Kurs von zuvor acht auf zwischen 25 und 30 zum US-Dollar. Die Staatsschatulle war praktisch leer, das Ersparte der Bürger auf einen Drittel des Wertes geschmolzen, die Löhne gedrittelt.

Was nützen einem Zahlen und Statistiken über die Wirtschaft plus fantastischer Sätze auf fabelhaften Power Point Slides oder sonst wo, wenn vermutet werden muss, dass mindestens die Hälfte der landesweit erbrachten Wirtschaftsleistungen der Schattenwirtschaft zuzurechnen ist? Bei einem Glas Wein erzählte mir kürzlich eine Bekannte, die im internationalen Textilhandel tätig ist, dass die Geschäfte in ihrer Branche zu 95 Prozent schwarz abgewickelt werden.

Kehren wir zum angebotenen Rollenspiel zurück. Du möchtest eine Milliarde Euro investieren und hast mich als Berater auserwählt. Trotz des saftigen Betrages sagen dir Begriffe wie Credit Default Swap Rates vielleicht nicht so viel, und wie die internationalen Finanzinstitute die Länderrisikos erstellen, das weißt du auch nicht. Die jedem verständliche Antwort darauf ist verheerend: Die erste Zahl ist sehr hoch, was nicht gut ist, und das Fazit aus der Länderrisikoeinschätzung klingt etwa so: Junge, lass die Finger davon!

Präsident Juschtschenko (Januar 2005 bis Februar 2010) lancierte das One-Stop-Window für Unternehmer, die eine Firma in der Ukraine gründen wollten. Die Firmengründer waren ob dem folgenden Fenster- und Türendschungel zu dieser Behörde und zu den zuständigen Ministerien überrascht. Die Beträge der »Schmiermittel« überstiegen diejenigen in den Projektbudgets um ein Vielfaches. Allein die gebundene Managementkapazität für das Meistern der ukrainischen

Alltagsbürokratie ist enorm. Ja, die Microsofts, die Nestlés, die Toyotas und andere Global Players sind aktiv in der Ukraine, wie sie fast in jedem Land auf der Erdkugel vertreten sind. Nur, diese Giganten verfügen über große Stäbe, die sich um nichts anderes kümmern als um die Bewerkstelligung der Gegebenheiten für das Geschäft. Aktuell führt die European Business Association 1001 Mitglieder aus 59 verschiedenen Ländern auf und funktioniert als offizielles Scharnier zwischen ukrainischen Behörden und den Unternehmen.

Also kann man doch irgendwie Business machen in der Ukraine? Ja, es geht. Es benötigt ein paar Voraussetzungen: ein paar gute Beziehungen, einen langen Atem und ein Dach. Mit Dach ist ein Schutz durch jemanden Mächtigen gemeint. Das kann ein hoher Beamter sein oder ein Oligarch. Oder man fliegt unterhalb der meisten Radare und betreibt reine Dienstleistungen für ausländische Kunden. Das kann das Erstellen von Geschäftsplänen oder die Führung von Buchhaltungen oder das Programmieren und Entwickeln von Software sein. Dabei werden für Angestellte oftmals Zeitverträge angewendet, um nicht nur die Kosten, sondern auch die Behördenkontakte so tief zu halten wie nur möglich. Mit einer Milliarde Euro Investitionsbudget kann man dann ganz viele Unterradarflieger aufgleisen. Es wäre aber unsinnig.

Eine weitere Möglichkeit besteht im Start-up- und Private-Equity-Bereich, wo man sogenanntes Seed-Money (Startkapital) in Kleinstfirmen mit großem Wachstumspotenzial investiert, oder privates Kapital in Firmen platziert, welche schon länger etabliert sind. Solche Firmen gibt es in der Ukraine. Auf der Start-up-Messe im Mai 2019 präsentierte unter anderen eine Firma ihre Lösungen zum 3D-Drucken von Gelenken. Im Informatikbereich gibt es bereits zahlreiche kleinere bis mittelgroße Firmen mit vielversprechendem Potenzial.

Vielleicht wird mit dem jetzigen Präsidenten Selenskyj vieles besser? Mit 41 Jahren gehört er einer jüngeren Generation an, er sah nebst der Sowjetunion auch andere Teile der Welt. Schließlich kommt er aus Krywyj Rih, wo Eisenerz abgebaut und Rohstahl hergestellt wird. Mit 120 Kilometer Länge ist die Stadt nicht nur als längste Stadt weit und breit bekannt, sondern ebenfalls für ihr hartes ökonomisches Pflaster berüchtigt. Selenskyj und seine Mitstreiter bauten Multimillionen-Unterhaltungsfirmen auf. »Er« ist dadurch mit den Tücken der ukrainischen Geschäftswelt bestens vertraut.

Den Ukrainern wäre es nur zu gönnen, wenn während seiner Präsidentschaft mit der Korruption aufgeräumt werden würde, wenn die Bürokratie abgebaut und verschlankt werden würde, wenn das Justizwesen unabhängig und wenn für Unternehmen die Rahmenbedingungen und Spielregeln fair und transparent gestaltet werden würden, um endlich das dringend nötige ausländische Kapital anlocken zu können.

Wie würde Charles de Gaulle reagieren, wenn man auf seine Aussage mit »No risk, no gain« antworten würde?

84. Grund

Weil Selenskyj ein rasantes Tempo vorlegt

Wie Andre es beschreibt, wird vom neuen Präsidenten viel erwartet. Aber Selenskyj hat ja versprochen, das Land so schnell zu ändern wie sich selbst. Vor wenigen Monaten war er noch Schauspieler, jetzt ist er Präsident, das passiert nicht alle Jahre. Nun will er die Ukraine innerhalb seiner ersten Amtszeit zu einem der zehn Investoren-freundlichsten Länder der Welt entwickeln. Derzeit belegt das Land Platz 71, vor der Euro-Revolution war es Platz 150.

Trotz der Kriegskosten entwickelt sich die ukrainische Wirtschaft seit einiger Zeit in eine gute Richtung. Vor allem die Dezentralisierungsreform war schon ziemlich erfolgreich. Die Kraft der Kommunen wurde gestärkt, sie erhalten jetzt mehr Geld als früher und müssen nicht alles »in Kiew« beantragen. Die lokalen Haushalte wurden in den letzten Jahren fast vervierfacht.[36] Die Menschen vor

Ort können nun selbst entscheiden, für welche Projekte die Mittel ausgegeben werden, ob für neue Straßenlaternen, neue Kindergärten oder Sportplätze. Außerdem soll erreicht werden, dass die kleinen Kommunen sich zu größeren Territorialgemeinden vereinen, um die Finanzmittel und Kompetenzen zu bündeln. Seit Beginn der Reform fusionierten bereits mehr als 3.000 Kleinkommunen zu gut 800 größeren Territorialgemeinden, und laufend kommen neue hinzu.[37]

Präsident Selenskyj will die Wirtschaft weiter deregulieren und liberalisieren, zuallererst den Energiemarkt. Der Antimonopolausschuss und die Energie-Regulierungsbehörde sollen wirklich unabhängig werden, nicht bloß auf dem Papier, und die Stromnetze sollen mit denen Europas verbunden werden. Oberste Priorität soll auch der Kampf gegen Schmuggel und gegen das »Raiding« haben, gegen die feindliche Übernahme erfolgreicher Firmen. Pro Jahr soll es etwa 500 solche »Raidings« geben. Selenskyj erließ nun ein Dekret zum Schutz der Eigentumsrechte mit Bestimmungen für bessere Sicherheitsvorkehrungen, so eine modernere Registratur von Firmen und Geschäften. Weiterhin sollen viele der immer noch geltenden sowjetischen Gesetze ersetzt werden. So soll schon bis zum Jahresende endlich ein Markt für Ackerland geschaffen werden. Allein damit könnte das jährliche Bruttoinlandsprodukt um zwei Prozent gesteigert werden, schätzen Experten. Landwirte sollen ihr Land endlich als Bürgschaften nutzen können.

Auch ein liberalisiertes Casino-Regime soll eingeführt werden. Bisher sind die Glücksspielgesetze sehr streng, doch werden sie oft missachtet. Illegale Casinos gibt es wahrscheinlich in jeder Stadt, und sie dienen sicherlich auch der Geldwäsche.

In der Nähe des Kriegsgebietes im Donbass sollen milliardenschwere Investitionen getätigt werden. Eines der Hauptziele sei es dabei, so Präsident Selenskyj, »den Menschen, die gezwungen sind, sich in vorübergehend besetzten Gebieten aufzuhalten, die Vorteile eines Lebens in einer anständigen, freien und unabhängigen Ukraine zu demonstrieren«.[38]

Der Staat soll den Menschen dienen, nicht umgekehrt, hatte Selenskyj schon in seinem Wahlprogramm gefordert. Die staatliche Bürokratie soll verschlankt werden, die meisten bürokratisch notwendigen Aufgaben sollen in elektronischer Form im Internet bewältigt werden können. Schnell, bequem, ohne die Möglichkeiten der Bestechung, der Verschleppung von Anträgen oder gar der Erpressung, so sollten staatliche Behörden nach den Vorstellungen der »Diener des Volkes« arbeiten. Etliche Verordnungen des ehemaligen Präsidenten Poroschenko hat Selenskyj schon nach wenigen Wochen Amtszeit zurückgezogen, darunter die Auflage, Schuluniformen aus ukrainischem Stoff herzustellen.

Während seine Kritiker und Konkurrenten ihn noch als Clown und Marionette beschimpfen und Journalisten behaupten, er habe kein Programm zur Reform des Landes, sehen Geschäftsleute und Ökonomen die Fakten. Und somit die täglichen Erfolgsmeldungen. Der Wert der ukrainischen Währung hat sich seit dem Amtsantritt Selenskyjs gegenüber Dollar und Euro stark verbessert.

Die Bauwirtschaft boomt in allen Regionen mit Wachstumsraten um mehr als das Dreifache. Die Getreideexporte sind im Vergleich zum Vorjahr um 26 % gestiegen. Die IT-Branche konnte zuletzt zweistellige Wachstumsraten verzeichnen. In den 50 größten IT-Unternehmen arbeiten fast 60.000 Softwareentwickler. IT-Unternehmen sind für die Hälfte der neuen Bürovermietungen in Kiew verantwortlich. 4.000 Softwareentwickler werden gesucht. Selbst die Umsätze der Online-Werbung der Ukraine wuchsen im vergangenen Jahr um 40 % auf 125 Millionen Dollar.

Positiv auf die wirtschaftliche Entwicklung wirken sich auch die engen Beziehungen zur Europäischen Union aus. Fast 43 Prozent der ukrainischen Exporte gehen inzwischen in die EU, produziert von 15.000 ukrainischen Unternehmen. Wichtig ist auch die Leichtigkeit, mit der Ukrainer dort inzwischen arbeiten können. Deshalb sind die ukrainischen Unternehmen gezwungen, bessere Löhne zu bezahlen, den heimischen Arbeitsmarkt besser zu gestalten. Die

Geldüberweisungen der ukrainischen Arbeitsimmigranten haben inzwischen einen Anteil von etwa 10 Prozent am BIP der Ukraine.

So erstaunt es eigentlich nicht, dass manche ausländische Investoren eben doch planen, eine Milliarde Dollar in der Ukraine zu investieren. Beispielsweise in den Bau und die Vermietung von Immobilien, »wenn Präsident Selenskyj auf dem Weg der Rechtsstaatlichkeit und der Investitionsförderung bleibt«, so der Vertreter der US-amerikanischen Gesellschaft Dragon Capital. Und davon kann man ausgehen. Das neu gewählte Parlament ist das jüngste in der ukrainischen Geschichte, mit dem jüngsten Premierminister aller Zeiten, dem erst 35-jährigen Oleksiy Honcharuk. Er war vorher Direktor einer Unternehmensberatung für Bürokratie, ein Spezialist für die Verschlankung und Modernisierung von Verwaltungen. Bei der Regierung selbst wurde mit der Verschlankung angefangen, das neue Kabinett hat nun 17 statt früher 25 Minister. (Zum Vergleich – die Deutsche Bundesregierung hat derzeit 15 Minister.) Alle staatlichen Behörden sollen auf ihre Effizienz überprüft und ineffektive Führungskräfte entlassen werden.

Große Infrastruktur-Projekte wurden begonnen, der Bau von Autobahnen und Flughäfen, von Müllverwertungsanlagen, Solarparks und Klärwerken (beispielsweise in Kiew), der Ausbau der U-Bahn in Charkiw, die Modernisierung der Eisenbahnen.

Es gibt viel zu tun!

85. Grund

Weil man auch mit Schnecken und Eselsmilch Geschäfte machen kann

Um die wirtschaftliche Entwicklung einschätzen zu können, lese ich regelmäßig Wirtschaftsnachrichten. Ziemlich überrascht war ich, als ich die Meldung las, dass Schnecken das erfolgreichste Exportprodukt der Ukraine sein sollen. Nicht Steinkohle oder Sonnenblumenöl, sondern Schnecken? Tatsächlich wurden im Jahr 2017 in die EU mindestens 347 Tonnen Weinbergschnecken exportiert, womöglich sogar 415 Tonnen; die Angaben schwanken. Vor dem Freihandelsabkommen mit der EU waren es nur drei Tonnen. Bei keinem anderen Produkt gab es höhere Steigerungsraten. Fast alle Schnecken wurden nach Polen und nach Lettland verkauft. Dort wurden sie, oft von ukrainischen Mitarbeiterinnen, verarbeitet, mit Saucen und Marinaden verfeinert. Von dort werden sie unter dem Markennamen eines polnischen oder lettischen Verarbeiters in Westeuropa verkauft, wobei der Preisunterschied das Fünffache beträgt. Ein bekanntes Problem der ukrainischen Wirtschaft, es werden Rohstoffe statt veredelter Stoffe verkauft.

Mengenmäßig ist Mais mit 35 Millionen Tonnen das wichtigste ukrainische Exportprodukt. Etwa fünf Prozent des Maises sind dabei im letzten Jahr noch auf den Feldern verrottet, vor allem, weil Lagerkapazitäten fehlten. Sonnenblumenöl ist tatsächlich eines der wichtigen ukrainischen Exportprodukte. In Jahr 2019 sollen 6,2 Millionen Tonnen ins Ausland verkauft werden, eine Steigerung von 16 Prozent. Wobei der Hauptabnehmer Indien mit 45 Prozent ist, dann die EU mit 30 Prozent. In der Ukraine selbst wurden nur 575.000 Tonnen verbraucht. Beeindruckend ist auch die Produktion von Eiern. 1,8 Milliarden Eier wurden 2018 in 60 Länder verkauft. Das rentabelste ukrainische Produkt sollen Flusen und Federn sein, 3.913 Tonnen wurden davon exportiert. Außerdem ist die Ukraine der größte Erzeuger von Johannisbeeren und Erdbeeren in Europa und der drittgrößte Exporteur von Himbeeren, knapp hinter Serbien und Polen, und einer der drei weltweit führenden Exporteure von Wild-Blaubeeren. Keine Beeren ohne Bienen, auch sie sind ein erfolgreiches Exportprodukt. 2017 wurden Bienen im Wert von 226.000 USD aus der Ukraine verkauft. Der Zoll misst die Menge der exportierten Bienen in Kilogramm. 142.000 Kilogramm Bienen wurden verzollt, Hauptabnehmer waren Deutschland, China und Polen.

Dass man Bienen exportieren kann, mag man ja noch verstehen, aber wie ist es mit Zecken, Spinnen oder Raubmilben? Aber sie sind biologische Schutzmittel, die Kulturpflanzen vor Schädlingen schützen. Die Ukraine exportierte diese Tiere im Jahr 2017 für 653.000 USD, vor allem nach Russland und Kasachstan.

Und sogar Eselsmilch wurde ausgeführt, nach Frankreich zur Herstellung von Seifen. Die Technische Hochschule von Winnyzja hält eine Herde von 34 Eseln. Sie dienen in der Ausbildung im Agrarsektor als Studienobjekte. Und weil die Hochschule mit Bildungseinrichtungen in Lyon und Rouen zusammenarbeitet, konnten die Ukrainer die Lieferung kleiner Mengen Eselsmilch nach Frankreich arrangieren.

86. Grund

Weil Ukrainer keine Angst vor Kernenergie haben

Wenn über die Ukraine geredet wird, dann fällt bald auch das Stichwort »Tschernobyl«. Im dortigen Kernkraftwerk kam es am 26. April 1986 zu einer Kernschmelze in einem der vier Reaktoren. Die Folgen waren in weiten Teilen Europas zu messen und zu spüren, selbst in Deutschland musste vor dem Verzehr von Pilzen und Beeren gewarnt werden. In der Fernsehserie *Chernobyl* wurden die dramatischen Ereignisse von damals kürzlich effektvoll dargestellt. Manche Beobachter sprachen gar von der besten Serie aller Zeiten.

Doch trotz der damaligen Katastrophe nutzt die Ukraine heute auch weiterhin Atomstrom. Und zwar mit einem sagenhaften Anteil von 50 Prozent an der Stromerzeugung. In Deutschland dagegen sind es zwölf Prozent. Und die deutschen Kernkraftwerke sollen bekanntlich bald abgeschaltet werden.

Warum setzen die Ukrainer weiter auf Atomkraft? Haben sie keine Angst vor dieser Energieform, trotz der vielen Opfer des Unfalls von Tschernobyl? Wie sicher sind die ukrainischen AKW? Kann sich ein Unfall wie in Tschernobyl wiederholen? Heute sind in der Ukraine vier Atomkraftwerke mit 15 Kraftwerksblöcken in Betrieb, in Saporischschja, Riwne, Chmelnyzkyj und Mykolajiw. Zwölf der Reaktoren arbeiteten schon in der Sowjetunion. Nach Einschätzung der Direktorin des Ukrainischen Atomforums, Olga Koscharnaja, »liegt die Wahrscheinlichkeit, dass in der heutigen Ukraine eine Katastrophe ähnlich der von Tschernobyl stattfindet, bei null«.[39]

Erstens sind die heutigen Reaktoren besser konstruiert als die von Tschernobyl. Zweitens fand nach der Havarie im Atomkraftwerk Tschernobyl »ein Umschwung im Bewusstsein der Atomtechniker statt«. Die Folgen der Tschernobyl-Tragödie wurden zu einer Impfung gegen Leichtsinn, so Olga Koscharnaja. Außerdem werden die ukrainischen AKW heute von internationalen Organisationen wie der WANO und der IAEA regelmäßig begutachtet.

»Das sind international übliche Verfahren und Prozeduren«, bestätigt auch Dr. Anna Vero Wendland, Osteuropa- und Technikhistorikerin am Herder-Institut für historische Ostmitteleuropaforschung. Für ihre Habilitationsschrift forscht Anna Vero Wendland seit Langem über Reaktorsicherheit und nahm unter anderem auch an Begutachtungsprozessen in und für Kernkraftwerke teil.

Den ukrainischen Anlagen attestiert sie »extrem robustes Design, robuste Technik und sehr gute Ausbildung der Leute. Die können auf diesem Gebiet den Deutschen das Wasser reichen. Aber die deutschen Anlagen sind in puncto Sicherheit auch absolute Spitze weltweit. Schade, dass alle das erkannt haben – nur die Deutschen nicht.« Die Ukrainer planen dagegen, neue Kernkraftwerke und Reaktoren zu bauen, so groß ist das Vertrauen in diese Energieform. Wichtigstes Ziel ist es, die Energieunabhängigkeit des Landes zu sichern. Im Zweifelsfall kann sich die Ukraine auf niemanden verlassen, diese Furcht ist ein Resultat ihrer Geschichte. Deutschland kauft eben Strom im Ausland, wenn die »Energiewende« nicht klappt; Kohlestrom aus Polen, Atomstrom aus Frankreich oder sogar mehr Gas aus Russland.

Kapitel 8

Essen und Trinken

Geliebte Naturprodukte

87. Grund

Weil man nicht verhungern muss

Ich will mein Essen im Restaurant mit der Kreditkarte bezahlen, doch die Karte funktioniert nicht. So zahle ich mit Bargeld und behalte noch umgerechnet vier Euro. Im Hotelzimmer prüfe ich mein Bankkonto und falle fast in Ohnmacht. Jemand hat von meinem Konto mehr als 1.000 Euro nach New York überwiesen! Zehn Euro hat dieser Hacker übrig gelassen. Wie kann das sein? Was tun? Die Gedanken rasen. Die nächste Stadt ist Uman, bis dorthin sind es noch etwa 100 Kilometer, fünf bis sechs Stunden mit dem Fahrrad. Dort gibt es Bankautomaten, und ich könnte die letzten zehn Euro abheben. Und dann? Ich kann doch meine Fahrradreise nicht abbrechen!

Erst einmal setze ich einen Notruf ab und schildere einem Freund in Deutschland die verfahrene Situation. Wie ich den Freund kenne, wird er mir einen Notgroschen überweisen. Aber vielleicht wird das

Konto dann gleich wieder geplündert? Ich muss mit der Bank telefonieren!

Ich versuche mich zu beruhigen. Nüchtern betrachtet werde ich vorerst nicht verhungern. Das Hotelzimmer ist bezahlt, ich wollte ohnehin auschecken. Es ist Sommer, irgendjemand wird mir schon etwas Wasser und ein paar Früchte schenken. Notfalls muss ich im Wald Vögel fangen und braten. Dafür braucht man ja nur Geduld und einige Brotkrumen; eine Falle kann man aus Ästen und einem Stein bauen. Aber lustig ist die Situation nicht. Ich will ja nicht als Bettler durchs Land reisen.

Doch das Jammern hilft nicht, jetzt heißt es kämpfen. Ich fülle meine Wasserflaschen und radle los. Irgendetwas wird mir schon einfallen. Ich brauche einen Plan. Hier im Hotel zu bleiben hat keinen Zweck, zumal das Internet schwach ist.

Die Straße ist zum Radeln leider gar nicht gut geeignet. Sie ist schmal, aber der Autoverkehr ist heftig. Wenn große Autos von vorn kommen, müssen die Autos hinter mir sich meinem Tempo anpassen. Immerhin ist mein Liegerad Scorpion für viele Ukrainer so interessant, dass zumindest der erste Fahrer hinter mir sich wahrscheinlich nicht langweilen wird. Selbst Busse fahren nur im gemächlichen Tempo an mir vorbei, weil die Fahrer mich während der Fahrt filmen. Sogar zwei ukrainische Polizisten haben mich in diesem Sommer 2014 schon gefilmt, aber nicht weil ich zu schnell gefahren war, sondern weil sie mein Liegerad so interessant fanden. Großmütter reißen die Münder auf und vergessen sie zu schließen, wenn sie mich mit dieser fahrenden Rakete sehen. Die Herstellerfirma hat mir den Scorpion kostenlos zur Verfügung gestellt. Dafür werde ich für ein Fahrradmagazin Berichte schreiben, auch über das Liegerad. Vorgaben gibt es keine, ich bin nicht zum Loben verpflichtet, tue es aber gern. Es ist erstaunlich, wie schnell man mit diesem Liegerad fahren kann, und wie leicht bergauf. Meine Höchstgeschwindigkeit betrug schon 59,78 km/h. Bereits am zweiten Tag meiner Reise bin ich mehr als 200 Kilometer geradelt, obwohl ich nur drei Tage geübt hatte und bis zum letzten Abend eine Schachtel Zigaretten täglich geraucht habe.

Jetzt hält vor mir ein schwarzes Auto. Die Fahrerin stellt sich an den Straßenrand, winkt mir zu und fragt, ob sie mich fotografieren dürfe. Sie spricht deutsch und kommt aus Deutschland. Natürlich lasse ich mich gern fotografieren, wenn man mich so freundlich bittet. Die Frau heißt Viktoria, sie ist Ukrainerin, lebt aber mit ihrem deutschen Mann in Erfurt, jetzt will sie nach Kiew. Kiew, das wäre meine Rettung. Dort leben Bekannte, bei denen ich übernachten und mein Geldproblem lösen könnte. Also erzähle ich Viktoria von meinem Problem. Sie zögert zuerst, bis ich ihr erkläre, dass ich mein geniales Liegerad auf Koffergröße zusammenfalten kann. Nun schafft sie Platz im Kofferraum und stellt mich ihrer Beifahrerin vor.

Und schon rauschen wir nach Kiew. Viktoria fährt wirklich ziemlich schnell, es ist allerdings auch ein Auto, das ordentlich Kraft unter der Kühlerhaube hat. Schnell sind wir beim wichtigsten Thema, dem verfluchten Krieg im Donbass, der vor einigen Wochen begonnen hat. Viktoria hat der ukrainischen Armee schon einen Krankenwagen gespendet. Als wir am nächsten Tag in Kiew zusammen ein Militärkrankenhaus besuchen, zeigt ihr einer der verwundeten Soldaten Fotos von der Front, und auf einem dieser Fotos ist zufällig ihr Krankenwagen zu erkennen! Sie ist froh, dass er wirklich im Einsatz ist!

Ich selbst kann zwar keinen Krankenwagen spenden, sehe es aber doch als meine Pflicht an, wahrheitsgemäß zu berichten, wer schuld an diesem Krieg ist. Viktoria freut sich, dass ich gut informiert bin, im Gegensatz zu so vielen Deutschen, die auf die russische Propaganda hereinfallen und ihren eigenen Medien misstrauen.

Viktoria bietet mir an, mir Geld zu borgen und bei ihr in Kiew zu übernachten. Sie ruft aber noch ihren Mann in Erfurt an, um sein Einverständnis einzuholen. Dieser grüßt mich freundlich und hat nichts gegen die Hilfe einzuwenden.

In Kiew fahren wir gleich zu einem Supermarkt, in dem ich mal wieder Grund zum Staunen habe. Solch einen großen Supermarkt habe ich noch nie gesehen, weder in Berlin noch in New York, Mexiko, Bangkok oder Paris, oder wo auch immer ich schon gewesen war. Die Verkaufsfläche schätze ich auf acht bis zehn Mal größer als die eines großen Supermarkts in Berlin. Eben noch hatte ich überlegt, ob ich im Wald Vögel fangen und braten müsste, schon laufe ich durch ein Paradies. Ich soll einfach meine Wünsche nennen, sagt Viktoria und kauft für uns holländischen Käse, Salate, Tomatensaft, französischen Wein und vieles andere mehr.

Ihre Wohnung ist im zehnten Stock eines Hochhauses. Ich kann duschen, bekomme ein Schlafzimmer, kann E-Mails schreiben und mit Viktoria zu Abend essen und Wein trinken. Auf Facebook haben wir zehn gemeinsame Freunde, stellen wir fest. Genau das liebe ich in der Ukraine. Auch wenn die Lebensumstände zum Verzweifeln sind, findet man immer jemanden, der tröstet und hilft oder mit dem man gemeinsam trinken und weinen kann.

88. Grund

Weil Ukrainer Naturprodukte lieben

Im Ukrainischen gibt es mehrere Tausend Lehnworte aus dem Deutschen. Das Wort »Kinder« beispielsweise kennen alle. Die ukrainischen Kinder kennen es in der Verbindung mit dem englischen Wort *Joy* – »Kinder Joy« möchte unser Sohn Kolja eigentlich jeden Tag haben, weil die Schokolade so gut schmeckt und wegen der kleinen Figuren, die in den Eiern sind. Dass »Kinder« aber »Kinder« bedeutet, wusste er lange Zeit nicht. Eines der schönsten Lehnworte ist das Wort »Naturprodukt«. Naturgemäß wird es immer lobend ausgesprochen. Was die Natur schenkt, muss gesund sein, denn es ist so gewachsen, wie es wollte, nicht wie der Mensch es haben wollte. Seine Freiheit wurde nicht beschnitten, seine Wille wurde nicht mit chemischen Mitteln manipuliert.

Mindestens im Stolz auf ihre Naturprodukte fühlen sich Ukrainer Westeuropäern überlegen. In Gewächshäusern gezüchtete Tomaten, die alle gleich aussehen, alle die gleiche Farbe haben? Die können einfach nicht schmecken. Auch Tomaten sind Individuen, haben Seele, Charakter und schöne Namen, beispielsweise Liebstes Fest, Königspinguin, Primadonna, Ochsenherz, Schwarzer Prinz, Drei dicke Männer, Schönes Mädchen, Kardinal, Bärentatze, Das Gold der Skythen, Goldener Pinsel, Perlmuttdoktor, Schokoladenwunder, Weißer Lotus, Himbeeriger Gigant, Rosa Elefant und viele andere mehr. Jede Tomate sieht anders aus, niemand käme auf die Idee, Früchte wegzuschmeißen oder nicht zu verkaufen, weil sie nicht der Norm entsprechen. Der Geschmack ist entscheidend für die Qualität, nicht der schöne Schein.

Ohne die Früchte aus dem eigenen Garten und ohne eigene Tiere wie Hühner, Gänse, Enten und Schweine könnten viele Ukrainer nicht überleben. Man produziert für den Eigenbedarf, versorgt Verwandte in der Stadt und verkauft die Überschüsse. Wenn ich Ukrainern von einem meiner Bekannten aus Deutschland erzähle, der die Äpfel in seinem Garten verrotten ließ und sich lieber welche im Supermarkt kaufte, weil die ja so schön abgepackt sind, greifen sich Ukrainer an den Kopf und erklären die Deutschen für verrückt. Warum man das eigene Land nicht nutzt, um Naturprodukte anzubauen, sondern stattdessen chemisch oder gar genetisch behandeltes Obst und Gemüse kauft, das kann einfach niemand verstehen. Schon zwischen Polen und der Ukraine verläuft, wie ich auf meinen Radtouren oft beobachtete, nicht nur eine Grenze, die zwei Staaten trennt, sondern ebenfalls eine zwischen zwei Esskulturen, ja, zwei Lebensweisen.

In den meisten Gärten in Polen werden Rasen gemäht und Zierpflanzen angebaut, in der Ukraine dagegen Nutzpflanzen. Natürlich lieben auch Ukrainer Blumen, die meistens an den Zäunen entlang wachsen. Doch die Anzahl der Rasenmäher dürfte einer der größten Unterschiede zwischen beiden Ländern sein.

Noch erstaunlicher sind die akustischen Unterschiede zwischen Dörfern in Deutschland und in der Ukraine. In Letzteren bellen unaufhörlich Hunde, Ziegen meckern, Hähne krähen, Hühner gackern, Enten und Gänse laufen über die Straßen und schnattern, Schweine grunzen, Kühe muhen, Pferde wiehern, und natürlich zwitschern überall Vögel, denn vom Aussterben der Insekten hat man hier noch nichts bemerkt. In Dörfern in Deutschland hört man vielleicht, wie eine Autotür zugeschlagen wird, dass jemand Holz sägt, Musik aus einem Haus oder aus einem Garten. Aber ansonsten herrscht Stille.

Auch in der Ukraine ziehen immer mehr Menschen in Städte, die Landwirtschaft wird rasant industrialisiert. Aber noch ist das Land ein Garten Eden, in dem die herrlichsten Früchte und Kräuter wachsen, die Kinder frische Kuh- oder Ziegenmilch zum Frühstück trinken, die Frauen sich mit Rosenblüten einreiben oder Rosenblütentee trinken, die Männer ihren Schnaps selber brennen.

89. Grund

Weil man sich auf Märkten nicht sattsehen kann

Wenn ich in Poltawa etwas Interessantes sehen möchte, brauche ich nur auf den Markt zu gehen. Besonders im Winter ist die Arbeit der Verkäuferinnen, Händler und Transportarbeiter dort hart, denn ein Großteil des Marktes liegt im Freien. Ein Teil der Freifläche ist zwar überdacht, aber das Dach schützt ja nicht vor der Kälte, nur vor Schnee und Regen. So warten die Verkäuferinnen, dick eingemummt in Wattejacken, auf Kunden, ordnen die Waren und preisen sie an, schwatzen, trinken heißen Tee. Die meisten Produkte, die im Freien verkauft werden, sind Obst und Gemüse, heimische wie weit gereiste. Tomaten, Äpfel, Mohrrüben, Kohl, Kartoffeln, Erbsen und Bohnen, weiße, rote und braune Zwiebeln, Radieschen, Paprika, Knoblauch und die vielen Kräuter sind sicherlich am beliebtesten. Natürlich darf man viele Produkte vor dem Kaufen kosten, um sich von Geschmack und Frische zu überzeugen. Nüsse aus Aserbaidschan, Pilze aus den Karpaten, gelbe und rote Melonen von der Schwarzmeerküste und aus Moldawien, Kirschen und Erdbeeren aus dem Oblast Poltawa, man kann nur staunen über die vielen Köstlichkeiten. Die Verkäuferinnen sind äußert geschickt darin, das Interesse der Kunden zu gewinnen, man wird umschmeichelt und mit »Söhnchen« angeredet, und wenn sie bemerken, dass ich Deutscher bin, werden sofort die Deutschen gelobt.

In der überdachten und ummauerten Halle werden vor allem Fisch, Fleisch, Wurst, Käse, Obst, Honig und Salate verkauft. Da gibt es zwei Meter lange Störe, lebende und tote See- und Süßwasserfische, und in der nächsten Halle Schweineköpfe und Speck mit Schokolade. An anderen Ständen werden eingelegte Pilze, Auberginen, Gurken, Peperoni oder koreanische Salate aus Seetang verkauft. Auch hier darf, nein, muss man kosten, bevor man etwas kauft. Ebenso kauft man keinen Honig, ohne ihn vorher probiert zu haben. Besonders Waldhonig galt als gesund. Natürlich ist das Kosten dann doch immer schon ein halbes Kaufen, denn man würde die Verkäuferin ja beleidigen oder mindestens enttäuschen, täte man es nicht.

Um diese Hallen herum gibt es weitere Märkte, teils im Freien, teils in Zelten und Buden. Einen Schuh- und einen Kleidermarkt, Märkte für Spielzeug und Elektroartikel, für gebrauchte Güter und Ersatzteile aller Art, für Werkzeug und Bücher, für Zierfische und Gartenmöbel. An langen Tischen bieten Kleinhändler geschlachtete Hühner, Hasen, Enten und Gänse an, Obst und Gemüse, Kräuter und Hülsenfrüchte, Milch und Käse. Natürlich werden auch verbotene Produkte verkauft, gefälschte Parfüms, Kleidung und Uhren, schwarz gebrannte CDs und Marihuana.

In der Ukraine gibt es viele solcher Märkte. Der größte offizielle und wohl auch größte Schwarzmarkt liegt am Rande von Odessa an der Owidiopolskyj-Straße. Er hat eine Länge von sieben Kilometern und eine Fläche von 110 Hektar und wird »Das Feld der Wunder«

genannt. Dieser Markt hat sogar eine eigene Feuerwehr und eine eigene Zeitung und wird täglich von etwa 100.000 Kunden besucht.

Viele Märkte sind spezialisiert, so der Markt von Switjas auf Fische, der Markt in Kossiw in den Vorkarpaten auf traditionelle Produkte der Huzulen wie Stickereien, Keramik und Holzschnitzereien, der Markt am Andreas-Stieg in Kiew vor allem auf Souvenirs und Schmuck für Touristen und die im Jahre 1912 in Kiew eröffnete Bessarabische Markthalle auf teure und hochwertige Waren.

Wer die Ukraine besucht, sollte unbedingt solche Märkte aufsuchen, denn da wird das Fest des Lebens gefeiert, die Grenzenlosigkeit des Daseins bejaht, gefeilscht, gestritten und gelacht.

90. Grund

Weil die Okroschka den Durst löscht

Eine beliebte Sommersuppe ist die *Okroschka*, die Königin der kalten Suppen. Ukrainer sagen, wenn ein Ausländer *Okroschka* liebt, hat er schon eine ukrainische Seele. Es ist eine leicht saure, kalte Gemüsesuppe; deshalb an heißen Tagen sehr schmackhaft. Sie macht satt und löscht gleichzeitig den Durst. Als Brühe dient oft *Kwas*, das gegorene Brotgetränk. In diesem Sommer 2019 gewann eine Frau aus Poltawa einen landesweiten Kochwettbewerb um das originellste *Okroschka*-Rezept. Anstelle von traditionellem Sauerrahm oder Molke verwendete sie Birkensaft. In eine *Okroschka* gehören ansonsten Radieschen, Gurken, Kartoffeln und gekochte Eier. Sehr beliebt sind auch klein geschnittene Wurststücke, Rindfleisch oder Schinken.

Es soll sogar eine Fisch-*Okroschka* geben, eine kalte Fischsuppe. Aber ich selbst habe noch keine gesehen. Oft gegessen habe ich dafür die Fischsuppe *Ucha*, besonders, wenn ich mit ukrainischen Freunden zum Fischen gefahren war. Die *Ucha* schmeckt besonders gut, wenn sie an einem See oder Fluss über einem Lagerfeuer zubereitet wird, zum Beispiel mit Barsch, Zander, Hecht, Wels oder Karpfen. Es sollten mindestens zwei Sorten Fische sein. Kartoffeln und Zwiebeln kommen hinzu, und man würzt mit Pfeffer, Salz und Lorbeerblättern. Was passt zur Fischsuppe? Richtig, *Samogon*. Ein selbst gebrannter Schnaps. Statistisch gesehen gibt es in der Ukraine mehr Schnapsbrennereien als erwachsene Einwohner. Eine oder zwei Destillen in jedem Haushalt, das ist durchaus normal. Wenn einer keine hat, dann hat der Nachbar drei. Wodka kann jeder kaufen. Aber einen guten *Samogon* zu brennen, dazu gehören Geschick und Gefühl.

Ich selbst habe aber noch nie *Samogon* gebrannt, meine Frau nicht. Der bei Tscherkassy lebende Jens (siehe Kapitel 49., Aberglauben) aber hat es versucht, offenbar mit Erfolg. Er wählte Aprikosen als Früchte, einen Eimer voll. Auch Walnüsse sind geeignet. Außerdem nahm er 500 Gramm Hefe und 35 Liter Wasser. Und viel Zucker, für zehn Liter *Samogon* werden fast zehn Kilo Zucker benötigt. Das alles wird miteinander vermengt und Maische genannt. Man lässt es eine Woche stehen, dann macht man die Streichholzprobe. Fertig ist die Maische, wenn man ein brennendes Streichholz direkt über der Maische hält und das Streichholz nicht mehr von den entweichenden Gärgasen ausgeblasen wird. Dann kann der Brennvorgang beginnen. Die Maische wird in die Milchkanne gefüllt und erhitzt gefiltert. Der Brennvorgang selbst dauert einige Stunden und muss immer wieder überprüft werden.

Worauf man dabei im Einzelnen achten muss, das und vieles mehr erzählt Jens auf seinem Ukraine-Blog – https://www.ukraweb.com/ In letzter Zeit führt er dort übrigens auch ein Bautagebuch. Er hat zusammen mit seiner Frau ein altes Haus gekauft und saniert es jetzt. Darüber berichtet er und dreht Videos. Sehr nützlich für Menschen, die in der Ukraine ein Haus kaufen und hier leben wollen!

Weil man auf Borschtschdampf ins Paradies fliegen kann

Das bekannteste ukrainische Gericht dürfte *Borschtsch* sein, eine Suppe mit Roten Rüben, deren Name vom ukrainischem Wort *Burjak* stammt. Auf jeden Fall ist der *Borschtsch* ein nationales Kulturgut, über den auch gelehrte Artikel erscheinen. Seit der Antike glaubt man sogar, dass die Seele eines Verstorbenen mit *Borschtsch*dampf ins Paradies fliegt, deshalb wurde *Borschtsch* früher oft zu Begräbnissen gekocht. Ukrainische Medien verwenden den inoffiziellen »Borschtsch-Index«, analog zum »Big Mac-Index«, um die Kaufkraft von Währungen abzuschätzen und die tatsächliche Inflation der Hrywnja zu bestimmen. »Der Borschtsch-Index ist der durchschnittliche Preis von Produkten, die für die Zubereitung eines bestimmten Volumens dieses Gerichts zu einem bestimmten Zeitpunkt erforderlich sind«.[40]

Zu Ehren des ukrainischen *Borschtsch* wurde sogar eine Stadt benannt, die Stadt Borschiw in der Region Ternopil, wo jeden Herbst ein *Borschtsch*-Festival gefeiert wird. Natürlich gibt es nicht bloß ein Rezept für *Borschtsch*, sondern Dutzende allein vom rotem *Borschtsch*. Egal, ob Mann oder Frau, alle Ukrainer können *Borschtsch* kochen, und jeder hat selbstverständlich ein besonderes Rezept. Bevor ein Ukrainer heiratet, muss die Frau ihm *Borschtsch* kochen, und wenn ihm der nicht schmeckt, fällt die Hochzeit ins Wasser, nein, in den *Borschtsch*.

Man kann *Borschtsch* mit oder ohne Fleisch kochen. Übliche Zutaten sind Kohl, Kartoffeln, Tomaten, Karotten, Paprika, vorgegarte Bohnen, Zwiebeln, Backpflaumen, Knoblauch sowie an »Grünzeug« Dill und Petersilie. Gewürzt wird mit Salz und schwarzem Pfeffer. Nachdem der *Borschtsch* in Teller gegeben wurde, verfeinert man ihn noch mit *Smetana*, der ukrainischen sauren Sahne.

Bei meinen Fahrradreisen lernte ich grünen *Borschtsch* kennen, den ich seitdem immer wieder sehr gern esse. Wie der Name schon sagt, tut man in den grünen *Borschtsch* grünes Gemüse, nicht rotes, also Sauerampfer, Spinat und Brennnesseln und dazu passende Kräuter. Auch Pilze, beispielsweise Hallimasche, harmonieren in dieser Mischung. In den *Poltawskij Borschtsch*, den meine Frau meistens kocht, kommen außerdem mit Fleisch gefüllte Knödel, die berühmten *Galuschki*.

92. Grund

Weil die Mafia das beste Schaschlik zubereitet

Ich radelte nach Schpola am Fluss Schpolka, den geografischen Mittelpunkt der Ukraine. Ich erwartete nichts Besonderes, ließ mich treiben, genoss die Radelei durch Kiefern- und Laubwälder, über flaches Land. Am Abend machte ich halt vor einem Straßenrestaurant, setzte mich an einen leeren Tisch, bestellte etwas zu essen und begann in den Tagebüchern von Franz Kafka zu lesen.

Am Nachbartisch saßen einige Männer und zwei Frauen, sie tranken armenischen Kognak, *Ararat*, den mit fünf Sternen. Eine der beiden Frauen war offenbar die Chefin des Restaurants, sie erteilte der Kellnerin Anweisungen. Zwei der Männer stufte ich in die Kategorie »Gorilla« ein. Angstmacher. Wichtigste Aufgabe: böse gucken. Der »wichtigste« Mensch in dieser Gesellschaft war aber ein gewisser Iwantschuk. Er war der Älteste, er wurde am häufigsten angeredet und goss die Gläser voll.

Iwantschuk war es auch, der zu mir herüberrief, wo ich denn herkäme, ob ich ein Reisender sei. Da die Leute gesehen hatten, dass ich mit dem Fahrrad gekommen war, war die zweite Frage natürlich nur eine Höflichkeitsfloskel. Ich antwortete ebenso floskelhaft, von weither sei ich gereist. Iwantschuk genügte diese Antwort nicht, er lud mich in die Gesellschaft ein, doch ich lehnte ab, ich wollte Kafka nicht verlassen und nicht saufen. Nachdem ich meine Suppe ausgelöffelt hatte, erneuerte Iwantschuk seine Einladung. Welcher Teufel auch immer mich ritt, diesmal stimmte ich zu. Schließlich wollte ich nicht den Eindruck erwecken, ihre Gesellschaft sei mir nicht gut genug, dadurch könnten »solche Leute« sich leicht provoziert fühlen.

Außer Iwantschuk und den beiden Boxer-Typen saßen noch drei weitere Männer am Tisch, darunter ein etwa 30-Jähriger, der mir als »unser Abgeordneter« vorgestellt wurde. Auf meine Frage, ob er wirklich Abgeordneter sei, beteuerte er, dies sei die Wahrheit, er sei Deputat in Dnipropetrowsk und außerdem Jurist. Jemand also, der, sagen wir es höflich, »umstrittene Handlungen« legalisieren kann.

Neben mir saß ein Herr, dem ich nach dem zweiten Glas Kognak leichtsinnigerweise gestand, dass ich eigentlich keinen Alkohol trinken wollte, sondern lieber etwas rauchen würde. Alles ist möglich, meinte er. Er telefonierte kurz, und schon etwa 20 Minuten später kam ein Bote auf einem Moped, der meinem neuen Freund eine Tüte überreichte, die dieser mir gab, mit der Bemerkung, dies sei ein Geschenk. Es war zwar kein besonders starkes Kraut, wie Geruch und Aussehen zeigten, aber es waren etwa zwei Hände voll, garantiert genug für verträumte Abende in der Steppe und in den Wäldern.

Statt wie geplant nur zwei, drei Gläschen mit diesen Leuten zu trinken, blieb ich zwei Tage und drei Nächte mit ihnen zusammen. Sie wollten, dass ich für immer bliebe, deshalb organisierten sie auch zwei Treffen mit jungen Damen, die den Auftrag hatten, mich von den Vorzügen von Schpola an der Schpolka zu überzeugen, was ihnen jedoch nicht gelang.

Vielleicht war es einfach zu viel des Guten, was mir da geboten wurde. Am dritten und letzten Abend beispielsweise hatte einer der beiden »Gorillas« 30. Geburtstag. Wir fuhren zu einem Blockhaus an einen umzäunten See, um dort zu feiern. Ohne Frauen, wie langweilig. Der Jubilar bereitete Berge von *Schaschlik* vor. Helfen ließ er sich nicht. Und seine Zunge bewegte er nicht gern. Obwohl wir von früh bis abends irgendetwas feierten und uns erholten, sprach er die ganze Zeit eigentlich nichts. Aber das *Schaschlik* war wirklich das beste, das ich je gegessen habe. Feines, zartes Fleisch, gekonnt gewürzt, knusprig gebraten. Iwantschuk erzählte zwischendurch, dass seine Schule das Gefängnis gewesen sei. Wegen illegaler Glücksspiele habe man ihn eingebuchtet. Seine Frau, die Chefin des Restaurants, erklärte, die Männer seien gute Jungs, woran ich natürlich nicht laut zweifelte. Iwantschuk war wirklich ein leidenschaftlicher Kartenspieler, er hatte sogar seinen VW-Bus zu einem Spielsalon umgebaut – die Wände mit Karten beklebt, die Sitzbänke an den Seiten installiert, einen Kartentisch in der Mitte. Unter dem Dach und an den Wänden hingen und klebten farbige Leuchtschnüre, Disco-Licht.

Ich selbst musste ein Mal zeigen, dass ich meinen Status als exotischer Gast akzeptiere, jedoch kein Clown bin. Der Laufbursche der Gruppe, ein Jüngling, nannte mich Fritz, Fritz, der Deutsche. Ich wies ihn höflich auf meinen Namen hin. Bald redete er mich wieder als Fritz an. Da sprach ich eine deutliche Warnung aus. Falls ich mir die Bezeichnung Fritz gefallen ließe, wäre ich morgen für alle ein Fritz.

Iwantschuk stimmte mir zu. »Du weißt wohl nicht, mit wem du redest?«, fragte er den Laufburschen. »Du sprichst mit dem zweitwichtigsten Schriftsteller der Welt!« Wo auch immer er diese Information herhatte, sie schützte mich. Und das Jüngelchen redete mich fortan respektvoll an.

93. Grund

Weil Vogelbeeren gesund und Bananenschalen nützlich sind

Auch in Poltawa treffen sich deutsch sprechende Menschen allwöchentlich zu einem Deutschen Stammtisch. Fast immer bin ich dort allerdings der einzige deutsche Muttersprachler. Die meisten

Besucher sind ukrainische Studentinnen und Lehrerinnen und Rentnerinnen. Manchmal kommen ukrainische Deutsche.

Einer unserer Stammgäste ist Roy aus Simbabwe, der mit zwei Sprachen aufgewachsen ist, mit Shona und mit Englisch. Auf dem Gymnasium in Harare hat er viele Bücher der klassischen englischen Literatur gelesen. Seit zwei Jahren lernt er intensiv Deutsch, bis zu vier Stunden am Tag. In der Universität und für den Alltag hat er auch Ukrainisch gelernt, bei der letzten Prüfung hat er 96 Prozent erreicht. Er studiert Elektrotechnik und Maschinenbau. In Poltawa gibt es etwa 1200 ausländische Studenten, die meisten aus afrikanischen und arabischen Ländern und aus Persien.

Roy erzählte eines Tages, wie man sich in der Savanne vor Elefanten schützt. Man streut Apfelsinenschalen um das Lager herum. Elefanten mögen keine Apfelsinenschalen. Eine interessante Information, auch wenn in der Ukraine keine Elefanten leben. Derzeit ist die Inflation in Simbabwe wieder furchtbar hoch. Vor zehn Jahren mussten Arbeiter ihren Lohn in Schubkarren nach Hause fahren, selbst 1-Milliarde-Scheine waren wertlos. Dann führte die Regierung den US-Dollar als offizielle Währung ein, die Inflation konnte gestoppt werden, es gab einen wirtschaftlichen Aufschwung, als Roy ein Teenager war. Doch jetzt klappt das Wechselspiel mit den Simbabwe-Dollar und dem US-Dollar nicht mehr. Roy hatte sich gewünscht, dass seine Eltern ihn hier in Poltawa besuchen, doch nun sind ihnen die Flugtickets zu teuer. Um Visa für die Ukraine zu bekommen, müssen die Eltern mindestens zwei Mal nach Südafrika fahren, weil es in Simbabwe keine konsularische Vertretung der Ukraine gibt.

Ich bin froh, dass Roy regelmäßig zum Deutschen Stammtisch kommt. So bin ich nicht der einzige Ausländer! Und so kleben wir nicht in den ukrainisch-deutschen Vergleichen fest, sondern lernen beispielsweise, wie nützlich Apfelsinenschalen sind. Die Erweiterung der Perspektiven von zwei auf drei ist bekanntlich ein goldener Schlüssel für viele Rätsel und Geheimnisse, überhaupt für das Erlangen von Wissen und Urteilskraft.

Roy arbeitet hier in Poltawa auch als Englischlehrer in einem Kindergarten, um Geld zu verdienen. Nachdem er Deutsch gelernt hat, will er noch Französisch lernen. Und in diesem Sommer möchte er auch die Fahrprüfung für Pkw bestehen, denn ein Führerschein könnte später seine Arbeitsmöglichkeiten erweitern. Am liebsten würde er wohl in Kanada arbeiten; in Simbabwe ist es derzeit zu schwierig. Er durchsucht schon kanadische Jobbörsen, obwohl er noch zwei Jahre hier in Poltawa studieren wird. In der Ukraine zu bleiben, das wäre wohl auch eine Option, aber er zweifelt, hier die seiner Qualifikation entsprechende Arbeit zu finden. Nur wenige der ausländischen Studenten sind so fleißig wie Roy. Die meisten bleiben unter sich, treffen selten Ukrainer, chatten lieber mit Freunden und Verwandten in der Heimat. In der Universität lernen Ausländer in extra Gruppen, nicht mit Ukrainern zusammen. Im Studentenwohnheim leben nur in der ersten Etage Ukrainer, in den restlichen nur Ausländer. Fast alle ausländischen Studenten sind Männer.

Spannungen oder gar Gewalt zwischen Ukrainern und Ausländern sind dennoch äußerst selten. Roy sagt, er fühle manchmal, dass über ihn gespottet werde, abends von Betrunkenen an der Haltestelle beispielsweise. Aber sicher ist er sich nicht, weil er kein Russisch und keine Mutterflüche und Schimpfworte versteht. Welche ukrainischen Speisen und Getränke schmecken ihm denn hier in der Ukraine? Mit Beeren gefüllte Piroggen, *piroschki*. Und sein Lieblingsgetränk ist Kompott, das in nahezu allen Speisegaststätten als Getränk angeboten wird, ukrainisches *kompot*, wenig Früchte, viel Saft.

Die Ukrainer vom Deutschen Stammtisch in Poltawa nennen zu meinem Erstaunen auch Vogelbeeren als ukrainische Spezialität. Aber die sind doch giftig? Nein, überhaupt nicht, Vogelbeeren-Extrakt wird hier sogar in Apotheken als Medikament verkauft. Das wusste ich nicht. Tatsächlich kann der Giftstoff in Vogelbeeren, die Parasorbinsäure, durch Kochen zu Sorbinsäure abgebaut werden, lese ich später. Entgiftung wie durch Kochen erfolgt offenbar auch durch Frost, weshalb die Beeren oft nach den ersten Frösten geerntet werden. Getrocknet in Tees sollen sie schleimlösend wirken und gegen Bronchitis helfen, bei Magenproblemen, Rheuma und Gicht.

Als schmackhaftes Getränk nennen die Ukrainer auch *grib*. So werden Pilze bezeichnet, die man gären lässt und mit denen man *Kwas* herstellt. *Kwas* ist mindestens im Sommer das wohl populärste Getränk des Landes. Das ukrainische Wort квасіті bedeutet säuern, einsäuern. *Kwas* ist gesünder und erfrischender als alle »künstlichen« Getränke wie Cola, Limonaden, gesüßte Tees. *Kwas* ist nicht süß, sprudelt leicht, ist sehr leicht alkoholisch. Die meisten verkauften *Kwas*-Sorten sind Brotgetränke, aber man kann sie auch mit Früchten herstellen, etwa mit Beeren oder sogar Bananenschalen. Sehr erfrischend und schmackhaft!

Und wie Roy lieben auch alle Ukrainerinnen an unserem Stammtisch süße, gefüllte Piroggen. Ich bitte alle, mir ihre liebsten Speisen zu nennen. *Wareniki! Wareniki* sind Teigtaschen mit unterschiedlichen Füllungen, beispielsweise Beeren, Obst, Quark, Kartoffeln, Kohl, gehacktes Fleisch. Und natürlich lieben alle die auch in Deutschland bekannte *Soljanka* mit Salzgurken, Kapern, Zitronen. Und Kiewer Kotelett, paniertes und gebratenes Hühnerfilet. Und *Halubtsi* werden genannt, das sind Kohlrouladen. Und Eierkuchen, ukrainisch *Mlinzi* (млинці) oder *Nalisniki* (налисники). Und wer in die Karpaten fährt, sollte unbedingt *Banosh* essen, Maisbrei, der im Unterschied zu italienischer *Polenta* nicht auf Wasser, sondern auf Sauerrahm zubereitet wird. Zum *Banosh* passen sehr gut Steinpilze, Speck, Butter oder Schafskäse. Sogar ein *Banosh*-Festival gibt es, in Rakiw in Transkarpatien.

Weil Kosakentee Körper und Seele stärkt

In Poltawa auf dem Markt werden etwa 200 Sorten Tee angeboten. Natürlich hat jede Sorte eine besondere Wirkung, eine ist gut fürs Herz und fördert die Durchblutung, eine andere soll den Magen beruhigen oder die Sehkraft verbessern, die nächste das Einschlafen erleichtern oder die männliche Potenz stärken – wobei ungeklärt bleibt, wie dieser Tee auf Frauen wirkt.

Der Tee, der mir am besten schmeckt und mir das Gefühl gibt, Seele und Körper gutzutun, ist der Tee der Kosaken, den meine Frau selber mixt. Für dieses Buch hat sie mir verraten, welche Zutaten er enthält – Thymian, Minze, Zitronenmelisse, Oregano, Teerosen, Lindenblüten, Hagebutten, Weißdorn, Kamillenblüten, Klee, Schachtelhalm, Sonnenhüte (*Echinacea*), Akazienblüten, Brombeeren und Himbeeren, Johanniskraut, Schafgarbe, Kirschblüten, Wermut, Lavendel und Brennnesseln. Dieser Tee kann also mehr als 20 Zutaten enthalten, nicht nur Blätter und Blüten, sondern auch Wurzeln, Zweige und Früchte. Jeden Morgen brühe ich mir eine Kanne dieses Tees, lasse ihn etwa zehn Minuten ziehen, filtere ihn und trinke ihn bis um Mittag aus. Selbstverständlich darf man solch einen kostbaren Tee nicht mit Kuhmilch oder gar mit Zucker beleidigen. Tee ist ein magisches Getränk und soll Tee bleiben und keine Zuckerbrühe werden. Auch darf man ihn nicht auf einem Stövchen warm halten, also einem Untersatz mit einer Kerze. Denn durch das dauernde Erhitzen entweichen die Aromen, der Tee wird trübe, fade und muffig.

Ein guter Tee verändert zwar nicht die Welt, doch die Stimmung, in der wir die Welt sehen. Insofern verändert er sie doch.

Kapitel 9

Land ohne Zäune

Einsichten und Aussichten

95. Grund

Weil Frauen auch in der Gefahr das Richtige tun

Lange habe ich überlegt, ob ich diese Geschichte vom Totschlag an der Grenze erzählen soll. Wo ist hier der Grund, die Ukraine zu lieben? Aber es treten zwei ukrainische Heldinnen auf, vielleicht eine Lebensretterin. Während ich tumber Ausländer im Gebüsch verschwand, handelten sie entschlossen und furchtlos. Ich irre nachts in Transnistrien herum, suche den Grenzübergang. Ich habe hervorragend gegessen, feines *Schaschlik*. Dazu ein Bier. 4000 Kilometer habe ich jetzt in den Beinen. Zufällig trafen sich an meinem Tisch im Restaurant zwei alte Schulfreunde, der eine erzählte, er habe jetzt die russische Staatsbürgerschaft, der andere, er habe die rumänische. Beide kosteten etwa 500 Dollar. Sie fragten mich, ob ich einen neuen Pass haben, meine Identität wechseln wolle. Ach, danke schön, antwortete ich, aber meine Identität sei ohnehin eine fließende.

Im Dunkeln radle ich auf den Grenzübergang Grebeniki zu, auf der Trasse nach Lymanske. Doch ich habe das Gefühl, schon zu weit gefahren zu sein, und radle zurück ins nächste Dorf. Zwar sind hier im Jahre 2013 wohl alle Grenzen »grün«, das heißt ich könnte auch »zufällig« in die Ukraine kommen, aber das will ich natürlich nicht.

Im Dorf stehen noch zwei Leute auf der Straße, eine Frau und ein Mann. Es ist inzwischen ein Uhr nachts. Beide haben natürlich gefeiert, das heißt getrunken. Und beide streiten gleich, wo denn der Grenzübergang sein könnte. Julia, so heißt die Frau, lädt mich in ihr Haus ein. Ich müsse mich dort erst einmal erholen. Ja, die Form von Erholung kenne ich. Sie fasst mich im Gehen an den Oberschenkel, wie um zu prüfen, ob meine Muskeln echt sind. Und schon entschuldigt sie sich für Unordnung in ihrem Haus.

»Julia«, sage ich, »du bist eine sympathische Frau, aber ich möchte weiterfahren.» Sie bittet um Geld. Ob ich vielleicht 100 Hrywnja erübrigen könne (damals 10 Euro)?

Könnte ich, will ich aber nicht. Und so sage ich es auch: »Habe selbst wenig, muss zur Grenze.«

»Ja, gut«, mault sie.

Immerhin erklärt sie mir jetzt den Weg. Grebeniki, das sei kein offizieller Übergang, ich müsse noch 20 km weiterfahren, bis Kutschurhan. Das ahnte ich schon. Inzwischen ist es ziemlich kalt geworden. Ich halte an, ziehe die Gortex-Hose und Jacke an. Nach sieben Jahren Radelei zwischen Berlin und Wolga ist die Jacke schon an einigen Stellen durchlöchert, der Reißverschluss klemmt. Und ich habe Durst! Und der Mond grinst am Himmel. Und Autos rasen an mir vorbei Richtung Odessa.

Ich fluche ein bisschen über mein langsames Leben in Deutschland, diesen Trott, diese Genügsamkeit, wie mich das anödet! Ich bin doch ein Steppenreiter. Schließlich sind am Horizont doch die hell erleuchteten Grenzanlagen zu sehen. Ich radle an den Autofahrern vorbei.

Kurze Frage an den Grenzer – »Wohin soll ich zur Kontrolle?«

»Zu Fuß«, sagt er.

Ich gelte also wieder einmal als Fußgänger, mir soll es recht sein. Während die armen Autofahrer stundenlang warten müssen, dauert die Prozedur für mich nur ein paar Minuten. Dann kann ich schon ukrainischen Boden küssen. Gern würde ich liegen bleiben, so müde bin ich. Aber bereits ein paar Meter hinter dem Schlagbaum steht die erste Kneipe, und Hunger habe ich auch. Die Kellnerin sitzt im Vorgarten und raucht.

»Gibt es noch etwas zu essen?«

»Natürlich«, sagt sie und betet schon die Speisekarte herunter.

Ich entscheide mich für eine *Soljanka*. Im Kneipenraum allerdings sitzen einige Saufbrüder an einem Tisch, und sie schreien. Vier junge Männer, mehr oder weniger besoffen. Eine leere Flasche Wodka steht auf dem Tisch. Typische Säufer-Szene: Sie schreien, weil drei von ihnen zur gleichen Zeit sich verständlich machen wollen.

In dem Gebrüll ist nur zu verstehen: »Du kennst mich seit acht Jahren. Ich kenne dich seit acht Jahren.«

Ja, das sind wichtige Informationen, die man sich nachts ins Ohr brüllen muss. Die Kellnerin stellt die Suppe auf den Tisch, ich greife zum Löffel. Die Saufbrüder schreien nicht mehr; man kann die Gefahr riechen. Ich blicke zu ihnen hinüber und sehe, dass der Schmächtigste seinem Nachbarn, einem Muskelpaket, die Faust ins Gesicht drückt. Der Getroffene steht auf, zieht an der Zigarette, legt sie im Aschenbecher ab, greift nach der Flasche Wodka, dreht sich in einer »Kinski-Schraube« und haut dem Angreifer die Flasche über den Schädel, die dabei zerbricht. Und weil ihm das nicht genug ist, drischt er auch den Rest der Flasche auf den Kopf des schon Fallenden, dem das Blut aus den Ohren spritzt. Die Kellnerin schreit, der Tisch kippt um, die Männer springen auf, der blutende Provokateur kriecht an der Theke entlang. Der Schläger hat noch nicht genug, er muss von zwei seiner Kumpane festgehalten werden.

»Guten Appetit!«, sagt einer der Männer zu mir. »Alles ist normal.«

Ich wäre nicht ehrlich, wenn ich nicht zugeben würde, dass mein Herz etwas schneller schlägt als gewöhnlicherweise. Willkommen in der Ukraine!, denke ich. Während die Kellnerin die Scherben zusammenfegt, das Blut von der Wand wischt, schreit die Köchin hinter der Theke: »Ihr habt ihn totgeschlagen!«

Der Prügler steht noch mit geblähten Nasenflügeln eine Armlänge von mir entfernt; eine falsche Bewegung würde jetzt ausreichen, seine Wut auf mich zu ziehen.

Ich nehme statt des Löffels eine Gabel in die Hand und rühre mit ihr in der *Soljanka*, denn als Waffe ist die Gabel mit ihren Zacken natürlich besser geeignet als der runde Löffel.

»Er kennt mich! Er kennt mich!«, schreit der Prügler. »Er hat mich geschlagen!«

Das stimmt, alle haben es gesehen. Doch ob das Zerdreschen der Wodka-Flasche auf dem Kopf des anderen noch als Affekt- oder Verteidigungshandlung bewertet werden kann, wage ich zu bezweifeln. Schließlich fand der Täter die Zeit, einen Zug aus der Zigarette zu inhalieren und diese sorgsam im Aschenbecher abzulegen. Und für den zweiten Schlag mit dem Flaschenrest können nun gar keine mildernden Umständen mehr geltend gemacht werden, schließlich taumelte der Getroffene schon, hilflos mit den Armen rudernd, zu Boden. Während die Männer sich im Vorgarten an einen Tisch setzen und keiner von ihnen sich dafür zu interessieren scheint, ob ihr Kumpel nun nach einem Schädelbruch verstorben ist, bezahle ich meine Rechnung.

»Kaschmar, uschas«, sagt die Kellnerin, *Albtraum, Schrecken.*

»Da, kaschmar, uschas«, antworte ich.

Zwei Tische weiter saß die ganze Zeit ein Mann und schlief mit einer Flasche Bier in der Hand. Ich gehe an den Männern vorbei, ziehe die Handschuhe an, setze den Helm auf und radle auf die Straße. Der Grenzposten spaziert vor dem Schlagbaum auf und ab. Das war die erste und einzige ernsthafte Prügelei, die ich in der Ukraine mit eigenen Augen gesehen habe.

96. Grund

Weil es schön ist, Ausländer zu sein

In der Ukraine bin ich gerne Ausländer. Hier werde ich immer in der Rolle des Schülers und des Zuhörers sein, und das gefällt mir. Viele Filme, Bücher und Fernsehsendungen, die Ukrainer kennen, sind mir unbekannt. Auch bin ich von vielen Missständen nicht betroffen, über die sich Ukrainer ärgern. Ich kann nicht an Wahlen teilnehmen und (fast) nichts beeinflussen, sondern bin nur Beobachter und vor allem Gast. Als solcher habe ich Privilegien, muss mich aber auch besonders höflich verhalten. Sonst hieße es schnell – »Was mischt sich der Deutsche in unsere Angelegenheiten ein?«.

Tatsächlich empfinde ich oft ein Gefühl der Dankbarkeit, wenn man mir vertraut und interessante Geschichten erzählt. Oft sind diese Geschichten »Gold wert«, denn ich kann sie aufschreiben und mit ihnen Geld verdienen. Und oft erstaunt es mich, dass man einem Deutschen meistens mit besonderer Sympathie und besonderem Interesse begegnet, trotz der Verbrechen unserer Vorfahren.

Eines der seltsamsten Komplimente, die mir manchmal gemacht werden, lautet aber, ich sei kein typischer Deutscher. Was ist wohl ein typischer Deutscher? Ordnungsliebend, humorlos, pedantisch? Keine dieser Eigenschaften trifft auf mich hoffentlich zu.

Mein Freund Oskar hat über den Alltag beispielsweise einer deutschen Großmutter ziemlich genaue Vorstellungen. »Morgens gönnt sie sich eine Massage. Dann bringt sie die Enkel mit dem Auto zum Tennisunterricht. Inzwischen besucht sie ein mexikanisches Restaurant, nebenbei wettet sie bei einem Pferderennen in Frankreich. Danach erholt sie sich im Solarium.«

Als typisch deutsch gilt auch Pazifismus. »Die Deutschen würden mit Kuchenkrümeln werfen, wenn auf sie geschossen werden würde«, sagen patriotische Ukrainer, wenn ihr bewaffneter Widerstand bei der Euro-Revolution kritisiert wird.

Oskar meinte, als ich ihm von einer Umfrage erzählte, wonach nur 18 Prozent der Deutschen bereit seien, ihr Land im Falle eines Angriffs zu verteidigen: »Die Deutschen glauben, sie könnten dann Urlaub in Thailand machen.«

Von ihm und von anderen Ukrainern werde ich oft gefragt: »Warum helft ihr uns nicht? Verkauft ihr eure Seelen für billiges Gas?«

»Viele Deutsche sind verwirrt«, antworte ich meistens, »und es wird viel Unsinn über die Ukraine erzählt.«

Entschuldigung, aber so ist es. Offenbar hat man in Deutschland schon vergessen, wie die Berliner Mauer laut Moskauer Propaganda genannt wurde – antifaschistischer Schutzwall. So faschistisch wie die alte BRD sein sollte, so faschistisch ist heute die Ukraine.

Solchen Pazifismus und solche haarsträubende Naivität können sich Ukrainer nicht leisten. Sie können nicht mit Kuchenkrümeln werfen, wenn auf sie geschossen wird. Sie haben verstanden, dass nur eine starke Armee Russlands Drohungen parieren kann, sich den angeblichen Bruderstaat einzuverleiben. Deshalb fühle ich mich hier in der Ukraine im Moment sogar sicherer als in meiner Heimatstadt Berlin. Hier stehen sich Armeen gegenüber, man kann Freund und Feind klar unterscheiden. Aber es gibt hier keine tschetschenischen, arabischen oder russischen Kampfsportvereine, die von Diktatoren-Freunden organisiert und finanziert werden. Auch vor sogenannten »Rechtsradikalen« muss man keine Angst haben, wenn man für eine demokratische und souveräne Ukraine ist.

Aus ukrainischer Sicht verhalten sich viele Deutsche in politischer Hinsicht schizophren. Das wurde mir wieder einmal klar, als Oskar aus Poltawa zum ersten Mal nach Deutschland kam. Fast alle meine Freunde und Bekannten kritisierten in Gesprächen mit ihm »das System« in Deutschland, das wirtschaftliche und das politische. Manche meinten es aktiv bekämpfen zu müssen, auf Demonstrationen oder mit dem Komponieren von Musik, obwohl sie aus Oskars Sicht in der besten aller möglichen Welten leben. Oskar meinte, egal, welche dumme Regierung ihn betrüge, die Ukraine sei immer noch sein Land, seine Heimat. Er könne sie doch nicht hassen, nur weil die Wirtschaft kapitalistisch oder was auch immer sei. Er kann auch nicht den Tod seiner Mitbürger und Freunde gleichgültig hinnehmen, weil Russlands geostrategische Interessen das verlangen. Und bevor er auf die USA schimpft, kauft er sich lieber eine US-amerikanische Kamera.

Meine ukrainischen Freunde verweisen gern auf einen entscheidenden Unterschied, wenn ich ihnen von der im Westen so populären Unterstellung erzähle, die USA hätten den »Umsturz in der Ukraine forciert«. Sie reagieren nicht etwa beleidigt, obwohl man ihnen den eigenen Willen abspricht und ihnen unterstellt, sie hätten für ein paar Dollar und die Interessen einer fremden Macht ihr Leben riskiert. Und obwohl sie natürlich viel besser als die Zeugen des Sofas über die Ereignisse in ihrem Land informiert sind. Sie fragen nur: Die USA unterstützen Südkorea, Russland unterstützt Nordkorea, was ist ehrenwerter? Wo möchten Sie leben? Oder sie stellen diese einfachen Fragen: Wo werde ich weniger betrogen, in Russland oder in »Europa«, wo arbeitet die Polizei ehrlicher, wo ist das Gesundheitssystem humaner? Wo sind die Straßen und Autos besser, wo ist das Leben interessanter? In der einen Hemisphäre werden beinahe täglich sensationelle Entdeckungen gemacht und verblüffende Technologien entwickelt, ob Gravitationswellen oder selbstfahrende Autos. In der anderen Hemisphäre bezeichnet der Präsident das Internet als eine Erfindung der CIA, und die Teilnahme an nicht genehmigten Demonstrationen wird mit Lagerhaft bestraft.

Wieso »braucht Russland die Kontrolle über das Schwarze Meer«, wie man von russischen Politikern immer wieder hört? Warum kann es sich den Zugang zum Mittelmeer nicht mit friedlichen Mitteln sichern, wie im jahrtausendealten Kapitalismus üblich mit der Bezahlung von Zöllen und Transitgebühren? Das wäre allemal billiger und deshalb auch viel eher im Interesse Russlands gewesen als der heimtückische, offiziell nicht erklärte Krieg gegen die kulturell und geschichtlich so nahen Ukrainer.

97. Grund

Weil die Ukraine ein Land ohne Zäune ist

Noch einige Gründe, die Ukraine zu lieben, sind zu schreiben. Ich sitze mit Dima Bandurist im Café Minute und frage ihn, ob er noch Ideen für mich hat. Überhaupt, er ist Ukrainer und liebt sein Land; nie hat er den Wunsch gehabt, im Ausland zu arbeiten, wie so viele unserer Freunde und Bekannten. Also bitte, Dima, welche Vorteile bietet das Leben hier, warum willst du nicht weg? Er könnte ja mit seiner Bandura auch in Berlin im Mauerpark spielen oder in Wrocław vor Touristen aus aller Welt. Warum spielt er am liebsten vor dem Iwan-Masepa-Denkmal in Poltawa?

Dima lehnt sich zurück und saugt an der Zigarette.

»Schreib auf! Erstens. Weil die Ukraine ein Land ohne Zäune ist. Zweitens. Weil Ukrainer lernwillig sind und begeistert arbeiten. Drittens. Weil Ukrainer in Parallelwelten leben.«

»Nicht so schnell, Dima!«

Aber er ist gnadenlos. »Viertens. Weil man hier billig leben kann. Fünftens. Weil wir die Verstorbenen nicht vergessen.«

Ich schreibe mit und lasse mir die Gründe erklären.

Land ohne Zäune, ja, das begreife ich. Jeder kann Land nutzen, das nicht schon von jemand anderem genutzt wird. Jeder kann seine Tiere auf Wiesen führen, die niemandem gehören. Ich kenne einen Mann, der nicht vom Zentrum von Poltawa ohne Genehmigung auf einem besitzlosen Grundstück ein zweistöckiges Haus baute und dann jahrelang von der Straßenelektrik den Strom abzapfte. Irgendwann bemerkte es dann doch jemand von der Stadt. »Da steht ein Haus, von dem wir gar nichts wussten, wie seltsam! Und nicht nur ein Haus, sondern mehrere!«

Mussten die Häuser abgerissen werden? Natürlich nicht. Moderate Strafen waren zu zahlen, und nun ist alles offiziell. Gnade vor Recht. Das Land hatte eben niemandem gehört, also hatte man es genutzt. Ukrainer haben nicht solch ein humorloses Verhältnis zu Gesetzen und zum Staat wie die Deutschen. Sie müssen über den Staat lachen, sonst würden sie ihn nicht ertragen.

Warum soll man sich damit quälen, Genehmigungen einzuholen, wenn es auch ohne geht? Lena, Tochter eines Offiziers, war ganz erstaunt, als ich ihr erzählte, dass in Deutschland die ganzjährige Nutzung eines Wochenendhauses gerichtlich verboten werden kann. Sie möchte ihre Wohnung vermieten und in ihrer Datscha leben, aber dort ist kein Wasseranschluss. Dass man dafür eine Genehmigung beantragen soll, im eigenen Häuschen zu leben, kann sie nicht verstehen.

98. Grund

Weil Ukrainer lernwillig sind und begeistert arbeiten

Das verstehe ich auch. Ein irres Thema im Grunde. Ich habe schon in der DDR, in Ungarn und im vereinigten Deutschland auf dem Bau und als Handwerker gearbeitet, und ich habe zumindest gesehen, wie Bauarbeiter in der Sowjetunion, in Polen, Russland und Mexiko arbeiten. Aber was ich in der Ukraine erlebt habe, verschlug mir manchmal den Atem.

In der Zentralukraine half ich Freunden beim Ausbau eines Hauses; diese Brigade war zweifellos die am schnellsten arbeitende, die ich je erlebt habe. Um ihr Tempo zu schaffen, mussten sie die Arbeiten gut planen, eine Fähigkeit, die Ukrainer sich selber eigentlich eher selten attestieren. Meine drei Kollegen benutzten die im Westen üblichen Technologien, Bohr-, Säge- und Schleifmaschinen, Schraubendreher, Schaumstoffe, Trennmittel, Schalungen, Vierkantrohre, Dämmplatten, selbst Mundschutzhauben. Und obwohl sie unglaublich schnell und sorgfältig arbeiteten, verdienten sie pro Stunde nur umgerechnet 50 Cent.

Ein fleißiger Mensch arbeitet im ukrainischen Dorf zwölf bis 17 Stunden, auch sehr viele Frauen. In Dorfgeschäften müssen Verkäuferinnen oft um fünf Uhr morgens schon Brot und Milch in Empfang nehmen, zwischendurch 70 Kilogramm schwere Gasflaschen schleppen, nebenbei ihre Kinder versorgen, kochen, wischen, putzen.

Natürlich gibt es auch Menschen, die fast nie arbeiten, Berufspunks und Flaneure beispielsweise und verwöhnte Kinder reicher Leute. Die Mama kocht, von Freunden wird man zum Trinken und Kiffen eingeladen, die Kleidung in den Secondhandshops ist auch für ukrainische Verhältnisse spottbillig. Vielleicht macht man übers Internet kleine Geschäfte, handelt mit etwas, verkauft Fotos oder selbst gemachte Seife. Manche Menschen halten dieses schöne Leben nur 20 Jahre lang durch, dann sind ihre Lebern so stark beschädigt, dass sie Invalidenrenten beantragen müssen, um das schöne Leben fortsetzen zu können. Aber das gibt es ja in anderen Ländern auch.

99. Grund

Weil Ukrainer in Parallelwelten leben

Was meint Dima damit? Ukrainer leben in der virtuellen Welt und in der Wirklichkeit? Das wäre ja nichts Besonderes, nichts, was nur Ukrainer beträfe. »Putin sucht seinen gestrigen Tag, das ist unsere stärkste Bedrohung«, erklärt Dima. »Humanismus hilft uns nicht gegen Putin, nicht gegen diesen hybriden Krieg. Humanismus ist nur eine Spritze in den Po. Zum Einschlafen. Euer Humanismus kann uns nicht helfen! Wir sind keine Humanisten, und wir waren keine Kommunisten, und wir sind auch keine Faschisten. Wir sind keine Polen, keine Russen, keine Armenier. Wir sind Ukrainer. Mit unseren Seelen, mit unseren Wurzeln. Wir sind keine Diebe, wir wollen kein Land okkupieren und nicht zum Kreml marschieren. Oder doch? Nur, wenn es sein muss. Wenn der Kreml uns nicht schlafen lässt. Warum wurden in dieser Straße so viele Juweliergeschäfte eröffnet? Wo kommt das Geld her? Wer dient, und wer verdient an der Front? Stell dir vor, du sollst für 10.000 Hrywnja (330 Euro) dein Leben riskieren.«

Dann erzählt er vom Vatikan-Museum und von der Bibel und fragt, warum Jesus für die Mächtigen gefährlich war. »Was wollte Jesus? Er wollte alle Menschen zur Taufe im Jordan auffordern? Was will Falun Gong in China? Durch stumme Gymnastik die Mythen der kommunistischen Partei lächerlich machen? Die Autoritäten stören? Wir haben keine Botschaft, und das ist auch eine Botschaft.«

Episoden, wie ich sie nur aus Büchern kenne, kennt Dima aus den Beschreibungen der Betroffenen oder ihrer Nachfahren. Den *Homo sovieticus* nennt er eine Degeneration. Die Gegenwart beschreibt er gern mit dem Begriff der Simulation. Das Bildungs- oder Kulturministerium täuscht nur vor, etwas für Bildung und Kultur zu tun. Das Handelsministerium handelt nicht, sondern erpresst die Händler. Die Polizei verhaftet die Marihuana-Farmer und Verkäufer, weil sie Konkurrenten sind. Wenn jemand betrunken Auto fährt, dann sowieso nur Polizisten. Das sind natürlich Zuspitzungen und Übertreibungen. Je mehr Kognak oder Wodka wir trinken, desto wilder tanzen Dimas Gedanken. Und als brillanter Schauspieler formuliert er traurige Gedanken nicht in einer traurigen Weise, sondern lachend.

Neuerdings besitzt Dima ein Smartphone. Sein Vater und sein Bruder haben ihm eins zum Geburtstag geschenkt. Er ist nicht mehr der letzte Erwachsene, der ohne Computer und ohne Internet lebt. So hat ihn auch diese Parallelwelt erreicht. Jetzt hört er bei der Arbeit Vorträge und Interviews bei einer »Schule der Entwicklung«. Er mischt den Beton, klebt die Kacheln, modelliert Köpfe an den Kaminwänden und hört die Darlegungen des ukrainischen Philosophen und Psychologen Alexei Arestowitsch über »Objekt-Objekt-Kommunikation« und über »Die Kunst des Krieges« vom chinesischen Philosophen Sun-Tzu aus dem VI. Jahrhundert v. Chr.

Ein ukrainischer Kaminbauer in parallelen Welten.

100. Grund

Weil man hier billig leben kann

Vor allem als Ausländer, mit einem »westlichen« Gehalt oder einer deutschen Rente, kann man hier preiswert leben. Aber Dima als neues Mitglied der Internet-Gemeinde denkt bei dem Stichwort »billig leben« nicht an Mieten und Lebensmittelpreise, sondern an lizenzfreie Filme und Programme, an Raubkopien. Trotz ihrer geringen Einkommen wollen Ukrainer natürlich auch teilnehmen an den weltweiten Entwicklungen in Kunst oder Technik. Die logische Antwort angesichts ihrer Hungerlöhne lautet, dass Kriminalität ein Menschenrecht sein kann. Immer wieder bin ich verblüfft, dass Ukrainer westliche Filme und Serien gleich nach den Premieren kostenlos sehen können. Mathematiker, begabte Hacker, Robin Hoods der Kultur sorgen dafür, dass Ukrainer nicht aus der Zeit fallen.

101. Grund

Weil die Verstorbenen nicht vergessen werden

Nun, das werden sie in anderen Ländern auch nicht. Aber in der Ukraine gibt es dafür besondere Rituale, die ich früher nicht kannte. So wird am 40. Tag nach dem Hinscheiden eines Menschen seiner in einer besonderen Weise gedacht. Angehörige und Freunde treffen sich, besuchen gemeinsam das Grab. Eigentlich stammt diese Frist aus dem Christentum, aus der orthodoxen Kirche. Die Seele der oder des Verstorbenen wandert demnach in dieser Zeit zum Himmel oder wird von Engeln dorthin geführt. Doch in der Ukraine achten nicht nur orthodoxe Christen diese Tradition, sondern wohl alle Menschen, auch Atheisten.

Und eine Regel, die ebenfalls immer und für alle gilt, sollte man als Besucher der Ukraine ebenfalls kennen – wenn bei einem Fest oder einem geselligen Beisammensein an einen bestimmten oder an die Verstorbenen im Allgemeinen erinnert wird, so stößt man niemals mit den Gläsern an!

102. Grund

Weil es nur wenige Gründe gibt, die Ukraine nicht zu lieben

Während Dima mir seine Ideen schenkt, ruft eine Frau vom Nachbartisch: »Es gibt überhaupt keinen Grund, die Ukraine zu lieben! Hier ist alles am Ar…!«

Sie sitzt fast jeden Nachmittag im Café Minute und webt Wyschywanka-Muster in ein weißes Tuch. Oft führt sie Selbstgespräche, die sie mit Mutterflüchen garniert. Manchmal ruft sie ihren Mann an, einen einbeinigen Bettler, der an der nächsten Kreuzung mit einem Pappbecher um milde Gaben bittet. Über ihn flucht sie nicht, sondern sie nennt ihn »Liebling« und »Hase«.

Dima widerspricht ihr, mindestens die Ukrainer seien doch liebenswert, wenn schon nicht die Ukraine. Da gibt sie ihm recht. Offenbar lebt sie auch in parallelen Welten, aber in anderen als Dima. Jedenfalls hat sie vier Zigaretten angezündet und in die vier Rinnen des Aschenbechers gelegt. Sie liebt also Zigarettenrauch.

Selbstverständlich kann man sich wie eine Dostojewski-Figur auf das Schlechte konzentrieren oder in Selbstmitleid zerfließen. Alles schlecht, früher war alles besser. Manchmal gefällt es mir, solche Sowjet-Nostalgiker zu provozieren. Beispielsweise auf dem Markt. Ich kaufe Nüsse und Rosinen, neben mir steht ein Pensionär.

»Früher war alles besser«, sagt er.

»Wann, früher?«

»In den 70er-, 80er-Jahren. Damals haben wir in Charkiw die besten Panzer gebaut.«

»Haben Sie Panzer gegessen?«

Er schnappt nach Luft.

»Sie verstehen mich nicht!«, schreit er. »Wir Arbeiter in der Panzerfabrik erhielten besondere Privilegien!«

»Drei Sorten Wurst statt keiner wie in den Geschäften?«

Ich vermute, dass es ihm nicht gefällt, dass ich als Ausländer diese Nüsse kaufen kann, er aber wahrscheinlich nicht. Das tut mir leid für ihn, aber früher hätte er sich diese Nüsse auch nicht kaufen können, weil sie gar nicht im Angebot waren.

Wenig später kaufe ich Honig.

»Oh, ein Deutscher!«, ruft die Verkäuferin. »Ich habe früher in Dresden gelebt, mein Mann war Offizier in der Roten Armee! Damals war alles besser.«

»Damals mussten Sie nicht arbeiten, weil Ihr Mann ein Okkupant war?«

Auch sie fällt fast in Ohnmacht. Das hat ihr noch nie jemand gesagt. »Wir haben doch den Hitlerfaschismus besiegt!« (mit amerikanischer Hilfe, aber das sagt sie nicht).

Früher war sie privilegiert gewesen. Nun ist sogar ihre Tochter mit juristischem Diplom arbeitslos. Schreckliche Zeiten! Die Tochter spricht vier Sprachen, aber sie hat keinen Offizier geheiratet, der sie versorgen kann. Jetzt muss die Offizierswitwe Honig verkaufen, nützliche Arbeit leisten.

»Nichts gegen ihn oder Sie persönlich, aber Ihr Mann war eine Strafe für uns«, sage ich.

Ja, das wisse sie ja, aber sie habe nun einmal ein schönes Leben gehabt in Dresden.

Seltsamerweise treffe ich kurz darauf noch eine Mutter einer arbeitslosen Juristin. Meine Zahnärztin.

Sie bohrt an meinen Zähnen, und auch sie behauptet, alles werde immer schlimmer.

Ich kann nicht antworten, muss die Kiefer auseinander halten und kann nur streng gucken.

»Verstehen Sie mich nicht falsch«, sagt die Ärztin, »wir sind alle Patrioten, besonders meine Kinder.«

Als ich ausspülen darf, frage ich: »Wann war es denn besser als heute?«

Sie: »Als ich Studentin war und wir umsonst studierten.«

Da muss ich lachen.

»Als es drei Sorten Wurst im Geschäft gab, keine Jeans und kein Toilettenpapier, und als die Dissidenten im Gulag saßen? Natürlich, vor 30 Jahren war alles schöner, da waren wir jung.«

Sie hebt den Bohrer und zögert.

»Meine Tochter ist Juristin. Sie findet keine passende Arbeit!«

Ich muss die Zähne öffnen und kann nicht antworten. Aber mein Bauch lacht.

»Was?«, fragt sie.

»Hätte Ihre Tochter in der Sowjetunion als Juristin arbeiten können?«

»Damals brauchten wir keine Juristen«, gibt sie zu und bohrt weiter.

»Sehen Sie«, sage ich, als ich wieder ausspülen darf, »das ist Freiheit und Kapitalismus. Vielleicht gibt es heute mehr Juristen, als gebraucht werden. Aber das ist doch besser, als wenn gar kein Jurist gebraucht wird?«

»Ja«, sagt sie bohrend, »das ist richtig.«

Auch mir gefällt natürlich nicht alles in der Ukraine. Das Wasser der Worskla ist in diesem Sommer mit Bakterien verseucht, weil zu viele Abwässer hineingeleitet werden. Im Winter wird auf den Gehwegen zu selten gestreut, die vielen Eiszapfen an den Dächern sind gefährlich (weshalb jetzt Dachheizungen installiert werden sollen). Manche Fußgängerüberwege sind gefährlich, weil die Zebrastreifen verblasst sind. Im Straßenbau »verschwinden« immer noch zu viele Gelder, und zu viele Skandale bleiben folgenlos, haben keine strafrechtlichen Konsequenzen. Am meisten missfällt mir, wenn Männer spucken. Das machen Gott sei Dank nicht viele, aber ich finde es jedes Mal wieder ekelhaft. Mir wäre es peinlich, dafür Aufmerksamkeit zu bekommen, dass ich laut den Rotz hochziehe und dann wie ein Lama spucke. Merken sie nicht, was sie tun? Wollen sie Macht ausüben? Oder glauben sie, es würde den Frauen gefallen? Oder denken sie gar nicht darüber nach? Ist das Spucken ein Resultat der Planwirtschaft wie die scharfkantigen Bänke im Park, die auch kein böser Ingenieur gebaut und sadistischer Architekt geplant hat, sondern die eben zufällig so entstanden sind, weil gerade Material fehlte oder übrig gewesen war, nur leider für einen anderen Zweck gedacht? So ist diese Gewohnheit mal eben so in die Welt gekommen.

103. Grund

Weil man ohne Wahrheit nicht leben kann

Eine ukrainische Journalistin schrieb auf Facebook über mich: *Was für einen Schwanz schreibt er überhaupt darüber, ein Nachkomme von Nazis, die die Slawen nicht als Menschen ansahen. Er soll bereuen, und wir (trauern) in unserem Inneren.*

Womit hatte ich Ihren Zorn erregt? Ich hatte es gewagt, auf stalinistische Verbrechen hinzuweisen. Eine Statistik zeigte, wie viele Soldaten aus der Roten Armee geflohen und dafür standrechtlich erschossen worden waren, verglichen mit der Wehrmacht und den Armeen der westlichen Verbündeten. Das Ergebnis war bedrückend. In der sowjetischen Armee waren viel mehr Militärangehörige von den eigenen Leuten erschossen worden als in den anderen Armeen. Darf ich, ein Deutscher, das sagen? Was geht es mich an? Soll man sich auf Facebook auf einen Streit einlassen? Manchmal habe ich Lust dazu. Nach kurzem Zögern antwortete ich auf die Beleidigung der Journalistin.

Er erzählt einen Schwanz? Ich? Was habe ich mit den Verbrechen der Nazis zu tun? Es gilt Sippenhaft bis ins fünfte Glied?

Sie antwortete: *Sie sollten die Verbrechen Ihres Volkes überdenken, anstatt die internen Verbrechen derer zu verurteilen, die von Ihrem Land 1941 angegriffen wurden.*

Daraufhin schrieb ich: *Bereuen kann ich nur, was ich selbst getan habe. Ich denke sowohl über die Verbrechen der Deutschen als auch über die Verbrechen im Stalinismus nach. Das ist mein gutes Recht und auch mein Beruf. Und ich denke nicht nur nach, ich helfe auch – organisiere medizinische Hilfe für die Kinderkrankenhäuser in Poltawa, organisiere einen Dokumentarfilm über die Verbrechen der Wehrmacht in Poltawa (Holocaust), schreibe Reportagen über die Verbrechen des NKWD UND der Wehrmacht. Aber ich bin nicht schuldig für die Verbrechen »meines Volkes«. Ich bin nicht »das Volk«, schon gar nicht das, welches vor vielen Jahrzehnten gelebt hat.*

Jetzt knickte die Dame ein. *Ich beschuldige Sie nicht, es wäre aber interessanter, eingehende Studien als solche Statistiken zu lesen.*

Eben noch hatte sie behauptet, ich hätte »Schwanz« geschrieben, jetzt wollte sie bessere Studien. Aber diese Studien gibt es längst, man muss sie bloß zur Kenntnis nehmen.

Sie beschuldigen mich nicht? Warum schreiben Sie dann: »Was für einen Schwanz schreibt er überhaupt darüber, ein Nachkomme von Nazis, die die Slawen nicht als Menschen ansahen?«

Se fordern, ich solle mich nicht mit den Verbrechen im Stalinismus beschäftigen? Warum? Wir leben in einer freien Ukraine, Gott sei Dank. Es gilt Meinungsfreiheit, auch für mich als Gast und Ausländer. Was erzählen Sie eigentlich den Nachfahren der Millionen unschuldigen Opfer des Stalinismus, des NKWD?

Nichts sagte sie mehr. Von Bekannten erfuhr ich, dass ich einen wunden Punkt getroffen hatte. Ihr Großvater war wohl Offizier beim NKWD gewesen. Das würde ihre Polemik erklären. Schon etwa zwei Jahre zuvor hatte ich im Café Minute gehört, dass die Frau Watte im Kopf hatte. Da hatte sie mit einem Frontkämpfer gestritten. Wie könne er im Donbass auf die eigenen Leute schießen, auf Ukrainer, blaffte sie ihn an. Wenige Autostunden von der Front entfernt lebend, glaubt sie immer noch Propaganda-Märchen.

Glauben und Wissen werden leider oft vermischt. Zumindest im heutigen Deutschland und in der Ukraine. In der DDR und in der Sowjetunion musste man zwischen beidem sehr genau unterscheiden. Glaube galt damals als rückständig, Wissen als fortschrittlich. Wissen, das hieß, die Gesellschaft wissenschaftlich zu begreifen. Die journalistische Mode von heute, Konflikte zu personalisieren und Sachzwänge zu übersehen, hätte als stalinistisch gegolten. Stalinismus bedeutet bekanntlich, dass Personen für das Versagen des Systems verantwortlich gemacht werden.

Heute ist alles Brei, jeder fühlt und denkt auf seine oder ihre Weise. Wahrheit? Wahrheit gibt es angeblich nicht, erklärte man mir im Westen Tausende Male. Alles soll subjektiv und irgendwie postmodern sein, alles illusorisch und unüberschaubar, da müssen wir kapitulieren, Erkenntnis ist nicht mehr möglich!

Dann zeigte mir eine Ukrainerin in einer Galerie in Donezk im Winter 1999 neue Bilder. Und sie betonte die Wahrheit, die in diesen Bildern zu sehen sei. Ich erzählte ihr von diesem populären Glaubensbekenntnis im Westen, wonach es keine Wahrheit gibt oder unendlich viele, Amen.

Sie antwortete: »Aber wir haben nur die Kunst, wo wir Wahrheit finden können!« Sie konnte sich ein Leben ohne Wahrheit gar nicht vorstellen. Die Journalistin aus Poltawa hat ja keine Wahrheit gefunden, wenn sie sich weigert, über die Verbrechen ihrer Vorfahren nachzudenken. Meine Frau meinte übrigens ganz trocken, als ich ihr von den Denkverboten der Journalistin erzählte: »Und wir dürfen nicht über Hitlers Verbrechen reden, oder wie?«

104. Grund

Weil man auch im Gefängnis ein besserer Mensch werden kann

Heute wurde mir im Café Minute das Gerücht erzählt, ich sei Agent des Mossad. »Ich bin doch gar kein Jude«, antwortete ich. Sekunden zuvor hätte ich nicht geglaubt, jemals diesen Satz zu sagen. Gehört hatte ich ihn schon mehrmals, weil ein Freund in Berlin ihn geträumt und mir dann erzählt hat. Im Traum hatte ein SS-Mann dem Freund befohlen, er solle seinen Vater essen. Daraufhin hatte er diesen Satz gesagt. Diese Geschichte erzählte er gern.

Also, ich bin kein Jude und arbeite nicht für den Mossad. Aber ich habe die Gelegenheit natürlich genutzt und darauf hingewiesen, dass ich dann ja wohl ein gefährlicher Typ sei. Wahrscheinlich habe ich eine Pistole hinterm Ohr, Gift im Ehering und einen Chip unterm Bauchnabel, damit man mich jederzeit orten kann.

So ist das in Poltawa, wo die Gogolewschschina regiert. Niemand lebt hier ein gewöhnliches Leben, niemand ohne Tarnungen und Täuschungen. Alle sind wir Auserwählte. Ich fühle mich jedenfalls gut unterhalten. Dima »Bandurist« öffnet sein Smartphone und sagt, Musik sei eine Mikro-Dosis Glück. Er hat die halbe Nacht lang getanzt, jetzt lässt er das Wochenende im Café ausklingen. Morgen muss er wieder auf dem Bau malochen.

Mädchen posieren vor dem Café Minute und fotografieren sich. Ein dicker Mann steht daneben, gekleidet in einen grauen Trainingsanzug, der ihm drei Nummern zu klein ist. Ziemlich rasch geht ein Mann an ihm vorbei, der einen Krückstock in der Hand hat. Wie schnell er laufen kann! Sonst bindet er sich beim Betteln vorm Kaufhaus ein Bein hoch, da braucht er den Krückstock. Auch das ist ein Business-Modell!

Wiktor kommt über die Straße; 48 Jahre lang war er Kontrabassist in Sinfonie-Orchestern. Die letzte Tournee, an der er teilnahm, führte durch Italien, sogar vor Giuseppe Verdis Wohnhaus haben sie gespielt. Er bekommt nur eine kleine Rente. Manchmal lade ich ihn ein, aber zur Gewohnheit soll es auch nicht werden. In seiner Jugend war er einer der ersten Biker hier in der Gegend gewesen. Sein Vater war ein »hohes Tier« bei der Partei, aber Viktor wollte nicht aufgrund seiner Prominenz einen Studienplatz erhalten. Deshalb bewarb er sich ohne Wissen seines Vaters an einer entfernten Musikhochschule, im heute besetzten Luhansk. So erzählte er es mir jedenfalls.

Gegenüber dem Café spielt ein Akkordeonspieler die Melodie aus dem Film *Amelie*. Eine junge Frau in einem gelben Kleid schiebt eine Großmutter im Rollstuhl. Gestern sah ich eine Prügelei zwischen drei Männern, wobei die zwei Verbündeten feige waren und der Angreifer dumm und besoffen. Meine Frau erzählte mir gestern, ein Betrunkener habe sie gebeten, die Polizei anzurufen. Sein Freund sei zu besoffen und schlafe zu nahe am Straßenrand. Er könnte auf die Straße rollen. Man muss ihn retten.

»Die Polizei sucht ihn, die wird ihn verhaften! Sie suchen ihn, er muss zwei Jahre ins Gefängnis. Aber das ist besser, als besoffen am Straßenrand zu liegen! Im Gefängnis wird er wieder ein Mensch!«

Und weil ich ein Special Agent bin und psychologische Tricks beherrsche, habe ich schön vom Thema abgelenkt. Tarnung gelungen!

105. Grund

Weil es schön ist, Vater zu sein

Ich sollte eine Hymne auf unseren Sohn Kolja schreiben. Er kann mit der linken und mit der rechten Hand schreiben, außerdem einbeinig rückwärts springen, erwähnte ich das schon?

Er hilft mir beim Einkaufen, wenn ich etwas nicht kenne oder verstehe. »Mein Vater ist ein bisschen Ausländer«, erklärte er einer Verkäuferin. Heute erzählt er mir, er wolle Spion werden. »Ein Spion dient, beobachtet alles und gibt Informationen weiter«, erklärte er nach meiner Frage nach diesem Berufsbild.

»Prima. Und worauf muss ein Spion achten?«

»Ich weiß nicht.«

»Dass ihn kein zweiter Spion beobachtet, dass er keinen Schatten hat.«

»Ja, stimmt! Wo kein Schatten ist, da ist der Teufel!«

Das stimmt auch in diesem Fall, natürlich. Wir gehen am Masepa-Denkmal vorbei, und ich frage ihn, ob er wisse, wer das sei, dieser ernste Mensch da auf dem Sockel. »Nein, aber ich kenne die Biografie von Jesus«, antwortet er.

Immerhin bildet er sich nicht mehr ein, ein Roboter zu sein oder gar fliegen zu können. Einmal spielte er »Shaolin«, sprang rückwärts von einer Bank, knallte mit dem Hinterkopf auf den Asphalt und brach sich dabei den linken Arm. Was wir dann im Krankenhaus erlebten, war »einfach zum Kotzen«. Düstere Gänge, Krankenschwestern, die nicht reden (oder gar trösten) können, die Behandlung durch den (übermüdeten) Arzt streng nach Reihenfolge der Ankunft, nicht nach der Schwere der Verletzung. Nach fast zwei Stunden hatte unser Sohn immer noch keine Hilfe bekommen, meine Frau war in Ohnmacht gefallen, und ich hatte zwei Mal zu Protokoll gegeben, wann ich geboren wurde und dass ich keine Geschlechtskrankheiten habe, obwohl das mit dem gebrochenen Arm nichts zu tun hatte, zumal ich nicht der leibliche Vater bin.

Als ich mich beschwerte, meinte die Krankenschwester, der Präsident sei schuld an der Bürokratie. Und zu diesem Kinderkrankenhaus kann man nicht mal mit öffentlichen Verkehrsmitteln fahren, es gibt keine Haltestelle dort in der Nähe. Aber unser Sohn war tapfer gewesen, er weinte kaum, wollte mit dem gebrochenen Arm noch in den Wald fahren. Erst als er sagte, dass er dort nicht klettern wolle, weil sein Arm so wehtäte, begriffen wir, dass es sehr ernst war.

Nachdem der Arm verheilt war, liebte er wieder den Rausch der Geschwindigkeit. Das schnellste Karussell ist ihm nicht schnell genug. Wenn er auch noch nicht selbst fliegen kann, so müssen es wenigstens Hubschrauber und Flugzeuge sein, die das für ihn tun. Also bastelt er welche als jüngstes Mitglied der Arbeitsgemeinschaft Flugzeugbau. Zwischendurch war er im Kanu-Club, da konnte ich über seinen Willen und seine Furchtlosigkeit staunen, wie er auch nach dem x-ten Umkippen des Kanus immer wieder an den Steg schwamm. Natürlich nicht allein, sondern mitsamt dem Kanu, das wohl drei Mal länger ist als er. Über die Zukunft macht er sich auch schon Gedanken, und nicht nur über seine eigene Zukunft, denn die steht fest, er möchte Spieler oder Spiele-Erfinder werden.

»Papa, du weißt, dass unsere Erde wärmer wird«, fragte er mich, als wir im Winter durch den Park spazierten. »Schau mal, der Traktor dort macht noch mehr Wärme mit dem Motor. Warum können Menschen nicht den Schnee fegen?«

Natürlich lobe ich ihn für diese Frage, immerhin erkennt er einen Zusammenhang. Dann erzähle ich ihm von der 73-jährigen Babuschka, die seit 30 Jahren jeden Morgen diesen Park für einen Hungerlohn gesäubert hat und mit der ich schon so manchen Morgenkaffee zusammen getrunken hatte, siehe Kapitel …

Er kaut an seinem Jackenärmel.

»Du sollst deine Jacke nicht essen, du bist doch kein Baby mehr.«

»Weißt du, Papa, in der Kindheit, als Baby, da habe ich meine Kleidung gegessen, wenn mir langweilig war. Jetzt mache ich das, wenn ich nachdenke.«

106. Grund

Weil auch im Schatten des Krieges die Liebe gedeiht

Ich sitze im »Park der romantischen Alkoholiker«. Drei Frauen kommen den Weg entlang, zwei mit blonden Haaren und heller Haut, die Frau in der Mitte mit dunkler Hautfarbe. Vielleicht eine afrikanische

Studentin mit ihren ukrainischen Freundinnen? Aber für typische Studentinnen sind alle drei eigentlich zu gut gekleidet, tragen sie zu teuren Schmuck, haben sie zu teures Parfüm aufgelegt. Auf der Bank mir gegenüber sitzen zwei Männer, die den Tag offenbar mit körperlicher Arbeit verbracht haben. Staubige Schuhe, fleckige Hosen, die Art zu sprechen, das Fluchen, die Flasche Wodka zwischen ihnen – viele Zeichen verraten, zu welchem Milieu sie gehören.

Als die drei Frauen auf unserer Höhe sind, ruft einer der Männer ihnen zu: »Und wohin gehen Sie, wenn die Frage gestattet ist?«

Selbst die Vögel schweigen.

Die afrikanisch aussehende Frau antwortet nahezu akzentfrei auf Ukrainisch: »Für Sie führt kein Weg dorthin!«

Dem Mann fällt erst mal keine Antwort ein. Dann ruft er den drei Schönen hinterher: »Viel Erfolg Ihnen!«

Die Damen winken huldvoll, ohne sich umzudrehen. Der Mann hat sich von seiner besten Seite gezeigt. Vielleicht hat er tatsächlich gehofft, dass sie ihn einladen. Aber darüber spotten jetzt selbst die Vögel. Ich stecke mein Buch in die Tasche und gehe in die Richtung, aus der die Frauen gekommen waren. Zwei Frauen kommen mir entgegen.

Eine sagt: »Und dann hat sie Dima geküsst! Kannst du dir das vorstellen?«

Ein paar Meter weiter rauchen einige junge Männer. Im Vorübergehen höre ich: »Toll! Morgen fährt meine Mutter nach Polen. Da gibt es bessere Arbeit. Aber die kommunalen Gebühren hat sie bezahlt.«

Ein paar Meter weiter, drei junge Frauen: »Die Maniküre war heute nicht erfolgreich. Wie sehe ich aus?«

Freundin: »Ausgezeichnet.«

Das nächste Paar, wieder zwei Frauen: »Es wurde nur ein Mal geschossen, er war gleich tot.«

Da fällt mir ein, was mir gestern eine Frau erzählte. Der Ehemann ihrer Freundin hatte sich als Freiwilliger an die Front gemeldet und war dort von einem russländischen »Urlauber« erschossen worden. Er hatte gern gekifft, seine Frau war damit aber nicht einverstanden gewesen und forderte von ihm »sowjetische Disziplin«. Aus Trotz hatte er sich entschieden, Soldat zu werden, um ihr zu zeigen, dass er diszipliniert leben könne.

107. Grund

Weil der Abgrund keine Decke hat

Natürlich nehme ich das Recht auf Irrtum in Anspruch. Was kann ein einzelner Mensch über ein ganzes Land wirklich wissen? Wie kann man das Verhalten mehrerer Millionen Menschen in einer bestimmten Region beurteilen, etwa dem ukrainischen Donbass?

Ich schlurfe ins Bad, sehe mich im Spiegel und denke: Ich möchte nicht mehr rauchen. Dann putze ich mir die Zähne und freue mich auf die erste Zigarette. Dann fällt mir eine Formulierung von Franz Kafka ein, »in die immerfort weiter sich öffnende graue Zukunft«. Ich küsse meine Frau, trete vors Haus, rauche die erste Zigarette und sehe auf die Brotfabrik, über deren Bankrott ich vor einigen Monaten berichtete hatte. Da fällt mir ein, dass gestern jemand den Präsidenten als Marionette bezeichnete. Ich denke an Heinrich von Kleists Aufsatz über das Marionettentheater. Marionetten tanzen nur dann anmutig, wenn sie nicht wissen, dass sie Marionetten sind. Der so bezeichnete Präsident tanzt aber sehr anmutig.

Da muss ich kichern über den Satz, mit dem ich gestern meinen Sohn zum Lachen brachte: Du weißt nicht, was du nicht weißt! Ich wusste beispielsweise bis vor wenigen Tagen nicht, dass es eine Seite des Mondes gibt, die wir nicht sehen. Ich dachte, der Mond dreht sich so, so dass wir alle Seiten von ihm sehen. Tatsächlich braucht er für eine Drehung genauso lange wie für einen Umlauf um die Erde, wodurch wir immer die gleiche Seite sehen.

Lauter Widersprüche. Schon eine Formulierung wie »ich denke« ist oft falsch, denn zuerst denkt »Es« in mir, dann kann ich diese Gedanken sortieren, polieren, aufschreiben, löschen oder mich für sie schämen. Ich kann meine Gedanken aber nicht kontrollieren, bevor sie da sind. Das Ich ist nur eine Konstruktion, eine Selbsterfindung, die fast immer überschätzt und häufig verabsolutiert wird. Neugeborene haben bekanntlich noch kein Ich, nur ein Selbst. Das Ich entsteht erst durch Interaktion mit anderen. »Notgedrungen« ein Ich, das wenig über sich weiß. Nur etwa 40 »Informationseinheiten« kann das Bewusstsein pro Sekunde verarbeiten, von elf Millionen, die es empfangen kann, ein enormer Widerspruch. Wer in sich selbst hineinblickt, dem ergeht es wie Hiob: »Der Abgrund hat keine Decke.«

108. Grund

Weil in Uschgorod japanische Kirschbäume blühen

Von den etwa 20 Ländern, die ich bisher bereisen konnte, gefallen mir die Ukraine und Deutschland am besten. Klar, Deutschland ist meine Heimat; Berlin ist großartig, fantastisch; wunderbare Menschen leben dort.

In der Ukraine aber habe ich mehr Privilegien und kann ich mehr entdecken. Viele wichtige ukrainische Städte habe ich noch gar nicht erwähnt. Ich war leider noch nie in Uschgorod, in der Hauptstadt von Transkarpatien! Alle Menschen, die dort gewesen sind, schwärmen von dieser Stadt, von den Cafés, von der längsten Lindenallee Europas, den japanischen Kirschbäumen und vom Fluss Usch. Schon 100.000 Jahre v. Chr., im Paläolithikum, siedelten dort Menschen. Seit 1992 ist Uschgorod auch eine Partnerstadt von Darmstadt.

Auch über Winnyzja und Charkiw hätte ich gern etwas geschrieben. Beides sind große Universitätsstädte. Charkiw liegt nur wenige Kilometer von der Grenze zu Russland entfernt.

Bereits im Jahr 1869 kam dort der erste Personenzug an, am 22. Mai um 11.30 Uhr aus dem russischen Belgorod. Zwei Jahre Planung, ein Jahr Bauzeit, fertig war die etwa 80 Kilometer lange Strecke. Ein halbes Jahr später konnte man schon 583 Kilometer auf Schienen bis nach Rostow-am-Don in den Süden fahren. Da staunt man, wie schnell damals schon in den abgelegensten Provinzen Schienen verlegt und Bahnhöfe gebaut wurden.

Der Bahnhof in Charkiw beeindruckt wohl jeden, der ihn zum ersten Mal von innen sieht. Die Höhe der Halle beträgt 26 m, die Höhe der Türme 42 Meter. Da an den Eingängen die Fenster bis zu den Decken reichen, ist das Gebäude innen dennoch sehr hell. Charkiw war von 1918 bis 1934 auch die Hauptstadt der Ukraine. Als die Deutschen 1941 in die Stadt einmarschierten, staunten sie. Der deutsche Soldat Erich Hartmann hat das in seinem spannenden Kriegstagebuch *Zwischen Nichts und Niemandsland* gut beschrieben.

»Am späten Nachmittag, als wir schon fast die Hoffnung aufgegeben hatten, die große Stadt noch zu betreten, zeichneten sich über dem regenverhangenen Horizont einige merkwürdige, dunkle Rechteckflächen ab, die wir uns lange Zeit nicht erklären konnten. Erst als wir noch ein gutes Stück nähergekommen waren, glaubten wir sie als die oberen Geschosse von Hochhäusern erkennen zu können. Hochhäuser in Russland? Mitten in dieser grenzenlosen Öde? Aber immer deutlicher schälten sich dann schwarze Fensterflächen aus dem Grau der Fassaden und endlich gab es keinen Zweifel mehr: Vor uns lag Charkow, unser Ziel! Es dauerte zwar noch eine Weile, bis wir die ersten ländlichen Vororte erreichten, aber dann marschierten wir auf Straßenbahnschienen entlang und sahen die Wolkenkratzer fast greifbar auf einem etwas erhöhten Gelände stehen, eine imposante Gruppe in amerikanischem Stil. Wir folgten jedoch zunächst der abschüssigen Straße in tiefer gelegene Stadtviertel und waren enttäuscht, dass die eigentliche Stadt noch gar nicht begonnen hatte.« (Hartmann, »Zwischen Nichts und Niemandsland«, Machtwortverlag, Dessau 2006)

Charkiw lag zwar auch damals nicht in Russland, aber diese Ignoranz beziehungsweise Unwissenheit soll ja in Deutschland bis heute verbreitet sein. Durch das Dorf meiner Kindheit an der deutsch-deutschen Grenze fuhren ja auch nur Russen, Ukrainer nie. Alle sowjetischen Soldaten wurden Russen genannt.

109. Grund

Weil ukrainische Musik weltweit erfolgreich ist

Über ukrainische Musik habe ich nichts geschrieben, eine Schande! Dabei ist Musik aus der Ukraine, dank solcher Videokanäle wie YouTube, derzeit international so erfolgreich wie noch nie. Der aus Sewastopol stammende Journalist Denis Trubetskoy hat die neuesten Entwicklungen in der ukrainischen Musikszene erst kürzlich, im Dezember 2018, für das Online-Journal *Ukraine verstehen* zusammengefasst. Das war das Musikvideo *Plakala* (»Sie hat geweint«) vom Indie-Pop-Trio KAZKA (»Märchen«) auf YouTube 175 Millionen Mal geklickt worden. Inzwischen, einige Monate später, sind es 263 Millionen Mal!

Ich selbst höre und sehe gern die Gruppe »DakhaBrakha« mit ihrem Ethno-Chaos oder die Rapperin *alyona alyona*. Superstar Alyona, muss man inzwischen ja fast schon sagen. Aus dem Nichts in die internationalen Charts. Vor einem Jahr arbeitete sie noch als Kindergärtnerin, aber inzwischen hat sie Millionen Fans und den Musikpreis des Reeperbahn Festivals gewonnen, das als Europas größtes Clubfestival gilt.

Der Musikmanager, Konzertorganisator und Schlagzeuger Marco Neubauer ist ein exzellenter Kenner der ukrainischen Musikszene. Er vertritt mit MOON Records Germany die Rechte ukrainischer Künstler in Europa und empfiehlt beispielsweise die Band Без ОБМЕЖЕНЬ (Ohne Limits), die mittlerweile zu den Top-Acts der

Ukraine gehört. Zu seinen besten Freunden zählt er Dilya, früher Mitglied bei TNMK (Tanok na Maidani Kongo), inzwischen erfolgreicher Solo-Künstler. An Dilya faszinieren Marco Neubauer seine vielen musikalischen Facetten. »Zwei Alben von Dilya kann man hervorheben, zum einen *22*. Hier wurde ukrainische Lyrik unter anderem von Lina Kostenko und Taras Schewschenko musikalisch verarbeitet. Und zum anderen ein fantastisches Kinderalbum, *Virsholyubiki*.« Und Marcos aktuellster Tipp ist die Band Kosmopolis, deren neues Album soeben erschienen ist. »Ein Newcomer, aber geiler Sound.«

110. Grund

Weil es es mindestens 111 weitere Gründe gibt, die Ukraine zu lieben

Über Ukrainer im Ausland wollte ich ein Kapitel schreiben, besonders über die große ukrainische Diaspora in Kanada. Außerdem über Ausländer, die der Ukraine helfen und warum sie das tun. Über die Auswirkungen der Globalisierung auf die Ukraine wäre viel zu erzählen. Vielleicht genügt diese Episode?

»Alle wollen nach Deutschland«, sagt ein Freund meiner Frau. Im Zug hat er einen Koreaner aus Australien kennengelernt, der sich in Ungarn eine Wohnung kaufen möchte, um das Aufenthaltsrecht für die EU zu bekommen, weil er in Deutschland leben möchte. In der Ukraine ist er, weil hier die Zinsen so hoch sind, er will hier bei einer Bank Geld anlegen. Der Freund sagt, er habe versucht, ihm davon abzuraten.«

Über die schönsten Inseln, Nationalparks, mystischen Plätze und Canyons in der Ukraine wollte ich mehr schreiben, über Schlösser und Burgen. Aber vielleicht ist ein anderes Medium besser dafür geeignet, das gute alte Internet, in dem man Bilder und Filme sehen kann? Wie wäre es mit der Seite »Reiseberichte Ukraine / Подорожуючи Україною« auf Facebook, die ich gern besuche, weil dort viele schöne Landschaften gezeigt und interessante Berichte gebracht werden?

Weil Kiew das neue Berlin ist, sollte eigentlich ebenfalls ein Thema werden, über die Nacht- und Techno-Clubs von Kiew. Aber auch dafür ist YouTube wohl besser geeignet als ein Buch. Wer sich für diesen Aspekt des Lebens in der Ukraine interessiert und in Kiew tanzen möchte, mag sich die Empfehlungen des ukrainischen Video-Bloggers Anton Taranenko ansehen[41]. Er stellt dort die fünf angeblich besten Nacht-Clubs von Kiew vor, die Sky Bar, den Club D'fleur, den Caribbean Club, das CHI und den Underground-Club Closer.

Manche Reiseführer und Tourismusunternehmen werben schon mit dem Slogan, Kiew sei das neue Berlin, so das *Sleek Magazine* aus der ukrainischen Hauptstadt. Die Underground-Rave-Szene von Kiew gilt ihnen als eine Art Techno-Wunderland, Kiew sei der Inbegriff für subkulturelle Coolness, meinen sie. Kiewer Raver feiern den Unabhängigkeitstag der Ukraine mit einer 30-stündigen Party und nennen es Brave Factory Music Festival. Man wirbt mit sicheren Räumen für LGBT-Menschen und einer offenen Haltung gegenüber sexueller Promiskuität und hedonistischem Verhalten.[42]

111. Grund

Weil die Ukraine (hoffentlich) eine großartige Zukunft hat

Der ukrainische Präsident Selenskyj nennt die Ukraine inzwischen das attraktivste Start-up-Unternehmen der Welt. Nun, es ist seine Aufgabe und in seinem Interesse, Reklame für sein Land zu machen. Aber inzwischen blickt eine große Mehrheit der Ukrainer optimistisch in die Zukunft und stimmt der Aussage zu, das Land befinde sich auf dem richtigen Weg. Und dies trotz des andauernden Stellungskrieges im Südosten!

Doch wir leben in einer Zeit, in der jederzeit alles Unwahrscheinliche passieren kann und Vorhersagen immer schwerer zu treffen sind. Niemand außer ihm selbst weiß, was der Präsident Russlands plant. Nur er allein kann derzeit über Krieg und Frieden entscheiden. Dass er Vernichtungsfantasien hat, hat er oft genug bewiesen. Falls jemand Russland angreife, würde dies zwar eine weltweite Katastrophe bedeuten, meinte er beim Waldai-Klub in Sotschi. »Wir werden aber als Märtyrer in den Himmel kommen, und sie [die Angreifer] werden einfach verrecken«, ergänzte der russische Staatschef. »Der Aggressor soll wissen: Eine Vergeltung wird unvermeidlich sein. Er wird ausradiert«, sagte der Kremlchef.

Wird er zum Ende seiner Amtszeit friedlich abtreten oder will er als »Sammler russischer Erde« in die Geschichte eingehen und der russischen Armee befehlen, die Ukraine anzugreifen, zu erobern und Russland »anzuschließen«? Dass die russische Armee sich auf ein solches Szenario vorbereitet, steht leider außer Frage. Immer mehr Truppen lässt Putin an der Grenze zur Ukraine stationieren und die entsprechende Infrastruktur bauen. In der russischen Öffentlichkeit werden regelmäßig solche Drohungen ausgesprochen, immer nach dem Motto: »Wir müssen die Ukraine von Faschisten befreien«, denn die Ukrainer hätten ja angeblich schon früher mit den Nazis paktiert. Das haben allerdings viel mehr Russen getan, in der Wlassow-Armee beispielsweise mit mindestens 125.000 Mitgliedern.

Abgesehen vom Risiko eines noch größeren Krieges Russlands gegen die Ukraine ist eine weitere Gefahr ein nächster Maidan. Dieser wäre diesmal keine Revolution, sondern tatsächlich eher ein Putsch, der kurz und sehr blutig verlaufen würde, schon weil man Russland nicht lange Zeit einen Grund zum Eingreifen liefern will. Unterstützt werden würde solch ein Maidan von sehr vielen Ukrainern aus verständlichen Gründen, sollte Präsident Selenskyj in seinem Wunsch nach Frieden Russland zu große Zugeständnisse machen. Nach so vielen Toten, für die Russlands politische Führung verantwortlich ist, und nach unendlich vielen Lügen glauben nur noch wenige Ukrainer, dass man mit diesem Russland Vereinbarungen treffen kann und Kompromisse eingehen sollte. Oder dass westliche Staaten vertrauenswürdige Garantiemächte sind. Die Ukrainer waren ein Mal so vertrauensselig und haben ihre Atomwaffen abgegeben gegen die Garantie Russlands, der USA und Großbritanniens, die Unverletzlichkeit ihres Territoriums werde garantiert. Pustekuchen. Ein paar Jahre später gilt das schon nicht mehr. Russland greift an und nimmt sich, was es will, der Westen schaut verärgert zu. Das ist alles. Die Ukraine ist im Zustand der Erpressbarkeit. Verständlich also in Zeiten des Krieges, dass es starke Kräfte in der Ukraine gibt, die erneuten Verrat fürchten.

Abgesehen von diesen zwei furchtbaren Gefahren kann man aber ganz optimistisch sein. Zwar verläuft die Entwicklung in der Ukraine oft drei Schritte vor und zwei wieder zurück, aber immerhin gibt es inzwischen eine recht starke und vielfältige Zivilgesellschaft und eine aufklärerisch arbeitende Presse. Und dass so viele Menschen jetzt leicht in den Westen fahren können, tut der Gesellschaft ebenfalls gut. Unmengen von Ideen kommen ins Land, viele Menschen werden inspiriert, das im Westen Gesehene und Gelernte in der Ukraine anzuwenden und wenn möglich zu verbessern. Die Regierung ist wirtschaftsliberal und baut viele Bürokratie- und Handelsschranken ab. Die Kommunen und Gemeinden haben immer mehr Möglichkeiten, über Investitionen selbst zu entscheiden. Viel mehr Bürgerinnen und Bürger als früher engagieren sich und entwickeln Projekte zur Verbesserung der Lebensumstände.

Anmerkungen

1 Wildpferde Fehlanzeige – Przewalski-Pferd ist verwildertes Hauspferd, 23.02.2018 , https://bit.ly/2kIWGOf

2 Die wilden Przewalski-Pferde in der Tschernobyl-Sperrzone, https://bit.ly/2m5L6gi

3 Ostkirchen-Info, Russland: Metropolit Ilarion kritisiert Stalin-Komödie, https://bit.ly/2znDvx1

4 Wolodymyr Yermolenko, Warum die neue Sprache in der Ukraine eine gute Sache ist, Ukraine verstehen, https://bit.ly/2Zv3wFf

5 Sitten, Bräuche und Aberglaube in der Ukraine, https://bit.ly/2ZkZcx8

6 Nastja Kalita, »Hamlet über Graffiti, Jugend und ukrainische Sprache«, YourArt, 10.07.2019, https://bit.ly/33O9W5K

7 Evgeniya Molyar, Sowjetische Mosaiken gestern und heute, https://bit.ly/2G4v6mf

8 Ian Youngs, »Louis Le Prince, who shot the world's first film in Leeds«, BBC 23 June 2015, https://bbc.in/2ZeSMPm

9 https://bit.ly/2E2Faw4

10 www.YouTube.com/watch?v=lsVdWYHknac

11 https://de.wikipedia.org/wiki/Iwan_Maximowitsch_Poddubny

12 https://de.wikipedia.org/wiki/Raoul_le_Boucher

13 Gaseta.ua, 08.08.2019, Wie der Ukrainer starb, welcher der stärkste Mann der Welt war, https://bit.ly/2ZTAvUJ

14 Rechtsextremismus in der Ukraine, März 2019, Rosa Luxemburgstiftung, https://bit.ly/2L3Zktg

15 Gregor Gysi, DIE LINKE: Ukraine – Es gibt nur den Weg der Diplomatie, 13.03.2014, Antwort auf die Regierungserklärung von Kanzlerin Merkel, https://bit.ly/2XelsUl

16 The street survey was conducted by Gorshenin Institute on 2 December 2013 among participants in the protest held at Kiev's Independence Square, https://bit.ly/2ZhUTTs

17 Cicero, Vom Knast ins Präsidentenamt?, https://bit.ly/2FQvmon

18 Thomas Jansen, Matthias Rüb und Friedrich Schmidt, Russischer Besuch im Vatikan: Was Putin mit dem Papst verbindet, 04.07.2019, https://bit.ly/2Jef7nx

19 YouTube, Никогда мы не будем братьями (песня Анастасии Дмитрук),

20 https://bit.ly/1qe9pAi

21 https://bit.ly/2kh2Ip0

22 Denis Trubetskoy, Poroschenkos Rede an die Nation: Armee, Sprache, Glauben – und Russland, Ukraine verstehen 21.09.2018 https://ukraineverstehen.de/poroschenkos-lage-der-nation-rede/

23 https://ukrainer.net/expedition-3/

24 Bären vor Menschen retten, https://ukrainer.net/domaschyr/

25 Lennart Jürgensen, Poroschenkos letztes Vermächtnis?, Ukraine verstehen 26. Juni 2019 – https://bit.ly/2ZW5IGJ

26 Jazenjuk: »Ich sagte zu Poroschenko: »Peter, du wirst der nächste sein! Mach das nicht.«, https://bit.ly/2SXIv-Se

27 Stephan Wackwitz, »Etwas Frühlingshaftes, Trotziges – Während die Uk-

raine einen Komiker zum Präsidenten wählt, bastelt die Jugend Lembergs, der alten Hauptstadt Galiziens, an der Zukunft des Landes«, ZEIT, 24. April 2019, https://bit.ly/2XRqEOf

28 https://bit.ly/2lDKSwM

29 https://bit.ly/2kxW51L

30 Menschenrechtsverletzungen auf der Krim, https://amnesty-krim.de/

31 Olexander Scherba, Botschafter der Ukraine in Österreich, »Herr Voggenhuber, wecken Sie die alten Dämonen nicht!«, Wiener Zeitung, 04.03.2019, https://bit.ly/2MO7BmW

32 Ukraine Tourism and Visitor Statistics, https://www.visitkievukraine.com/essential/tourism-statistics/

33 Eine neue Fußgängerbrücke in Kiew wird mit einem Glasboden ausgestattet, Argumenti i Fakti, 15. Mai 2019, https://bit.ly/2m0c0WR

34 Christian Neef, ESC-Stadt Kiew Stolz, prächtig – und im Aufbruch, SPIEGEL online, 12.05.2017, https://bit.ly/2lK5TWs

35 »Insgesamt wurden im Gesamtjahr Schweizer Uhren im Gegenwert von 21,2 Milliarden Franken exportiert.« – Exporte der Schweizer Uhrenindustrie in den Jahren 2003 bis 2018, https://bit.ly/2Hqfquo

36 Ukraine Crisis Media Center, 14. März 2019, Nicht alles hängt vom Ergebnis der Präsidentschaftswahlen ab, https://bit.ly/2ZLONXu

37 Bundeszentrale für politische Bildung, 5.3.2019, Julia Barshadska, Die Ukraine im Wahlfieber, https://bit.ly/2YG1H7X

38 Ukraine-Wirtschaftsnachrichten, 25. Juni 2019, https://bit.ly/2GGCc0c

39 Interview mit Dr. Olga Koscharnaja, Direktorin des Ukrainischen Atomforums, Ist in der Ukraine ein neues Tschernobyl möglich?, Ukraine-Nachrichten 27. Juni 2019, https://bit.ly/31g0C8J, Quelle: Jewgenij Sereda, Ukrainskaja Prawda

40 Vsviti, 16 Fakten über ukrainischen Borschtsch, die Sie nicht sicher wussten, 29.09.2018, http://vsviti.com.ua/ukraine/51292

41 https://bit.ly/2wdQBeY

42 www.sleek-mag.com/article/kiev-creatives/

SONST NICHTS.

ZU LIEBEN • 111 GRÜNDE, UM DIE WELT ZU REISEN • 111 GRÜNDE, KRIMIS ZU LIEBEN • 111 GRÜNDE, ROLLENSPIEL ZU LIEBEN • 111 GRÜNDE, ANGELN ZU GEHEN • 111 GRÜNDE, SEGELN ZU GEHEN • 111 GRÜNDE, DAS FLIEGEN ZU LIEBEN • 111 GRÜNDE, WANDERN ZU GEHEN • 111 GRÜNDE, PILGERN ZU GEHEN • 111 GRÜNDE, PADDELN ZU GEHEN • 111 GRÜNDE, SURFEN ZU GEHEN • 111 GRÜNDE, MANGA ZU LIEBEN • 111 GRÜNDE ZU TANZEN • 111 GRÜNDE, TAUCHEN ZU GEHEN • 111 GRÜNDE, YOGA ZU LIEBEN • **HASSEN:** 111 GRÜNDE, ANWÄLTE ZU HASSEN • 111 GRÜNDE, BERLIN ZU HASSEN • 111 GRÜNDE, SEINEN CHEF ZU HASSEN • 111 GRÜNDE, SEINE KOLLEGEN ZU HASSEN • 111 GRÜNDE, SEINEN VERMIETER ZU HASSEN • 111 GRÜNDE, HAMBURG ZU HASSEN • 111 GRÜNDE, MÜNCHEN ZU HASSEN • 111 GRÜNDE, SEINE MITARBEITER ZU HASSEN • 111 GRÜNDE, NACHBARN ZU HASSEN • 111 GRÜNDE, HIPSTER ZU HASSEN • 111 GRÜNDE, KÖLN ZU HASSEN • 111 GRÜNDE, WIEN ZU HASSEN • **SONSTIGE:** 111 GRÜNDE, BIER ZU LIEBEN • 111 GRÜNDE, VEGETARIER ZU SEIN • 111 GRÜNDE, APPLE ZU LIEBEN • 111 GRÜNDE, LEHRER ZU SEIN • WEITERE 111 GRÜNDE, LEHRER ZU SEIN • 111 GRÜNDE, IHR KIND AUF DEN MOND ZU SCHIESSEN (UND NOCH MEHR, ES NICHT ZU TUN) • 111 GRÜNDE, SICH AUF DIE RENTE ZU FREUEN • 111 GRÜNDE, AN DIE GROSSE LIEBE ZU GLAUBEN • 111 GRÜNDE, AUFS LAND ZU ZIEHEN • 111 GRÜNDE, ARZT ZU SEIN • 111 GRÜNDE, EIN HAUS ZU BAUEN • 111 GRÜNDE, DEN WALD ZU LIEBEN • 112 GRÜNDE, DIE FEUERWEHR ZU LIEBEN • 112 GRÜNDE, FEUERWEHRMANN ZU SEIN • 110 GRÜNDE, POLIZIST ZU SEIN • IMMER DIESE SENIOREN! 111 GRÜNDE, WARUM SIE UNS IN DEN WAHNSINN TREIBEN • 111 GRÜNDE, KEIN ARZT ZU SEIN • **HOW TO SURVIVE:** HOW TO SURVIVE DEN TOD • HOW TO SURVIVE KINDER • HOW TO SURVIVE MIT GESCHWISTERN • HOW TO SURVIVE ALS SINGLE • HOW TO SURVIVE ALS STIEFMUTTER • HOW TO SURVIVE SCHULE • HOW TO SURVIVE SCHEIDUNG • HOW TO SURVIVE ALS FRAU AB 40 • HOW TO SURVIVE UNTER MÜTTERN • HOW TO SURVIVE BÜRO • HOW TO SURVIVE IM RUHESTAND • HOW TO SURVIVE OHNE FUSSBALL • HOW TO SURVIVE KREISLIGA • NICHT AUF LAGER! • HOW TO SURVIVE ELTERNABEND • HOW TO SURVIVE AUF DEM DORF • HOW TO SURVIVE MOBBING • HOW TO SURVIVE MIT TEENAGER • HOW TO SURVIVE ALS EINZELKIND • HOW TO SURVIVE UNTER BESSERWISSERN • HOW TO SURVIVE SCHEISSJOBS • HOW TO SURVIVE ALS ALLEINERZIEHENDE • HOW TO SURVIVE ALS RADFAHRER • HOW TO SURVIVE NERVIGE ELTERN • **FÜR JEDEN IST ETWAS DABEI.**

WWW.SCHWARZKOPF-SCHWARZKOPF.DE

111 GRÜNDE:

FUSSBALL: 111 GRÜNDE, BAYERN MÜNCHEN ZU LIEBEN • 111 GRÜNDE, BAYER 04 LEVERKUSEN ZU LIEBEN • 111 GRÜNDE, SCHALKE 04 ZU LIEBEN • 111 GRÜNDE, MAINZ 05 ZU LIEBEN • 111 GRÜNDE, HERTHA BSC ZU LIEBEN • 111 GRÜNDE, EINTRACHT BRAUNSCHWEIG ZU LIEBEN • 111 GRÜNDE, DEN 1. FC KAISERSLAUTERN ZU LIEBEN • 111 GRÜNDE, FRAUENFUSSBALL ZU LIEBEN • 111 GRÜNDE, DIE PREMIER LEAGUE ZU LIEBEN • 111 GRÜNDE, DEN SV WEHEN WIESBADEN ZU LIEBEN • 111 GRÜNDE, MANCHESTER UNITED ZU LIEBEN • 111 GRÜNDE, DEN FC ARSENAL ZU LIEBEN • 111 GRÜNDE, DEN FC BARCELONA ZU LIEBEN • 111 GRÜNDE, DEN AC MAILAND ZU LIEBEN • 111 GRÜNDE, JUVENTUS TURIN ZU LIEBEN • 111 GRÜNDE, GALATASARAY ZU LIEBEN • 111 GRÜNDE, DEN FC AUGSBURG ZU LIEBEN • 111 GRÜNDE, DIE SPVGG GREUTHER FÜRTH ZU LIEBEN • 111 GRÜNDE, DEN VFL BOCHUM ZU LIEBEN • 111 GRÜNDE, DEN VFL WOLFSBURG ZU LIEBEN • 111 GRÜNDE, ARMINIA BIELEFELD ZU LIEBEN • 111 GRÜNDE, HANSA ROSTOCK ZU LIEBEN • 111 GRÜNDE, DYNAMO DRESDEN ZU LIEBEN • 111 GRÜNDE, DEN FC CARL ZEISS JENA ZU LIEBEN • 111 GRÜNDE, DEN SC PADERBORN ZU LIEBEN • 111 GRÜNDE, DEN KARLSRUHER SC ZU LIEBEN • 111 GRÜNDE, 1899 HOFFENHEIM ZU LIEBEN • 111 GRÜNDE, ALEMANNIA AACHEN ZU LIEBEN • 111 GRÜNDE, BAYERN-FAN ZU SEIN • 111 GRÜNDE, DEN FC BASEL 1893 ZU LIEBEN • 111 GRÜNDE, DEN FC INGOLSTADT 04 ZU LIEBEN • 111 GRÜNDE, DEN SK RAPID WIEN ZU LIEBEN • 111 GRÜNDE, DEN SV DARMSTADT 98 ZU LIEBEN • 111 GRÜNDE, PREUSSEN MÜNSTER ZU LIEBEN • 111 GRÜNDE, RB LEIPZIG ZU LIEBEN • 111 GRÜNDE, UNIONER ZU SEIN • 111 GRÜNDE, DIE NATIONALMANNSCHAFT ZU LIEBEN • 111 GRÜNDE, DIE SELEÇÃO BRASILEIRA ZU LIEBEN • 111 GRÜNDE, ROT-WEISS ESSEN ZU LIEBEN • 111 GRÜNDE, KICKERS OFFENBACH ZU LIEBEN • 111 GRÜNDE, ROT-WEISS ERFURT ZU LIEBEN • 111 GRÜNDE, BEŞIKTAŞ ZU LIEBEN • 111 GRÜNDE, DEN 1. FC SAARBRÜCKEN ZU LIEBEN • 111 GRÜNDE, DEN VFL OSNABRÜCK ZU LIEBEN • 111 GRÜNDE, ST.-PAULI-FAN ZU SEIN • 111 GRÜNDE, DIE MiLLi TAKIM ZU LIEBEN • 111 GRÜNDE, DEN FK AUSTRIA WIEN ZU LIEBEN • 111 GRÜNDE, ATLÉTICO MADRID ZU LIEBEN • 111 GRÜNDE, DEN VFL SPORTFREUNDE LOTTE ZU LIEBEN • 111 GRÜNDE, DEN SV WALDHOF MANNHEIM 07 ZU LIEBEN • 111 GRÜNDE, DEN FC 08 HOMBURG ZU LIEBEN • 111 GRÜNDE, DEN FC RED BULL SALZBURG ZU LIEBEN • 111 GRÜNDE, DEN SK STURM GRAZ ZU LIEBEN • 111 GRÜNDE, EINTRACHT FRANKFURT ZU LIEBEN • 111 GRÜNDE, DEN 1. FC NÜRNBERG ZU LIEBEN • 111 GRÜNDE, REAL MADRID ZU LIEBEN • 111 GRÜNDE, HOLSTEIN KIEL ZU LIEBEN • 111 GRÜNDE, DEN SSV JAHN REGENSBURG ZU LIEBEN • 111 GRÜNDE, DEN TSV 1860 MÜNCHEN ZU LIEBEN •

CHRISTOPH BRUMME, geboren 1962 in Wernigerode (DDR), radelte neun Sommer mit dem Fahrrad durch die Ukraine, insgesamt fast 30.000 Kilometer. Seit seiner Hochzeit mit einer Ukrainerin im Frühjahr 2016 lebt er in der zentralukrainischen Stadt Poltawa. Er verfasste zahlreiche Essays und Reportagen über Politik und Gesellschaft in der Ukraine.

Christoph Brumme
111 GRÜNDE, DIE UKRAINE ZU LIEBEN
Eine Liebeserklärung an das schönste Land der Welt

ISBN 978-3-86265-796-4

VERLAG
Schwarzkopf & Schwarzkopf Verlag GmbH
Kastanienallee 32, 10435 Berlin
Telefon: 030 – 44 33 63 00
Fax: 030 – 44 33 63 044

INTERNET | E-MAIL
www.schwarzkopf-schwarzkopf.de
www.facebook.com/schwarzkopfverlag
info@schwarzkopf-schwarzkopf.de